Günter Rüffer
Die Prärie so weit

Günter Rüffer

Die Prärie so weit

Rediroma-Verlag

Bibliografische Information der Deutschen
Nationalbibliothek:
Die Deutsche Nationalbibliothek verzeichnet diese
Publikation in der Deutschen Nationalbibliografie;
detaillierte bibliografische Daten sind im Internet über
http://portal.dnb.de abrufbar.

ISBN 978-3-98527-979-1

Umschlagillustration: paseven (shutterstock.com)

www.rediroma-verlag.de
13,95 Euro (D)

Geh aufrecht wie die Bäume.
Lebe Dein Leben so stark wie die Berge.
Sei sanft wie der Frühlingswind.
Bewahre die Wärme der Sonne im Herzen
und der Große Geist wird immer mit Dir sein.

Navajo

Kapitel Eins

Ein vergnügtes Finkenpärchen weckte ihn. Samuel Emil Horn drehte schläfrig den Kopf und sah müde durch das glaslose Fenster. Auf den kahlen Ästen einer alten Ulme saßen zwei Vögelchen, fuhren sich geschwind mit den Schnäbeln unter die Flügel, zwitscherten fröhlich ihr Morgenlied, wobei sie den jungen Mann neckisch anschauten, und flogen dann, einem geheimen Zeichen folgend, rasch davon.

Seit Wochen kamen sie zur gleichen Zeit. Sie setzten sich in die Ulme, ließen ihre munteren Stimmen hören und verschwanden wieder. Samuel Horn hatte sich an die sanften Morgentöne gern gewöhnt. Ein anderes Geräusch, das die ganze Nacht nicht aussetzte, war ein rasselndes Schnarchen, das auch jetzt schnarrend zwischen bärtigen Lippen ertönte. Walter Morrison lag schlafend unter der zusammengeknüllten Decke im anderen Bett. Der Platz an seiner Seite war leer. Nelly, seine Frau, war also schon auf.

Vorsichtig zog Samuel Horn den Arm unter dem blonden Köpfchen seiner schlafenden Tochter hervor, küsste sie zärtlich auf die Stirn und stieg gähnend aus dem Bett. Die frische Herbstluft erfasste seinen halbnackten Körper, er zog sich deshalb rasch an. Behutsam legte er die Decke über seine schlafende Tochter. Weniger behutsam weckte er Walter Morrison, der erschrocken hoch fuhr, „komme schon" brummte und sich schlaftrunken in die Kissen zurückfallen ließ.

Der Schlafraum war klein und karg eingerichtet; die zwei Betten und die alte Kommode, in der sich die Wäsche und persönliche Dinge befanden und auf der eine herunter gebrannte Kerze sowie eine Bibel lagen, füllten den Raum fast vollständig aus. Horn ließ Morrison weiter dösen und trat durch eine schmale Tür in die Wohnküche. Nelly Morrison stand bereits am Herd, hatte angefeuert, kochte Wasser und brühte Kaffee auf. Aromatischer Duft erfüllte die schlichte Stube. Der schwere gusseiserne Herd stammte aus St. Louis, das knisternde Feuer spendete gemütliche Wärme. Eine wuchtige Eichenkommode und ein einfacher Schrank verdeckten die aus gehobelten Bohlen gezimmerte Wand. Das einzige Fenster, dessen Läden weit geöffnet waren, gab den Blick frei in den kühlen Morgen. Drei Türen führten aus dem Zimmer. Eine in die Kammer, in der Horn mit seiner Tochter und das Ehepaar Morrison schliefen, die andere in das Gemach von William James Ulke, dem Indianeragenten und Chefhändler. Die dritte Tür, aus behauenen, festen Balken gefertigt, führte hinaus auf den Hof. Die Mitte des Raumes nahm ein großer, blank polierter Tisch ein, um den acht Stühle standen.

Die beiden Frühaufsteher begrüßten sich freundlich. Sam Horn wusch sich an einer mit kaltem Wasser gefüllten Schüssel, rasierte sich und setzte sich an den Tisch. Nelly brachte ihm eine Tasse heißen Kaffee, selbst gebackenes Brot, Käse und geräucherten Schinken. Sie war der Auffassung, nur ein reichliches Frühstück sei die beste Grundlage für einen guten Tag. In ihrer mütterlichen Art meinte sie es aber oft zu gut. Und wenn Samuel Horn ihrer Meinung nach zu wenig aß, redete sie ihm so lange zu, bis auch der letzte Bissen vom Teller war.

Sam Horn ließ sich die Fürsorge gern gefallen. Er kannte Nelly nun seit einem Jahr, sie war ihm in dieser Zeit lieb und teuer geworden. Nelly war die gute Seele des Forts, sie war der kleinen Elisabeth eine liebevolle Ersatzoma, sie kochte nicht nur für die ganze Mannschaft, sondern stand jedem mit herzlichem Trost und Rat zur Seite, wenn einmal der Schuh drückte.

Als jetzt auch ihr Mann müde aus der Schlafkammer trottete und sich gähnend an den Tisch setzte, fuhr sie ihn neckend an: „Wenn du weiterhin so schnarchst, du alter Bär, kommst du mir nicht mehr ins Bett und schläfst im Stall. Es ist schon genug, dass ich die halbe Nacht nicht schlafe, aber das Kind weckst du mir mit deinem Sägewerk nicht auf."

Geduldig ertrug Walter die Standpauke. Er wusste ja, wie sie gemeint war, und brummte nur etwas vor sich hin. In den vielen Jahren ihrer Ehe war es zu einem obligatorischen Spiel geworden, sich gegenseitig zu necken. Er kannte ja auch die grundgütige und mitfühlende Seite seiner Nelly.

Vor zwei Jahren war ihr Tuchgeschäft in Boston abgebrannt. Im Nachbarhaus war abends eine brennende Kerze umgekippt, die Besitzer bemerkten das zu spät und innerhalb weniger Minuten loderten hohe Flammen auf, sie zerstörten nicht nur das aus Holz erbaute Haus, sie sprangen auf Morrisons Geschäft über, noch bevor die Anwohner mit Eimern und Pumpspritzen den Brand unter Kontrolle brachten. Nicht nur sämtlicher Bestand an Tüchern und Stoffen, auch ein Teil der Werkzeuge und des Hausrates wurden dabei zerstört. Walter Morrison, damals neunundvierzig Jahre alt, wurde die Grundlage seines Geschäfts und sein Lebensinhalt mit einem Schlag entrissen. Ein Neuanfang schien ihm in dieser Situation unmöglich. Nelly aber gab nicht auf, ihre tröstende Zusprache ließ ihn die Hoffnung nicht ganz verlieren. Sie war es auch, die von dem Angebot der Regierung erfuhr, die am Missouri, vierzig Meilen unterhalb der Kansasmündung, auf dem Gelände eines stillgelegten Forts eine Handelsstation zum Zweck des Pelzhandels errichtete. Sie kannte den heimlichen Wunsch ihres Mannes, abseits der großen Städte im Westen zu leben, und obwohl sie viele Freunde in Boston vermissen würde, setzte sie mit Hilfe eines bekannten Geschäftsmannes die Anstellung ihres Mannes durch. Zu seinen Aufgaben gehörte die Instandhaltung der Gebäude, die Versorgung der Tiere und wenn nötig beim Pelzhandel zu helfen. Ulke, Chefhändler und erster Mann im Fort, meldete damals Zweifel an, ob ein Mann in Walters Alter all diese Arbeiten bewältigen könne. Nelly sagte Ulke daraufhin gehörig die Meinung, worauf dieser es künftig vorzog, sich nicht mehr mit der resoluten Frau anzulegen und seitdem zwischen ihnen respektvolles Einvernehmen den Umgang bestimmte.

„Schläft er noch oder ist er schon zur Jagd?", fragte Walter und wies mit einer Kopfbewegung zur Tür des Oberhändlers.

„Er schläft noch", antwortete Nelly. „Und du tust besser daran, leise zu sprechen, damit du ihn nicht weckst."

„Er liegt ja länger im Bett als die kleine Elisabeth. Als ich in Ulkes Alter war, hüpfte ich mit den ersten Sonnenstrahlen aus den Federn und stand im Laden."

Nelly schmunzelte. „Aber nur, weil ich schon vor dir auf den Beinen war und dir einen heißen Kaffee aufbrühte. Männer von Ulkes Stand brauchen eben einen gesunden Schlaf, das hält den Geist wach. Einer muss ja das Kommando übernehmen."

„Ach, das Kommando", meinte Walter grinsend, „das hast du doch, Nelly. Wenn du ihm nur eine leckere Suppe kochst, kann er dir keinen Wunsch abschlagen."

„So, du etwa?", fragte sie und zwinkerte ihrem Mann schelmisch zu.

„Da hat sie wohl recht", meinte Sam lachend.

Horn und Morrison hatten gegessen und wollten nach draußen.

„Vergesst nicht, eure Mäntel überzuziehen", warf sie den Männern hinterher, während sie begann, das benutzte Geschirr abzuräumen.

„Wir sind doch keine Kinder", frotzelte Walter und war schon halb zur Tür hinaus. Weil aber Sam seinen Mantel vom Haken nahm, kehrte er nochmals um und zog auch seinen an, wobei er mürrisch vor sich hin murmelte: „Einmal möchte ich erleben, dass sie mich ernst nimmt."

„Das tu ich doch, du dummer, alter Bär, du merkst es bloß nicht", erwiderte Nelly lächelnd.

Es war Ende Oktober, der Morgen war kühl, und Walter Morrison knöpfte sich seinen Mantel bis oben hin zu. Milchige Dämmerung lag über dem erwachenden Land. Die ersten Sonnenstrahlen erhellten die bewaldete Hügelkette, die sich östlich und südlich um Fort Osage zog. Eine halbe Meile nördlich floss breit und träge der Missouri, im Westen erstreckte sich ebene Prärie bis zum Horizont. Glitzernder Reif bemalte die verwelkten Gräser.

Fort Osage war von einer Palisade umgeben, die lediglich aus miteinander verbundenen dünnen Holzpfählen bestand, die keinem Angriff standhalten würde, wie Ulke missmutig meinte. Aber das war auch nicht nötig, denn die Stämme der Umgebung waren allesamt friedlich und an keiner Konfrontation interessiert. Innerhalb der Palisade befanden sich ein Wohnhaus, ein kleines Proviantlager, dessen Grundmauern aus Stein waren, ein massives Warendepot und ein Stall, der einst, als das Fort noch militärisch besetzt war, als Unterkunft der Soldaten gedient hatte, in dem jetzt Pferde, Hühner, zwei Ziegen und eine Milchkuh untergebracht waren. Die Häuser waren aus rohen Stämmen gefertigt und mit Schindeln eingedacht. Ein hölzerner Ziehbrunnen sicherte die Versorgung mit frischem Wasser, Ulmen und Ahorn spendeten im Sommer kühlen Schatten. Jetzt waren sie kahl. Wie traurige Gespinste trotzten sie dem Nordostwind. Auf einer freien, ebenen Fläche vor dem Fort waren zahlreiche, mit bemalten Tierhäuten bedeckte Tipis aufgebaut. Die Absicht des Handelns und die Möglichkeit des gegenseitigen Austausches von Informationen hatte die Stämme der Prärien veranlasst, ihre weit entlegenen Dörfer zu verlassen und für mehrere Wochen hierher zu ziehen. Sie waren oft viele Tage unterwegs gewesen, um ihre Pelze gegen Äxte, Messer, Glasperlen, blecherne Pfeilspitzen, wollene Decken, eiserne Kessel und Töpfe zu tauschen. Otos, Cheyenne, Osagen, Comanchen und Pawnees waren unter ihnen. Zudem lagerte ein Dutzend Fallensteller hier, die zum selben Zweck gekommen waren. Wie ein großer, turbulenter Marktplatz war es. Den Sommer über waren es Tausende gewesen, jetzt ging die Saison zu Ende, die Letzten warteten darauf, ihre Waren zu tauschen.

Während Walter Morrison in den Stall ging, trat Sam Horn in das Depot. Zwischen den Tauschwaren, der Pelzpresse, der massiven Waage und den schweren Bündeln, einige fassten an die achtzig Pelze, lag ein in Decken gehüllt ein Bursche auf dem kargen Boden. Slim V. Choate war neunzehn Jahre alt, von dünner, sehniger Gestalt, dennoch konnte er kräftig zulangen und war Horn eine wertvolle Hilfe. Dieser weckte den Burschen jetzt und schickte ihn zum Frühstück zu Nelly. Er selbst trug einen stabilen Tisch und eine Waage hinaus auf den Hof.

Einzeln kamen sie nun herbei und legten ihre Ausbeute auf den Tisch. Horn wog die Pelze, begutachtete sie auf ihre Güte und gab dafür einen angemessenen Gegenwert als Waren heraus. An keinen festen Ablauf gewohnt, kamen sie manchmal zu vielen, dann wieder ließ sich mehrere Stunden keiner sehen. Es waren auch wilde Burschen unter ihnen, die für ihre Pelze mehr verlangten als sie wert waren. Trotzdem kam es nur selten zu einem ernsthaften Streit, am Ende war doch jeder zufrieden mit dem, was er bekam. Die Morgenkälte wich schnell einer wärmenden Sonne. Im Lager vor dem Fort wurden Kinderstimmen laut, ein paar Frauen tanzten zum Klang einer Trommel, kleine Feuer wurden unterhalten, deren feiner Rauch sich in der klaren Luft kräuselte. Für Oktober war es ungewöhnlich mild, der Boden weichte auf und die Handel treibenden Männer mit ihren schweren Pelzbündeln traten tiefe Furchen in ihn.

Die Sonne lockte auch die restlichen Bewohner des Hauses nach draußen. Steif und ungelenk trat William Ulke in die Tür. Er trug polierte Stiefel, einen sauberen blauen Anzug - eine wahre Rarität hier in der Wildnis - und eine gefütterte Überjacke. Von der Schulter hing ihm lässig ein Vorderlader. Ulke war vierzig Jahre alt, also knapp zehn Jahre älter als Horn.

Eine Zeit lang war in dem Fort eine Einheit Soldaten stationiert gewesen, der Ulke vorstand. Nachdem sie abgezogen worden war, fehlte es dem Soldaten an Perspektiven, die er dadurch auszugleichen versuchte, indem er die kleine Gemeinschaft mit militärischem Drill zu führen gedachte. Was ihm aber selten gelang, denn sowohl Horn als auch Morrison verstanden sich besser auf ihre Arbeit und ließen sich da auch nicht drein reden. Und an Nelly biss sich Ulke sowieso die Zähne aus. Die meiste Zeit langweilte er sich deshalb und suchte Abwechslung in der Jagd.

Ulke hielt die Nase prüfend in den frischen Wind, lächelte und trat hinaus in den Hof. Im selben Augenblick fing er lauthals zu fluchen an. Seine glänzenden Stiefel steckten bis zum Knöchel im Matsch. Verärgert rief er nach Morrison. Gelassen kam Morrison heran und wurde sogleich von Ulke wütend angefahren.

„Wann legt Ihr endlich ein Brett über den verdammten Dreck! Wenn Ihr herumlauft wie ein Vagabund, dann ist das Eure Sache. Ich aber halte mich lieber an Sauberkeit, versteht Ihr, Herr Morrison?"

Walter Morrison nickte gefällig.

„Herr Ulke!", rief Sam Horn herüber, der alles mit angehört hatte. Er fand es nicht recht, dass Morrison ständig für Ulkes üble Laune herhalten musste.

„Warum legt Ihr nicht selbst ein Brett hin?" rief er. „Ihr seid kräftig genug und an Zeit fehlt es auch nicht, denke ich mir."

Ulke zwang sich, seinen Zorn zu unterdrücken. Die Tatsache, dass ihm Horn während seiner Jagdausflüge sämtliche Verantwortung abnahm, ließ es ihm notwendig erscheinen, über manches deplatzierte Wort hinwegzusehen.

„Kümmert Euch nicht um meine Angelegenheiten", antwortete er barsch. „Im Übrigen reite ich jetzt weg. Habe gestern Gabelböcke gesehen. Bin gegen Abend zurück."

Ohne ein weiteres Wort stelzte er vorsichtig über den Hof in den Stall und versuchte dabei, seine Stiefel einigermaßen sauber zu halten. Wenig später ritt er weg.

Inzwischen war auch Elisabeth aufgestanden, zog sich das hellblaue Kleid und die Schuhe an, die neben dem Bett auf dem Boden lagen, und hüpfte vergnügt in die Wohnküche. Mit einem fröhlichen Lächeln begrüßte sie Nelly und setzte sich hungrig an den Tisch.

Nelly betrachtete das Mädchen mit gerunzelter Stirn. Ihr waren zwei Schmutzflecken an dem Kleid aufgefallen und an den Schuhsohlen klebten Schlammreste.

„Mein Kind, wo hast du dich bloß wieder rum getrieben?" Sie legte Wert darauf, die Sechsjährige stets ordentlich und adrett zu kleiden, und das galt auch hier im entlegenen Westen. „Für einen Mann ist Schmutz keine Schande", tadelte sie. „Aber ein junge Dame hat immer schick auszusehen. Hätte ich früher nicht auf mein Äußeres geachtet, hätte mich Onkel Walt nie angesehen. Du willst doch auch einen Mann bekommen, nicht wahr?"

„Wozu denn?", entgegnete Elisabeth munter. „Ich hab doch Papa."

„Natürlich", antwortete Nelly augenzwinkernd, „das hab ich ja ganz vergessen. Aber heute Abend werde ich das Kleid waschen müssen, du hast doch noch das hübsche Grüne."

Elisabeth stibitzte sich ein Stück Hartkäse und eine Scheibe Brot und wollte damit nach draußen eilen.

„Wohin denn so hurtig, junge Dame", meinte Nelly schmunzelnd. „Deine Freundinnen werden dir schon nicht davon laufen. Iss erst und trink deinen Becher leer, dann kannst du raus."

Das Mädchen murmelte etwas vor sich hin, gehorchte Nelly aber, aß Brot und Käse und trank artig die warme Milch.

Bevor Elisabeth ungeduldig nach draußen rennen konnte, zog Nelly ihr eine Strickweste über und band den gelben Strohhut mit der rosa Schleife auf das lange, blonde Haar des Mädchens.

Elisabeth erster Weg führte sie jeden Morgen zu ihrem Vater. Sie schlang ihre kleinen Arme um seinen Hals, ließ sich hochheben und drückte ihre Lippen fest auf seinen bartlosen Mund.

„So, jetzt lass mich aber wieder runter", rief sie mit heller Stimme und wandte sich in seinen kräftigen Armen.

„Wo willst du denn so schnell hin, mein Sonnenschein?"

„Ich muss zu meinen Freunden, sie warten doch schon auf mich. Freunde soll man doch nicht warten lassen, nicht wahr, Papa?"

„Auf keinen Fall, mein Schatz."

Er ließ sie sanft zu Boden gleiten und sah ihr vergnügt nach, wie sie aus dem Fort zu den Tipis hüpfte.

„Wie sie ihrer Mutter gleicht", dachte Sam Horn. Er hatte Klara in Philadelphia kennengelernt, beide verliebten sich sofort ineinander. Sie heirateten und und zwei Monate später war Klara schwanger. Dennoch wollten sie ihren Traum von eigenem Grund und Boden verwirklichen und zogen westwärts. Dreißig Meilen vor Cincinnati brach die Achse ihres Wagens. Samuel Horn versuchte, sie zu reparieren, dabei rutschte der Wagen weg und die niederschlagende Achse quetschte ihm den Kleinen Finger und den Ringfinger der linken Hand. Sie luden ihr Gepäck auf das Pferd und machten sich zu Fuß auf den Weg in die Stadt. Dort angekommen, war die Hand entzündet und eiterte. Phil Tenner, der Arzt vor Ort, teilte ihm mit, er könne die Hand nur retten, wenn er die zwei verletzten Finger amputiere. Dies tat er dann auch.

Da sich der Landkauf in die Länge zog, war es unumgänglich, das Kind in Cincinnati zur Welt zu bringen. Tenner leitete die Geburt ein. Doch es gab Komplikationen, die Klara sehr schwächten. Am 23. August 1804 brachte sie ein gesundes Mädchen zur Welt. Nur vier Tage später verstarb Klara Horn.

Samuel Horn trauerte seiner Frau lange nach. Die Liebe, die er ihr gegenüber empfunden hatte, übertrug er uneingeschränkt auf Elisabeth.

Fünf Jahre blieb Horn in Cincinnati. Während er sich Geld durch Tagesarbeit verdiente, versorgte das kinderlose Ehepaar Tenner die kleine Elisabeth. Der Arzt war es auch, der Horn von der Gründung eines Handelspostens am Missouri erzählte und sich auf dessen Wunsch hin für seine Anstellung engagierte.

So kamen Sam Horn und seine Tochter ins Fort. Die Umstände, die sich ihnen boten, waren mehr als günstig. Sie führten endlich das Leben, das sie sich erträumt hatten. Obendrein konnten die Männer im Fort für bessere Sicherheit sorgen, als er es allein hätte tun können. Und auch an Elisabeths Ausbildung fehlte es nicht, denn Nelly brachte ihr Lesen, Schreiben und Rechnen bei und unterrichtete sie in den Aufgaben einer Hausfrau. Horn war es wichtig, seine Tochter nicht allein zu wissen, doch in der Gesellschaft der Erwachsenen, die zudem ständig mit irgendwelchen Arbeiten beschäftigt waren, vermisste Elisabeth gleichaltrige Spielkameraden. Mit Freude bemerkte sie, wie sich Anfang des Sommers das Gelände vor dem Fort mit Zelten und Menschen füllte. Oft kamen sie mit ihren ganzen Familien zu dem Handelsposten, das aufgeschlossene, fröhliche Mädchen fand deshalb rasch Freundinnen, mit denen sie spielen konnte. Horn beobachtete sie gelegentlich dabei, zufrieden stellte er fest, wie gut seiner Tochter die Gesellschaft der Kinder tat und wie glücklich sie war. Niemand im Fort wähnte Elisabeth in ernsthafter Gefahr.

In Gedanken versunken rieb sich Horn seine verstümmelte linke Hand, als am frühen Nachmittag ein Comanche mit einer hässlichen Nase und fettigen, ungepflegten Haaren, der Biber hieß, seine Pelze unwirsch auf den Tisch vor dem Warendepot warf. Er war von kleiner, gedrungener Gestalt und war lediglich mit Lendenschurz, Mokassins und einem langen Hemd bekleidet, das an vielen Stellen abgewetzt und schmutzig war.

Während Horn die Tierhäute prüfte, marschierte Biber unaufgefordert ins Depot, um sich die ihm zustehenden Waren auszusuchen. Horn war mit der Überprüfung noch nicht ganz fertig, als Biber bereits heraustrat, eine vollgestopfte Büffelhaut hinter sich herziehend, und sich anschickte, zu seinem Zelt zurückzukehren.

Horn hielt den Comanchen davon ab und deutete ihm an, die Büffelhaut zu öffnen. Das eine Jahr, das er jetzt im Fort war, hatte er sich einige Worte der verschiedenen indigenen Dialekte angeeignet. Auch die bei allen Stämmen gleiche Zeichensprache verwendete er halbwegs sicher. Den Rest versuchte er in Englisch auszudrücken, in der stillen Hoffnung, sein jeweiliger Gesprächspartner verstand es. In diesem Gemisch aus Sprachen erklärte er dem überraschten Comanchen, dass er zu viele Waren genommen hatte.

Bibers Augen verzogen sich zu dunklen Schlitzen.

Horn hatte gelernt, dass er sich in solchen Situationen durchsetzen musste, wenn er seinen Respekt nicht verlieren wollte. Ohne weitere Worte nahm er zwanzig Pfeilspitzen, eine Stahlaxt und eine scharlachrote Wolldecke aus der Büffelhaut und legte sie zurück auf den Tisch.

Biber, sich in dem selben Sprachgemisch ausdrückend, erklärte verbissen, er habe gesehen, wie andere für die gleiche Menge Pelze ebenso viele Waren bekamen, wie er sich genommen hatte.

Horn verstand nicht alles. Die kurzen, bellenden Worte aber verrieten ihm Bibers Uneinsichtigkeit und seinen Zorn.

Wahllos zog er eine Pelzhaut hervor und zeigte sie dem Comanchen. Die Haut stammte von einem Gabelbock, der vermutlich krank gewesen war, denn an großen Flächen fehlte das Haar. Biber schüttelte zähneknirschend den Kopf, worauf Horn ein Wolfsfell nahm. Dieses war beim Abschaben der Fleischteile zu sehr strapaziert worden und wies zahlreiche Löcher auf.

Inzwischen waren andere Männer aufmerksam geworden und folgten den lautstarken Verhandlungen mit ernsten Gesichtern. Auch Slim Choate und Walter Morrison bekamen den Disput jetzt mit und stellten sich demonstrativ hinter Sam Horn. Slim hielt eine geladene Büchse in der Hand.

Biber zeigte sich noch immer nicht einsichtig. Seine zusammengepressten Lippen waren zu dünnen, weißen Strichen geworden. Seine beleibte Brust bebte, während er wütend durch die Nase schnaubte. Verstört suchte sein Blick die Kameraden, doch keiner der umher stehenden Comanchen zeigte Hilfsbereitschaft. Sie kannten die Hitzköpfigkeit Bibers nur zu gut. Viele von ihnen waren selbst schon wegen belangloser Dinge mit dem streitsüchtigen Mann aneinander geraten. An einem Konflikt, der auch ihrem Handel schaden konnte, war niemand von ihnen interessiert.

Biber sah sich allein gelassen. Er zögerte kurz, dann griff er mit einer schnellen Bewegung nach den Sachen, die Horn ihm weggenommen hatte. Horn, der dicht daneben stand, stieß ihn mit der flachen Hand weg. Biber torkelte rückwärts, stolperte und fiel der Länge nach zu Boden.

Die anderen Comanchen grinsten.

Mit einem akrobatischen Sprung, der seinem beleibten Körper kaum zuzutrauen war, brachte sich Biber auf die Beine. Über seiner Brust baumelte eine Ledertasche mit einem Jagdmesser darin. Niemand wusste, was er jetzt tun würde.

Slim umklammerte fest die einschüssige Büchse, Walter Morrison stellte sich mit geballten Fäusten neben Horn. Beide waren waffenlos.

Biber blickte die Händler mit zusammengekniffenen Augen scharf an. Er knurrte ein paar Worte, die Horn nicht verstand. Er packte die Büffelhaut mit den ihm verbliebenen Sachen, warf sie sich mit einem Ruck auf die Schulter und schritt aufrecht davon.

Bis zuletzt war Horn bereit gewesen, sein Recht als Händler zu verteidigen, insgeheim aber war er froh, die Angelegenheit so glimpflich hinter sich zu haben.

Phil Lorenz Booker, ein alternder Trapper, der Comanche sprach, übersetzte Bibers letzte Worte.

„Biber will deinen Skalp."

Die Sache war also keineswegs so glimpflich, wie Horn angenommen hatte.

„Üble Sache", meinte Walter Morrison besorgt.

Im Grunde kamen ihnen ähnlich rohe Bedrohungen täglich zu Ohren. Jäger und Trapper, die hier lagerten, waren allesamt raue Burschen, da war schnell ein hitziges Wort gesprochen, das bedrohlicher wirkte als es gemeint war. In den meisten Fällen aber war es damit getan. Der letzten Bemerkung Bibers schenkte man daher wenig Beachtung und der Disput war bald vergessen. Der Handel wurde nun ohne weitere Störung fortgeführt.

Es war während des Abendessens, als ihnen der Vorfall erneut ins Gedächtnis gerufen wurde. Die Arbeit für diesen Tag war getan, Samuel Horn, Elisabeth, das Ehepaar Morrison, Slim V. Choate und Ulke saßen um den großen Holztisch, den Nelly mit frischem Brot, selbst gemachter Butter,

Ziegenkäse und geräuchertem Fisch beladen hatte. Beiläufig erzählte Elisabeth von einem Geschehnis am Nachmittag. Sie war bei den Comanchen gewesen und spielte mit einem gleichaltrigen Mädchen, das Morgenrot hieß. Mit einem Stock zeichneten sie einen Kreis auf den Boden, sie entfernten sich fünf Schritte und versuchten, mit kleinen Steinen in den Kreis zu treffen. Sie lachten dabei und waren vergnügt, als auf einmal der Vater des Mädchens kam, es grob am Arm packte und in das Tipi zerrte. Morgenrot weinte, worauf der Vater wieder heraus gesprungen kam und versuchte, Elisabeth mit sich zu ziehen. Sie aber konnte sich losreißen und rannte weg. Bald darauf fand sie eine neue Spielkameradin und in ihrer kindhaften Unbekümmertheit war die Sache bald verdrängt.

Horn bat seine Tochter, den Vater des Mädchens zu beschreiben.

„Er hatte eine komische Nase", war das Erste, was Elisabeth einfiel. „Und er hatte so einen dicken Bauch", fügte sie hinzu und streckte die Arme aus.

„Wie groß war er denn?"

„Nicht so groß. Aber er hat ganz böse geschaut. Und um den Hals hatte er ein Band, an dem ein Messer hing."

„Das kann nur Biber sein", flüsterte Morrison.

Sam Horn war jetzt zutiefst beunruhigt und verbot seiner Tochter, die nächsten Tage das Haus zu verlassen. Zumindest so lange, bis die Comanchen abgezogen waren.

Jetzt wurde auch Ulke aufmerksam. Den Tag über war er ausgeritten gewesen und hatte nichts mitbekommen. Er verlangte von Horn einen genauen Bericht.

Der erzählte den Vorfall mit Biber exakt und sachlich. Gelegentlich warfen Choate und Morrison Äußerungen ein, die die Schilderung noch mehr dramatisierten.

Ulke lehnte sich gelassen zurück, verschränkte die Arme auf der Brust und hörte ruhig zu. Dann sagte er in einem Ton, der an seiner Person als Vorstand nicht zweifeln ließ: „Ihr habt recht gehandelt, Horn. Ich an Eurer Stelle hätte mich genauso verhalten. Selbstverständlich werde ich den Vorfall zu Papier bringen müssen."

Nelly hatte die Unterhaltung der Männer still verfolgt.

„Was bedeutet: Er will deinen Skalp?", fragte sie besorgt. Ihr ängstlicher Blick wanderte zwischen Horn und Elisabeth hin und her.

„Das muss nichts bedeuten", beruhigte sie Walter. Nelly aber kannte ihren Mann sehr genau und sie wusste sofort, wenn er schwindelte.

Sie besprachen die Sache nicht weiter, um das Mädchen nicht unnötig zu ängstigen, doch alle, auch Ulke, nahmen sich vor, die nächsten Tage auf Elisabeth besonders Acht zu geben.

Kapitel Zwei

Am Morgen bedeckte eine dünne Schicht matschiger Schnee das Land. Die Tipis vor dem Fort ragten daraus hervor wie grau-beige Kegel. Die Wolkenschicht war etwas aufgebrochen und die ersten Sonnenstrahlen fielen schräg über die Hügel. Schon bald zeichneten sich die ersten Spuren im Schnee, die aussahen wie braune Bänder auf weißem Papier. Die Letzten brachten ihre Bündel zum Tausch. Die Comanchen waren über Nacht abgezogen. Der Tag verging, ohne dass etwas Besonderes vorgefallen wäre. Elisabeth blieb artig im Haus und ging Nelly zur Hand. Es machte ihr sogar Spaß, im Haushalt zu helfen. Sie schrubbte den Boden und half Nelly, ein Huhn zuzubereiten.

Gegen Abend kam Wind auf, der die Wolken vertrieb, und der nächste Tag war klar und sonnig und sehr kalt. Der zusammengetretene Schneematsch vereiste zu einer braunen, hässlichen Kruste. Auch die folgenden Tage blieb es kalt und sonnig. Aber es schneite nicht mehr. Die Kälte biss in Samuel Horns Narbe. Da er keine Fingerhandschuhe anziehen konnte, hatte ihm Nelly Fäustlinge aus Kaninchenfell genäht.

Elisabeth hing jetzt dauernd am Fenster. Sehnsüchtig blickte sie hinaus in das in der Sonne glitzernde weiße Land und zu den Kindern, die vergnügt am vereisten Fluss spielten.

„Bald werden alle Kinder weg sein", sagte sie traurig zu Nelly. „Und ich werde niemanden mehr haben, mit dem ich spielen kann."

Nelly fühlte mit ihr, wollte aber nicht allein entscheiden.

„Vielleicht haben wir uns alle zu viele Sorgen gemacht", meinte Horn. „Es ging ja nur um Biber, und der ist inzwischen schon weit weg."

„Es war bestimmt richtig, sich Sorgen zu machen, und Elisabeth war ja auch brav im Haus geblieben. Aber es stehen nur noch ein paar Tipis draußen, und wer weiß, schon morgen sind sie vielleicht alle weg. Der Winter wird einsam genug werden für das Kind. Ihr Männer habt eure Arbeit, ich bin eine alte Frau, ich kann ihr nicht die Unterhaltung bieten, nach der sich ein junges Mädchen sehnt."

„Ach, Nelly, du gute Seele", sagte Horn und nahm die Frau in den Arm. „Elisabeth fühlt sich in deiner Gesellschaft doch sehr wohl, sie hat sich noch kein einziges Mal deswegen beklagt. Aber warum sollte Elisabeth länger unter unserer Furcht leiden? Zieh sie warm an und lass sie zu den Kindern."

Elisabeth konnte es kaum erwarten. Mit einem warmen Mantel, die Pelzmütze tief in die Stirn gedrückt und gefütterten Stiefeln an den Füßen stürzte sie jauchzend hinaus. Horn und Nelly konnten ihre Sorgen doch nicht so einfach ablegen und sahen gelegentlich nach ihr, ohne es dem Mädchen merken zu lassen. Sobald sie einen blonden Schopf unter den Kindern erkannten, lächelten sie beruhigt. Bis zum Abend spielte Elisabeth draußen am Fluss, bis die Kälte ihre Wangen rosig färbte und sie fröstelnd, aber mit einem glückseligen Strahlen in den Augen heim kam.

Am fünften Tag, nachdem die Comanchen abgewandert waren, zogen dunkle, Schnee beladene Wolken auf und hingen tief am Himmel. Jede Stunde konnten sie aufbrechen und ihre Massen über das Land schütten.

Die Handelssaison war vorüber. Einsam standen noch zwei von Reif bedeckte Tipis der Osagen draußen vor dem

Fort, auch sie kündeten an, morgen abzuziehen. Ansonsten erinnerte nur noch eine braune, verkrustete Fläche an das lebhafte Treiben der letzten Wochen. Der Winter klopfte dunkel und eisig an die Tür.

Phil Lorenz Booker, der alternde Trapper, beschloss den Winter im Fort zu verbringen und war froh, von Ulke das großmütig erteilte Einverständnis zu erhalten, hier in geschützten Mauern, vor allem aber in angenehmer Gesellschaft verbringen zu dürfen. Allerdings sollte Booker im Depot schlafen, weil im Haus kein freier Platz war. Das machte dem abgehärteten Fallensteller aber nichts aus. Er hatte schon unter ganz anderen Umständen einen erquickenden Schlaf gefunden. Und außerdem teilte ja Choate mit ihm das Lager.

Elisabeth blieb nicht mehr viel Zeit, um mit Gleichaltrigen herumtollen zu können. Schon kurz nach Tagesanbruch war sie deshalb hinaus geeilt. Der Missouri war an seinen Ufern mit einer hauchdünnen Eisschicht zugefroren, Elisabeth und zwei Kinder der Osagen ließen Stöckchen und Steine, die Menschen, Hunden oder Pferden ähnelten, über das Eis schlittern. Das Flussbett lag an dieser Stelle tiefer als das Umland, die Kinder waren vom Fort aus nicht zu sehen. Doch verriet ihr vergnügtes Lachen ihren Aufenthalt. Sie ließen sich in ihrem Spiel auch nicht stören, als es anfing, in leichten, tanzenden Flocken zu schneien.

William Ulke rief die Männer des Forts zusammen, um mit ihnen zu beraten, ob es sich noch lohnte, den letzten Posten Pelze nach St. Louis zu transportieren oder ob es vernünftiger war, damit bis zum Frühjahr zu warten.

Horn meinte: „Mir gefallen die Wolken nicht. Schon bald kommt da eine Menge Schnee runter."

Morrison schloss sich dieser Meinung an. „Der Winter ist dieses Jahr sehr frühzeitig da. Was bringt es uns, wenn wir im Schnee stecken bleiben? Damit bringen wir nicht nur die Pelze, sondern auch uns in Gefahr."

Ulke betrachtete es aus einem anderen Blickwinkel. Die noch hier lagernden Bündel seien einige tausend Dollar wert, meinte er. „Mit dem Erlös können wir uns Werkzeug und neue Pferde kaufen, die wir dringend benötigen. Ich denke da auch an unsere Sicherheit", fügte er hinzu. „Das Fort ist nicht mehr militärisch abgesichert, letztes Jahr war das noch anders. Niemand von uns kann es gegen Banditen ausreichend schützen."

„Banditen?", fragte Morrison. „Wir sind doch keine Bank und keine Goldmine."

„Wie arglos Ihr doch seid, Morrison", entgegnete Ulke schnippisch. „Es gibt tatsächlich solche heimtückischen Banden, die einzelne Fallensteller und sogar kleinere Handelsposten überfallen, nur um an die Pelze zu kommen, die sich bei guter Qualität durchaus mit Gold aufwiegen lassen. Die Pelze verkaufen sie dann auf eigene Rechnung."

„Das kann ich nur bestätigen", wandte Booker ein. „Vor zwei Jahren war ich mit Tennessee Stuart am Schlangenfluss, wir hatten reichlich Pelze gemacht, als uns hinterrücks drei Kerle der übelsten Sorte überfielen. Sie schossen, noch bevor wir sie sahen. Stuart hat es erwischt, ich konnte mich gerade noch in Sicherheit bringen und musste zusehen, wie sie mit unseren Pelzen auf Nimmerwiedersehen verschwanden."

„Das ist schrecklich", meinte Chaote, der sich bisher zurück gehalten hatte. „Wir sind fünf wehrhafte Männer in einem Fort. Mit solchen Halunken werde ich auch alleine fertig."

25

„So überheblich und dumm kann nur ein junger Bursche wie Ihr daher reden", wies ihn Ulke zurecht.

Sie debattierten hin und her, als sie plötzlich innehielten. Kreischende, von Angst erfüllte Schreie ließen sie erschrocken aufhorchen. Die Schreie kamen vom Fluss.

„Elisabeth!", schoss es Horn durch den Kopf.

Die Männer rannten augenblicklich zum Fluss. Nelly, auch sie hatte die Schreie gehört, stürzte aufgebracht aus dem Haus und ihnen nach. Auf halbem Weg kamen ihnen die Kinder der Osagen entgegen. Elisabeth war nicht dabei. Die Kinder starrten mit entsetzten Augen, ihre kleinen Leiber zitterten.

„Wo ist Elisabeth?", schrie Horn. Ohne eine Antwort abzuwarten, rannte er weiter zum Fluss und die Uferböschung hinunter. Sein Herz pochte, sein stoßender Atem gefror in der kalten Luft.

Die Fußstapfen der Kinder waren deutlich zu erkennen. Auch die Pferdespuren, die vom Westen kamen. Die Pferdespuren führten her und zurück. Hinter einer Biegung der Uferböschung verschwanden sie.

Horn rannte den Hang hoch und schaute angestrengt nach Westen. Die Schneeflocken fielen leicht und locker, auf die Weite aber wirkten sie wie ein dichter Vorhang. Trotzdem glaubte er, eine reitende dunkle Gestalt zu erkennen.

Inzwischen hatten sich alle um die Kinder gesammelt. Sie berichteten Ulke hastig, was geschehen war, doch er verstand kein Wort. Booker übersetzte.

„Sie sagen, es war ein Comanche. Er stand plötzlich vor ihnen, er hatte es nur auf Elisabeth abgesehen, er schnappte sie sich, zerrte sie auf sein Pferd und galoppierte davon."

„Biber!", brachte Horn trocken hervor.

Nelly klammerte sich an Walter. Sie schluchzte. „Oh,Gott!", schrie sie flehend in die düsteren Wolken hinauf. „Oh,du barmherziger Gott, steh ihr bei!"

Ohne ein weiteres Wort rannte Horn zum Fort zurück. Die Männer sahen sich kurz an, dann folgten sie ihm. Sie sattelten ihre Pferde, holten schnell Mäntel und Gewehre, dann ritten sie los. Nur Ulke blieb zurück.

„Ich kann Nelly nicht allein lassen", meinte er. „Reitet los und bringt das Mädchen heil wieder!"

Dafür schlossen sich drei junge Männer der Osagen an.

Sieben entschlossene Männer folgten der Spur. Biber hatte einen Vorsprung von einer Viertelstunde, das war nicht viel. Und er hatte Elisabeth als Ballast.

Die Spur war gut zu erkennen. Die Abdrücke der Hufe lagen wie dunkle, unförmige Flecken im frisch gefallenen Schnee. Dies erlaubte den Männern, im Galopp zu reiten. Horn und Booker ritten voran.

Dann sahen sie Biber. Eine halbe Meile vor ihnen.

Die dünne Eisschicht unter dem Schnee barst und krachte unter den preschenden Pferden.

Geduckt saß Horn auf seinem Braunen und starrte nach vorn in den milchigen Flockenschleier. Der Tanz der Flocken täuschte sie. Bald dachten sie, sie bräuchten nur den Arm auszustrecken, um Biber zu fassen, dann wieder verschwand der Flüchtige wie durch Zauberhand und tauchte weit entfernt als nebulöse Silhouette auf.

Horn zügelte sein Tier hart. Unmittelbar vor ihnen fiel das Gelände steil ab. Unten wurde es wieder eben. Und dort, keine dreihundert Schritte von ihnen entfernt, überquerte Biber einen kleinen, seichten Bach.

Horn konnte Biber deutlich erkennen. Und er erkannte Elisabeth. Sie saß vor dem Comanchen, der sie fest hielt.

Sie hatte ihre Mütze verloren, ihr blondes Haar wehte im Wind. Jetzt riss sie den Kopf herum, sah rückwärts zu den Männern, zu ihrem Vater, von dem sie sich Hilfe erwartete. „Papa!", schrie sie. Der Schrei kämpfte gegen den dichter werdenden Wirbel tanzender Flocken und traf Samuel Horn mitten ins Herz.

Horn und Booker schossen gleichzeitig. Sie zielten auf Bibers Pferd. Beide verfehlten.

Sie ritten die Böschung hinab. Slims Hengst strauchelte auf dem steinigen, vereisten Untergrund, konnte sich aber abfangen. Die Böschung kostete wertvolle Zeit. Zeit, die Biber erneut Vorsprung verschaffte.

Nachdem sie den Bach durchquert hatten, trieben sie ihre Pferde an. Auf einmal schien sich alles gegen die Männer zu verschwören. Der Schnee fiel dichter und stärker. Biber konnten sie nicht mehr sehen.

Um die Spur halten zu können, ritten sie nun langsamer. Booker war ein ausgezeichneter Fährtensucher, doch auch er tat sich schwer.

Dann kam Westwind auf. Der Schnee wirbelte und peitschte in ihre Gesichter.

„Westwärts!", rief Horn den Männern zu.

Verbissen kämpften sie sich vorwärts. Im Grunde aber wusste jeder von ihnen, dass es unter diesen Umständen keinen Sinn hatte, weiter zu reiten. Die Natur war gegen sie. Und Walter Morrison, den der Gewaltritt erschöpfte, blieb immer weiter zurück.

Sie waren gezwungen, im Schritt zu reiten, während Biber unbehelligt in jede Richtung davon galoppieren konnte. Oder er versteckte sich hinter einem Hügel und sie waren schon lange an ihm vorbei.

Sie hatten jetzt kaum eine Chance, jeder von ihnen wusste das. Doch niemand wagte, Sam Horn zur Umkehr aufzufordern. Verbissen kämpfte er sich weiter, trieb sein Pferd unermüdlich an, schlug die Stiefel in die Flanken des erschöpften Pferdes. Weiter. Nur weiter. Wie in Trance und nur von einem einzigen Gedanken beseelt: Elisabeth!

Endlich, aus einer plötzlichen Regung seine Mitreiter wahrnehmend, hielt er an. In ihren Augen lag Hoffnungslosigkeit. Hoffnungslosigkeit, die er sich selbst nicht eingestehen wollte.

„Reitet zurück!", schrie er gegen das Heulen des Windes. „Ich reite alleine weiter."

„Es hat doch keinen Sinn", rief Booker. „Nicht jetzt in diesem Unwetter."

„Ich werde nicht aufgeben!", rief Horn. „Niemals werde ich aufgeben!"

„Bald wird es dunkel", sagte Chaote. „Schon jetzt erkennt man nichts mehr. Verdammtes Wetter!"

Walter Morrison schloss langsam auf. Sein Haar war vom Wind zerwühlt und sein Gesicht vor Anstrengung und Kälte bläulich. Schnee klebte an seinem Bart und seiner Kleidung. Das Pferd unter ihm dampfte.

Horn brachte sich an Morrisons Seite. Er sah den erschöpften Freund lange an. Dann fragte er: „Was meinst du, Walt?"

Morrison schüttelte müde den Kopf.

Horn sah nach Westen, in eine trübe, von Wind gepeitschte Schneewand. Irgendwo dort musste Biber sein. Er spürte ihn förmlich. Gleichzeitig nahm er das Zittern seines Braunen wahr. Sie waren scharf geritten, die Pferde erhitzt, jetzt froren sie. Walter hustete.

„Sam, morgen in aller Frühe bin ich dabei", versprach Chaote.

„Kannst dich auch auf mich verlassen", versicherte ihm Morrison.

Auch Booker versicherte seine Hilfe. „Wir nehmen Ersatzpferde mit, dann jagen wir den Hund", rief Booker. „Morgen lässt der Schnee nach, heute ist es aussichtslos. Was sagst du, Sam?"

Alle Augen waren gespannt auf Horn gerichtet. Den drei Osagen schien das Wetter noch am wenigsten zuzusetzen, aber auch sie hatten jede Hoffnung verloren, den Comanchen jetzt noch zu finden. Und doch, wider aller Vernunft, waren alle Männer entschlossen, Horn weiterhin zu folgen, sollte er sich jetzt dafür entscheiden.

Samuel Horn nickt nur. Er lenkte sein Pferd herum und sie ritten langsam zurück.

Kapitel Drei

Obwohl es Nelly befürchtet hatte, wollte sie es nicht wahrhaben. Die ganze Zeit hatte sie am Fenster gekniet und gebetet. Als die Männer ohne Elisabeth zurückkamen, weinte sie.

Sam Horn bedankte sich bei den Osagen, die zurück zu ihren Familien ritten. Wortlos versorgten die Männer ihre Pferde. Auch als sie in der geheizten Stube saßen, sprach niemand. Die Enttäuschung lag ihnen wie Blei auf dem Gemüt.

Nelly saß neben dem Herd. Der Schein der Flammen flackerte auf ihrem tränennassen Gesicht. Ihre Augen waren gerötet, ihre Wangen aschfahl. Sie schien um Jahre gealtert.

Ulke war der Erste, der das Schweigen brach.

„Was habt Ihr jetzt vor, Horn?", fragte er leise in die bedrückende Stille hinein.

„Ich werde aufbrechen, sobald der Schnee nachlässt", antwortete Horn entschlossen.

„Der Comanche hat dann mehrere Stunden Vorsprung", gab Ulke zu bedenken. „Ich kann mir vorstellen, dass es bei diesem Wetter keine Spuren gibt. Wie wollt Ihr ihn finden, Horn?"

„Ich werde Elisabeth finden", sagte Horn leise, ohne den Blick zu heben. „Ich werde meine Tochter finden."

Gekrümmt saß er auf dem Stuhl, die Augen glanzlos, die Hände zu Fäusten geballt.

„Du kannst mit mir rechnen", versicherte ihm Morrison. Die Wärme der Stube tat ihm gut, dennoch wirkte er erschöpft und matt.

Sam Horn nickte. „Danke, Walter."

Auch Slim V. Choate und Phil Booker boten sich bereitwillig an.

„Kann ich etwas tun?", fragte Nelly heiser.

„Bete für Elisabeth", bat Horn.

„Das werde ich", versprach Nelly.

Die Männer beschlossen, spätestens bei Tagesanbruch aufzubrechen. Sie würden Ersatzpferde mitnehmen und Proviant für zwei Wochen.

„Bei allem Verständnis, Horn, aber so geht das nicht!", schaltete sich Ulke wieder ins Gespräch ein. „Ihr verfügt über Regierungseigentum, als ob es Eures wäre. Pferde und Proviant gehören der Regierung, wie Ihr wissen solltet, Horn. Ganz abgesehen davon, dass sowohl das Fort als auch die Pelze ohne Schutz sind."

Die Männer sahen sich überrascht an. Sie achteten Ulkes Position und die damit verbundene Verantwortung, in Anbetracht der Situation aber empfanden sie sein übertriebenes Pflichtgefühl als unangebracht.

„Ihr bekommt die Tiere ja wieder", versicherte Morrison. „Und für den Proviant werden wir aufkommen."

„Denkt Ihr überhaupt nicht an das arme Kind?", tadelte Nelly. „Ihr verhandelt über Waren, wo es doch zuallererst um das Leben des Kindes geht. Mister Ulke, habt Ihr denn gar kein Mitgefühl?"

„Ich habe Mitgefühl", entgegnete Ulke ruhig. „Aber in erster Linie bin ich Angestellter der Regierung. Die mir obliegenden Aufgaben erfülle ich pflichtbewusst und zuverlässig, die Regierung kann sich unbedingt auf mich verlassen. Und das soll auch weiterhin so bleiben. Hier aber werden Entscheidungen über meinen Kopf hinweg getroffen, die ich zwar nachempfinden, die ich aber in dieser Form nicht gutheißen kann."

„Niemand zweifelt an Ihrem Amt und Ihrer Befugnis, Mister Ulke", sagte Morrison.

„Mister Ulke, Ihr habt Recht", gestand Horn nun ein. Am allerwenigsten war ihm jetzt an einem Streit gelegen. „Ich sehe es als Zeichen Ihres Edelmutes, wenn Ihr uns Pferde und Proviant leiht, um uns die Suche nach meiner Tochter zu ermöglichen. Ich werde alles bezahlen, sobald ich Elisabeth wieder heil nach Hause gebracht habe."

„Nun", meinte Ulke. „Auch wenn Ihr mich für kaltherzig haltet, so ist das nicht. Ich empfinde durchaus für das Wohl des Mädchens und ich habe auch Verständnis für das Leid, das Ihr jetzt durchmacht, Horn. Aber ich tue nur meine Pflicht. Was nun die Pferde und den Proviant betrifft, so will ich sie Euch zugestehen. Aber die Männer kann ich nicht gehen lassen. Ich allein kann das Fort nicht ausreichend schützen. Ich denke da auch an Nelly. Wäre noch Militär hier, dann wäre die Sache anders. Und noch steht die Frage offen, ob wir nicht doch schon bald nach St. Louis reisen."

„Was schlagt Ihr also vor?", fragte Horn.

„Chaote brauche ich hier, und Morrison ist diesen Strapazen nicht gewachsen", antwortete Ulke nüchtern. „Fragt Booker, er ist ein freier Mann."

Horn brauchte Booker nicht erst zu bitten.

„Ich komme mit!", versprach der Trapper sofort.

Morrison wollte widersprechen, sah aber schließlich auch ein, dass er seinem jungen Freund eine größere Hilfe war, wenn er im Fort blieb und sich um Nelly kümmerte. Die Verfolgung Bibers würde bestimmt nicht einfach werden, solchen Strapazen war er nicht mehr gewachsen und er wäre Horn und Booker nur eine Last.

Horn bedankte sich bei allen und noch zur Stunde trafen sie Vorbereitungen für den Aufbruch. An Schlaf war bei keinem von ihnen zu denken.

Früh am Morgen ritten Horn und Booker, begleitet von den besten Wünschen, aus dem Fort.

„Gott beschütze euch!", rief ihnen Nelly nach.

Der Wind hatte sich über Nacht beruhigt und nur eine kalte Brise wehte leicht über den pulvrigen Schnee. Das Land war in Weiß gehüllt und glitzerte in der aufgehenden Sonne.

Sie begannen die Suche an der Stelle, an der sie sie am Tag vorher abgebrochen hatten. Dieser Ort und das Fort bildeten eine gerade Linie in westlicher Richtung. Sam Horn war der Auffassung, die Suche in dieser Richtung fortzusetzen, Booker aber meinte: „Der Comanche wird deiner Tochter nichts tun. Er will sich an dir rächen, nur darum geht es ihm. Sein Stolz ist verletzt und seine Ehre. Er hat kein Interesse daran, sich irgendwo in der Wildnis zu verstecken. Wenn Biber klug ist, kehrt er zu seinem Stamm zurück. Dort kann er Elisabeth am besten verstecken und findet außerdem Schutz und Nahrung. Ich denke sogar, er lässt mit sich handeln. Ulke hat mir dafür noch einen Sack mit Tauschwaren, mit Messern, Äxten und Pfeilspitzen aufs Packpferd gebunden."

„Ulke hat das getan?", fragte Horn.

„Das hat er", sagte Booker.

So hatte Ulke also doch noch seine Einsicht und seinen guten Willen gezeigt. Horn dankte es ihm im Stillen.

„Wo lagert der Stamm jetzt?"

„Weiß nicht", antwortete Booker. „Auf jeden Fall müssen wir südwärts. Vor Jahren stieß ich einmal auf ein Winterlager der Comanchen. Das war am Roten Fluss."

Drei Tage lang ritten sie nach Süden, ohne auf einen Menschen oder auch nur auf die Spur eines menschlichen Wesens zu stoßen. Das Land war teilweise von Gräben und Hügeln durchsetzt, dann wieder war es so eben wie eine Tischplatte. Bäume gab es fast keine, dafür versperrten oft große Flächen kahler Sträucher ihren Weg.

Das Schicksal seiner Tochter beschäftigte Horn mehr als er nach außen hin zugab. Immer wieder erschien Elisabeth vor seinem geistigen Auge, wie er sie zuletzt gesehen hatte: in Winterkleidung warm verpackt, die langen blonden Haare von der Pelzmütze halb bedeckt; sah sie glücklich und hörte ihr helles, fröhliches Lachen. Dann wieder schoben sich dunkle Wolken in sein Gedächtnis. Dieselben dunklen Wolken, die an jenem unglücklichen Nachmittag tief am Himmel gehangen hatten, er sah Biber und sah Elisabeth, die vor dem Comanchen auf dem galoppierenden Pferd saß. Ihr goldenes Haar wehte im Sturm. Und da blickte Elisabeth zurück und mit flehenden Augen rief sie nach ihm: „Papa!" Und er hatte ihr nicht helfen können. Dieser Gedanke marterte ihn und nagte an seiner Seele.

„Wird es Elisabeth gut gehen? Wird sie leiden müssen?", fragte er den Trapper.

Booker blickte in bangende Augen.

„Ich kann deine Sorgen verstehen. Vermutlich würde es mir an deiner Stelle genauso ergehen. Comanchen behandeln gefangene Kinder wie ihre eigenen. Und, das kannst du mir glauben, ich traf noch nie auf einen Stamm, der seine Kinder geschlagen hätte. Ein Navajo sagte mir einmal: `Ihr Weißen liebt eure Hunde und züchtigt eure Kinder, wir aber züchtigen unsere Hunde und lieben unsere Kinder.` Wenn die Comanchen in unseren Augen auch wilde Barbaren sind, ihre Kinder rühren sie nicht an. Ja, Samuel, ich denke, solange Elisabeth sich anpasst und die ihr aufgetragenen Arbeiten erledigt, wird es ihr nicht schlecht ergehen."

Auch wenn Horn dem erfahrenen Trapper gerne glauben wollte, tief in seiner Seele gab es einen Punkt, der ihn nicht zur Ruhe kommen ließ und ihm nachts die schrecklichsten Visionen schickte.

Am vierten Tag trafen sie unvermutet auf einen Reiter. Er stand plötzlich auf einer Kuppe vor ihnen. Schneegestöber wirbelte um die Beine seines Pferdes, auf dem er, in eine Bisonrobe gehüllt, aufrecht saß. Eine einzige Feder schmückte sein im Wind wehendes langes Haar; das Gesicht dunkel, die Augen wachsam. Der Mann war etwa vierzig Jahre alt, klein und wohlbeleibt. An seiner Hüfte hing ein Köcher mit Pfeilen und Bogen.

Obwohl Sam Horn den Mann noch nie gesehen hatte, spürte er tiefes Misstrauen aufkeimen. Nicht den Menschen vor sich sah er, sondern eine Gestalt, die ihn an Biber und dessen Heimtücke erinnerte.

„Ein Comanche?", fragte er Booker.

„Kiowa", antwortete Booker knapp.

Der Kiowa ließ die zwei Männer bis auf wenige Schritte heran und hob zum Gruß die Hand, wohl auch, um zu signalisieren, dass sie jetzt nah genug waren.

Booker 'unterhielt' sich mit ihm in Zeichensprache, eine Art der Kommunikation, die sich in Handbewegungen, Gesten und Mimik ausdrückte. Es stellte sich heraus, dass der Kiowa zur Jagd unterwegs war, bisher aber ohne Erfolg. Die Frage, ob er von einem entführten weißen Mädchen wisse, verneinte er.

„Du glaubst ihm?", fragte Horn zweifelnd, nachdem Booker übersetzt hatte.

„Ob ich ihm glaube oder nicht, was ändert das?"

Booker erkundigte sich jetzt nach dem Lager der Comanchen, worauf der Kiowa nur vage Andeutungen machte, ohne einen genauen Ort benennen zu können. Booker bedankte sich und teilte ihm mit, er und Horn wollten durch das Land der Kiowa lediglich durch reiten, worauf der Jäger nickte.

Als Horn und Booker weiter ritten, schloss sich ihnen der Kiowa unaufgefordert an. Eine halbe Stunde blieb er wortlos neben ihnen, dann bog er ohne ersichtlichen Anlass ab und sie sahen ihn auf seinem Pferd über die schneebedeckte Ebene davon galoppieren.

Die Vorboten des Winters, die in den letzten Tagen ihre Suche erschwert hatten, wichen nun einer milden Sonne. Der Schnee verklumpte zu matschigem Brei, dann begann es zu regnen. Booker hielt sich geradewegs südwestlich, sie versuchten so viele Meilen wie möglich am Tag zu schaffen, abends suchten sie sich im Schutz von Felsen oder Bäumen ihr Lager, zogen Decken über ihre Köpfe, aßen Trockenfleisch und versuchten zu schlafen. An ein Feuer zu machen war nicht zu denken.

Endlich hörte es auf zu regnen, graue Wolken hingen tief über dem Land, als Booker ein Lager entdeckte. An die sechzig Tipis standen an einem Bach in einem windgeschützten Tal, daneben eine große Herde Pferde. Sicherheitshalber luden sie ihre Gewehre und Pistolen und ritten langsam auf das Lager zu. Sie wurden bald entdeckt. Acht Krieger stürmten auf flinken Ponys auf sie zu. Kurz vor ihnen stoppten sie abrupt. Drohend schwangen sie ihre Lanzen und versuchten, Eindruck zu schinden. Gegenseitig musterten sich die beiden Parteien.

Die Krieger trugen lediglich Leggins und Lederhemden, ihre Haare waren zu Zöpfen gebunden, die ihnen lang auf den Rücken fielen, ansonsten aber ungeschmückt waren.

Booker erkannte aufgrund ihrer Haartracht und der Verarbeitung der Hemden, welchen Stamm sie vor sich hatten.

„Das sind Comanchen."

Einer der Krieger trug ein gelbes Fransenhemd und um den Hals eine Kette aus Pumazähnen. Sam Horn und Booker erinnerten sich an ihn, er war mit im Fort gewesen. Auch der Comanche erkannte die beiden Männer jetzt. Er lächelte freundlich und lud sie ins Dorf ein.

Kapitel Vier

Der Krieger mit der Kette aus polierten Pumazähnen nannte sich Hinkende Antilope. Er und sein Vater Gebrochene Lanze, der ein angesehenes Mitglied des Rates war, führten die Besucher in ihr Tipi. Eine ältere und eine jüngere Frau sowie vier Kinder saßen um ein kleines Feuer, mit dunklen Augen schauten sie Horn und Booker neugierig an. Nachdem sich die Männer ans Feuer gesetzt hatten und zuerst über belanglose Dinge plauderten, ging Gebrochene Lanzes Frau hinaus. Wenig später trat sie wieder ein, legte zugeschnittene Fleischstücke auf einen heißen Stein und briet sie.

Horn rückte ungeduldig auf seinem Platz hin und her. Er drängte Booker, der den Dialekt der Comanche sprach, sich doch endlich nach seiner Tochter zu erkundigen. Booker aber mahnte ihn zur Geduld.

Das Tipi war von ovalem Grundriss und maß etwa fünf Schritte im Durchmesser. Leichter Rauch stieg von einem warmen Feuer auf und zog oben durch eine Abzugsklappe ins Freie. Die Zeltwand war aus Büffelhäuten, an ihr lagerte das Hab und Gut der Familie. Neben traditionellen Gerätschaften aus Stein, Knochen und Holz befanden sich darunter auch Pfannen, Äxte, Schaber und Nadeln aus Metall. An den Tragestangen hingen Krhenfedern, konservierte Häute von Fröschen und die getrockneten Füße eines Habichts. Neben dem Eingang lehnte ein Schild, dessen gehärtete Büffelhaut mit magischen Symbolen bemalt war.

Als das Fleisch gar war, reichte Gebrochene Lanze seinen Gästen je ein großes Stück in die Hand, nahm sich dann selbst etwas, bevor sich auch sein Sohn und seine Frau nahmen.

Das Fleisch war zart und leicht zu kauen, doch schmeckte es permanent bitter. Angewidert verzog Horn das Gesicht. Die Comanchen schmunzelten. Und als Booker ihm verriet, dass er gerade einen Wolf aß, legte er das Fleisch beiseite und erklärte mit unbeholfenen Gesten, dass er eigentlich gar keinen Hunger habe.

Endlich waren sie mit dem Essen fertig. Fast zwei Stunden waren vergangen. Jetzt konnten sie sich dem eigentlichen Grund ihres Besuches widmen.

Booker befragte Gebrochene Lanze und dessen Sohn nach dem weißen Mädchen vom Fort und nach Biber. Obwohl Horn ihre Sprache nicht vollständig verstand, begriff er anhand einzelner Worte und am Ausdruck ihrer Gesichter sehr schnell, dass alle Mühe umsonst gewesen war: Elisabeth befand sich nicht im Lager. Nachdem die Unterhaltung zu Ende war, übersetzte Booker für Horn und bestätigte dessen Vermutung.

Als die Comanchen vom Fort wegzogen, sprach Biber ständig von Rache. Er versuchte, die Krieger aufzuwiegeln, mit ihm das Fort zu überfallen. Er wollte Horn tot sehen und seinen Skalp nehmen. Niemand erklärte sich für seinen Plan bereit. Danach schien es, als gebe Biber Ruhe. Doch schon einen Tag später bemalte er sein Gesicht, schmückte sein Pferd und ritt weg. Eine Woche später kehrte er zurück. Er hatte ein weißes Mädchen bei sich. Es war Elisabeth. Biber verkündete stolz im Lager, er habe sich an dem törichten Weißen gerächt und dessen Tochter als Ersatz für die fehlenden Waren gestohlen. Alle im Stamm waren erzürnt. Noch nie hatte sich ein Comanche auf so schmähliche Weise gerächt. Sie waren ein stolzes und tapferes Volk und niemand wollte mehr mit Biber zu tun haben. Biber nahm seine Frau, sein Kind und das weiße Mädchen und verließ daraufhin das Lager. Mehr wusste Gebrochene Lanze nicht.

Gebrochene Lanze bedauerte die Angelegenheit und schämte sich für Bibers Verhalten. Zum Zeichen seiner Freundschaft lud er Booker und Horn für die Nacht in sein Tipi ein.

„Und du vertraust ihm?", fragte Horn den Trapper.

„Er gibt keinen Grund, das nicht zu tun", antwortete Booker. „In dem Lager leben etwa vierhundert Menschen, ich nehme an, es sind achtzig bis hundert Krieger darunter. Die haben keine Angst vor uns. Weshalb sollten sie es verheimlichen, wenn Elisabeth hier wäre?"

Sam Horn zweifelte an dem, was Gebrochene Lanze gesagt hatte. Obwohl Booker ihn warnte, sprang er hitzköpfig auf, lief durch das Lager und sah in verschiedene Tipis. Er wollte sich mit eigenen Augen von der Wahrheit überzeugen. Während ihn einige Comanchen bei seinem Tun nur spöttisch belächelten, warfen ihm andere grimmige Blicke zu. Horn verletzte eindeutig ihre Intimsphäre. Niemand, auch ein Comanche nicht, durfte so einfach in ein fremdes Tipi, ohne vorher darum gebeten zu haben.

Gebrochene Lanze war erzürnt. Noch nie hatte jemand seine Worte so offensichtlich in Zweifel gezogen. Booker hatte große Mühe, ihn zu beschwichtigen. Er wies auf Horns großen Kummer hin und seine Unerfahrenheit mit den Gebräuchen und Gepflogenheiten der Comanchen.

Gebrochene Lanze wollte davon nichts hören. Er verschränkte die Arme und schwieg.

„Verschwindet von hier!", antwortete Hinkende Antilope statt dessen.

Booker konnte Sam Horn angesichts der ihnen entgegengebrachten Aversion überzeugen, das Dorf zu verlassen. Sie stiegen auf ihre Pferde und ritten weg, ohne weiter behelligt zu werden.

„Diese Hunde!", begann Horn, seiner Frustration freien Lauf zu lassen, als sie außer Sichtweite des Dorfes waren. „Ich hätte es wissen müssen, im Osten wurde ich oft genug vor diesen Heiden gewarnt. Sie leben in der Wildnis und sind nichts anderes als Wilde. Barbarische Wilde. Trau keinem von ihnen, sagte man mir. Einer ist so schlecht wie der Andere."

Booker erkannte wohl den Schmerz, den Horn empfand, die Abneigung gegen alle indigenen Menschen konnte und wollte er aber nicht gutheißen. Er selbst hatte im Laufe der Jahre schon viele von ihnen kennengelernt. Nicht alle waren friedlich und freundlich gewesen, mit den meisten aber war er gut ausgekommen, und einige unter ihnen waren ihm sogar zu echten Freunden geworden, auf deren Loyalität er fest vertrauen durfte.

„Die Wut spricht aus dir", ermahnte er Horn.

„Im Fort, da glaubte ich, die Menschen im Osten hätten mir nur Schauermärchen erzählt von Grausamkeiten und Heimtücke", widersetzte Horn gereizt. „Ich dachte eine Zeit lang, so schlecht sind sie nicht. Ich habe mich getäuscht, Phil. Es gibt keinen Einzigen unter ihnen, ob er nun zu den Comanchen, den Kiowa, den Apachen oder zu sonst einem Stamm gehört, dem ich jemals trauen werde. Sie leben in der Wildnis und Wilde sind sie allesamt. Ja, Phil, die Wut spricht aus mir, weil ich überzeugt bin, Gebrochene Lanze weiß, wo Elisabeth zu finden ist, und es uns dennoch verschweigt."

„Du bist ungerecht, Sam", versuchte der Trapper ihn zu beruhigen. „Als ich im Felsengebirge war, um Fallen auszulegen, verlor ich in einem reißenden Wildbach meine ganze Ausrüstung. Nicht einmal ein Messer besaß ich noch und wäre beinahe verhungert. Es waren diese Menschen, die mir halfen und mir das Leben retteten. Es ist ungerecht, sie alle gleichermaßen zu verdammen."

Doch Horn wollte davon nichts hören.

„Pah!", rief er und trieb sein Pferd an.

Von da an schwieg Sam Horn, er sprach kein Wort mehr und stierte gedankenverloren mit dunklen Augen vor sich hin. Er aß wenig und schlief unruhig. Hatte ihm auf dem Herweg die Hoffnung Kraft geschenkt, jetzt sank er in sich zusammen wie ein alter, gequälter Mann. Es gab nichts mehr, keine Spur, keinen Hinweis, an die er sich klammern konnte. Die Aussicht, seine Tochter bald wieder in die Arme zu schließen, war so vage und schwammig geworden wie der Boden unter ihren müden Füßen.

Es war am Abend des dritten Tages, nachdem sie das Lager der Comanchen verlassen hatten. Sie rasteten an einem schmalen Rinnsal unter laublosen Eschen, sie hatten die Pferde abgesattelt und Booker entfachte ein kleines Feuer, als Horn plötzlich aufsprang, sich einen abgebrochenen Ast schnappte und wie von Sinnen auf einen Baum einschlug. Mit all seiner verbliebenen Kraft drosch er auf den Stamm ein. Seine Hände begannen wund zu werden und zu bluten, er aber hörte nicht auf, mit dem Ast auf den Stamm zu schlagen. Booker wollte ihn zuerst zurückhalten, dann aber ließ ihn gewähren.

„Verdammt! Ich verdammter Idiot! Ich verfluchter, verdammter Idiot!", schrie Horn seine Wut und seine Hilflosigkeit heraus. Bis er an dem Baum erschöpft zusammenbrach. Sein Kopf sank in seine blutenden Hände.

Schließlich hob er matt den Kopf und fragte Booker: „Hätten sie uns helfen können?"

„Du meinst Gebrochene Lanze und seine Leute? Ich glaube nicht. Sie haben Biber und seine Familie verstoßen, die können überall Zuflucht gesucht haben. Vielleicht in einem anderen Dorf der Comanchen, bei den Nokoni oder den Kwahari, niemand kann das wissen. Nein, Samuel, sie hätten uns nicht weiter helfen können."

„Oh, Gott!", murmelte Horn kaum hörbar. Er stierte vor sich hin auf das schmale Rinnsal, das leise glucksend über Steine glitt.

Wenige Tage später erreichten sie das Fort. All die ungezählten Stunden und Tage des Bangens hatte Nelly mit Beten verbracht, war hinaus gelaufen auf die Prärie, um Ausschau zu halten oder hatte am Fenster gekauert und war bei jedem Geräusch mit neu erwachter Hoffnung aufgeschreckt, und dann wieder mutlos auf ihren Stuhl gesunken, weil es nur ein Pferd gewesen war, das im Stall gescharrt hatte oder der Wind, der pfeifend unter das Gebälk gefahren war. Jetzt sah sie zwei Reiter näher kommen und eilte hinaus.

„Sie sind da! Sie kommen!"

Wie tat es ihr weh, als sie erkennen musste: Elisabeth war nicht dabei. Sie hatten das Mädchen also nicht finden können. Und Samuel Horn, ihr Vater? Alles Leben schien aus ihm entwichen. Stumm und mit leeren Augen glitt er vom Pferd und strich der weinenden alten Frau über das ergraute Haar. Schweigend, mit gesenktem Kopf lief er an Morrison, Chaote und Ulke vorbei ins Haus.

Nelly und auch Walter versuchten, ihn zu trösten, versuchten, ihm Mut zuzusprechen, doch es schien, als höre sie Horn gar nicht. Seine Augen waren starr und seine Bewegungen mechanisch. Er rasierte und pflegte sich nicht mehr und aß kaum etwas.

Es war Heiliger Abend, als ihnen das fröhliche Lachen der kleinen Elisabeth ganz besonders fehlte. Die Stille erdrückte ihnen das Herz. Nelly stimmte ein Weihnachtslied an, weil sie die Stille nicht mehr ertrug. Zögernd schlossen sich die Männer an, auch Sam Horn. Ihre Stimmen schwangen leise hinaus in die schwarze Nacht. Sie aßen Kuchen, den Nelly gebacken hatte, und tranken Tee mit Rum. Danach stellte Nelly eine brennende Kerze vor die Tür, als wolle sie Elisabeth damit das Weihnachtslicht schicken.

Sam Horn saß gequält mit hängendem Kopf am Fenster und stierte teilnahmslos hinaus. In seinen Gedanken aber spann sich ein verwegener Plan zusammen. Unerwartet stand er auf und verkündete seinen Entschluss.

„Ich breche morgen auf. Ich werde Elisabeth suchen. Ich werde in jedem verdammten Tipi nach ihr suchen. Und wenn es eine Ewigkeit dauert, ich werde Elisabeth finden, das schwöre ich. Und du Nelly, du wirst ihr das Nähen beibringen und das Kochen, und wir werden wieder ihr Lachen hören. Ja, ich werde Elisabeth zurück bringen.“

Weder Nelly noch Walter, keiner von ihnen konnte Samuel Horn von seinem Vorhaben abbringen. Als sie merkten, dass sein verbitterter Entschluss nicht zu ändern war, boten ihm Walter, dann Choate und auch Booker ihre Hilfe an. Horn dankte ihnen.

„Das ist meine Sache“, beharrte er, und zum ersten Mal seit langer Zeit leuchteten seine Augen wieder voller Tatendrang und Leben.

„Ich werde nicht aufgeben! Ich werde niemals aufgeben, solange ich lebe“, versprach er.

Er ließ sich von Ulke seinen Lohn ausbezahlen, was dieser ohne Widerrede tat, kaufte dafür Proviant und Ausrüstung und packte seine Waffen und seine wenigen Habseligkeiten. Am Ersten Weihnachtstag des Jahres 1810 brach er auf. Nelly weinte. Walter drückte ihm mit feuchten Augen die Hand. Ein letztes Mal sah Samuel Horn zurück. Da lag das Fort, eingehüllt in Schnee, vor dem Haus standen fünf Menschen, die er lieb gewonnen hatte. Der Abschied fiel ihm schwer, aber er war leichter zu ertragen als eine quälende Ungewissheit. Vielleicht würde er Elisabeth nie finden, aber nicht wenigstens den Versuch unternommen zu haben, damit konnte er nicht leben.

Er hob den Kopf und blickte nach Westen, nach vorn in ein ihm unbekanntes Land. Irgendwo dort draußen war Elisabeth, seine Tochter.

Kapitel Fünf

Wie ein schrecklicher Albtraum kam es Elisabeth vor, als der hässliche Comanche sie weggezerrt, auf sein Pferd geworfen und mit ihr davon galoppiert war. Vergeblich hatte sie versucht, sich aus dem festen Griff des Entführers zu befreien, doch als es in dem peitschenden Schneesturm immer weiter weg ging von dem heimischen Fort, fiel sie in eine unwirkliche Starre, eine lähmende Hilflosigkeit. Die Welt um sie versank in düstere, lichtlose Leere.

Rücksichtslos trieb der Comanche sein Pferd vorwärts. Nur einmal hielten sie kurz an, um sich in einer Erdmulde vor dem Schneegestöber zu schützen. Sobald es sich lichtete, ritten sie schnell weiter, gehetzt und gejagt, ohne Essen, ohne Schlaf. Elisabeth konnte sich vor Erschöpfung kaum mehr auf dem Pferd halten. Ständig geplagt von Angst, was der Comanche mit ihr vorhatte.

Dann erreichten sie das Lager der Yamparika. Elisabeth wurde in ein Tipi gestoßen, in dem Bibers Frau und seine Tochter saßen. Erschrocken erkannten sie, dass Biber seinen verwegenen Plan doch ausgeführt hatte. Elisabeth wurde ein Platz an der Zeltwand zugewiesen, die Wärme des kleinen Feuers kroch nur zaghaft zu ihr. Die Beine angewinkelt, den Kopf gesenkt, kauerte sie dort, spürte nichts außer einer stumpfen, betäubenden Angst.

Die Frau hieß Weißer Vogel, sie sprach mit banger Stimme auf ihren Mann ein, Biber aber wischte ihre Bedenken mit einer barschen Handbewegung weg, setzte sich an das Feuer und begann stoisch von dem Brei zu essen, den sie erst kurz vorher zubereitet hatte. Danach legte er sich auf sein Lager und schlief bald darauf erschöpft ein. Jetzt erst wagte es seine Tochter Morgenrot, dem gefangenen weißen

Mädchen, mit dem sie im Fort gespielt hatte, ein warmes Büffelfell anzubieten, und Weißer Vogel stellte eine hölzerne Schale mit Brei neben sie. Elisabeth rührte beides nicht an. Mit angewinkelten Beinen, den Kopf auf die Knie gesenkt, kauerte sie frierend und ängstlich an der Zeltwand und wünschte sich nichts sehnlicher, als endlich aus diesem schrecklichen Albtraum aufzuwachen.

Biber war in seinem Dorf lange schon als Unruhestifter bekannt. Er war eigensinnig und stur, widersetzte sich den Anordnungen der Anführer und fand wegen seiner Streitlust keinen Anschluss an die Gemeinschaft. Innerhalb seines Stammes lebte er wie ein Fremder, der lediglich geduldet wurde. Seine unförmige Gestalt und das hässliche Gesicht schienen der Spiegel seines hässlichen Wesens zu sein. Seine eigensinnigen Allüren wurden bislang stillschweigend hingenommen, doch mit der feigen und hinterlistigen Entführung eines schwachen, weißen Mädchens wollte niemand etwas zu tun haben. Der ganze Stamm geriet dadurch in Verruf. Biber wurde mehr denn je gemieden.

Auch er selbst, der sich nie durch Klugheit oder besonderen Mut ausgezeichnet hatte, spürte nun die offene Verachtung, die ihm entgegen gebracht wurde. Und er hatte auch nicht vor, länger hier zu bleiben. Der Vater des gefangenen Mädchens würde ihn suchen und er würde schon bald hier auftauchen. Und kein Einziger des Stammes würde dann an seiner Seite stehen, nicht einmal seine Frau.

Zwei Tage nach seiner Rückkehr brach er das Tipi ab, verstaute seine Habseligkeiten auf einem Travoi und zog weg. Mit trotzig erhobenem Kopf saß er auf seinem Pferd, in der Hand eine lederne Schnur haltend, die Elisabeth um die Hüfte gebunden war. Nicht, weil er fürchtete, sie könnte fliehen, sondern weil er wollte, dass sie Schritt hielt und ihren Marsch nicht unnötig verzögerte. Seine Frau führte das Packpferd mit der Schleifbahre, auf dem die Tochter saß. Niemand verabschiedete sich von ihnen, niemand sprach ein Wort zu ihnen, als würde der Wind sie leise davon tragen wie ein abgefallenes, trockenes Blatt. Unbeachtet ritten sie hinaus in die von dünnem, matschigen Schnee bedeckte Prärie.

Die Kwahari, ein Teil des großen, mächtigen Stammes der Comanchen, hatten ihr Sommerlager abgebrochen und sich in ein geschütztes Tal in der Nähe des Canadian Flusses zurück gezogen, als Biber auf sie traf. Es hatte aufgehört zu schneien, nur wenige Menschen waren im Dorf unterwegs, zwei Frauen brachten Reisig, bei den Pferden standen mehrere Männer und ein paar Kinder, die an der kalten, trockenen Luft spielten, mehr waren nicht zu sehen, obwohl Biber und seine seltsame Begleitung längst bemerkt worden waren. Biber fragte die Kinder nach Hüpfender Frosch, einen Kriegsführer, mit dem er in Jugendjahren gegen die Apachen gezogen war, worauf ein Junge schweigend auf ein Tipi deutete. Dort angekommen, trat ein junger, in ein Bärenfell gehüllter Mann heraus. Biber glitt sofort von seinem Pferd und begrüßte seinen Jugendkameraden.

„Viele Winter haben sich unsere Wege nicht gekreuzt, es ist gut, dich wieder zu sehen."

Hüpfender Frosch sah ihn nur stumm an, ohne seinen Gruß zu erwidern. Mit einer Kopfbewegung wies er auf das weiße Mädchen.

„Ist das die Heldentat eines Kriegers? Warum bringst du sie hierher?"

„Du hast davon gehört?", fragte Biber.

„Gute Taten verbreiten sich wie der Wind, schlechte Taten wie ein Sturm. Du bist hier nicht willkommen."

Damit wollte er sich abwenden, Biber aber hielt ihn zurück.

„Mein Bruder, der Winter schickt seine Boten, das Wild zieht sich zurück und die Flüsse und Bäche gefrieren. Ich ging aus meinem Dorf weg, weil ich bei meinen Verwandten, den Kwahari, gute Freunde weiß. Sie werden mich nicht fort schicken."

Hüpfender Frosch zögerte, bevor er sagte: „Ich erinnere mich noch gut an die Tage, als wir gegen die Apachen zogen. Ich habe dich eingeladen, mit uns zu reiten, weil du der Vetter meiner Mutter bist. Ich habe dich danach nie wieder eingeladen. So ist es auch jetzt. Du bist hier nicht willkommen. Aber ich will die Ältesten fragen, wie sie darüber denken. Warte dort am Rande des Dorfes auf mich, bis ich dir Bescheid gebe."

„Tu das", sagte Biber. „Die Gastfreundschaft der Kwahari ist bei allen Comanchen bekannt. Sie werden einen Bruder nicht abweisen. Ich werde warten."

Während Hüpfender Frosch weg ging, um sich mit den Ältesten zu beraten, fand Biber am Rande des Dorfes einen geeigneten Platz. Der Boden war eben und hohe Sträucher schützten vor dem Wind, hier wies er seine Frau an, das Tipi aufzubauen.

„Willst du nicht auf Antwort des Rates warten?", fragte Weißer Vogel.

„Tu, was ich dir sage", entgegnete Biber barsch.

Er löste das Band um Elisabeths Hüfte und trug ihr auf, seiner Frau zu helfen. Er selbst legte eine Decke auf den Boden, setzte sich darauf und nahm aus einem Beutel an seinem Gürtel einen Streifen Trockenfleisch, auf dem er mürrisch kaute.

Die Kinder waren ihnen gefolgt, neugierig schauten sie das fremde Mädchen genauer an. Ein Junge versuchte ihr blondes Haar zu berühren, Elisabeth aber wich ängstlich zurück. Die Kinder kicherten und begannen, Elisabeth mit Schneebällen und Dreckklumpen zu bewerfen. Entschlossen stellte sich Morgenrot dazwischen.

„Hört auf damit!", beschimpfte sie die Kinder.

„Sie ist doch bloß eine Gefangene", meinte ein Junge, der nicht verstand, weshalb Morgenrot für das fremde Mädchen Partei ergriff.

„Sie ist meine Freundin", versetzte Morgenrot tapfer.

Der Junge nickte. Fortan ließen sie Elisabeth in Ruhe.

Allmählich fanden sich mehr Menschen ein, in Decken oder Büffelroben gehüllt standen sie schweigend daneben. Mit starren Mienen schauten sie auf Biber herab, der kauend vor sich hin stierte und mit einer Selbstverständlichkeit auf der Decke saß, als hätte er jeden Anspruch auf diesen Platz. Zwei Frauen erbarmten sich und halfen Weißer Vogel beim Aufbau des Tipis, eine dritte Frau wollte auch mit anpacken, wurde aber von ihrem Mann am Arm zurückgehalten.

Die auf dem Travoi mitgebrachten Pfähle wurden aufgerichtet und Büffelhäute darüber gezogen, anschließend brachte Weißer Vogel ihre wenigen Habseligkeiten ins Innere des Zeltes. Das Tipi war bereits fertig, als Hüpfender Frosch in Begleitung eines alten Mannes zurück kam.

„Du hast dein Tipi schon aufgebaut?", fragte Hüpfender Frosch überrascht.

Biber erhob sich.

„Ja. Es ist ein guter Platz."

„Wer hat dir den Platz angewiesen?", wollte Hüpfender Frosch wissen.

„Die Güte der Kwahari", antwortete Biber leichthin.

Hüpfender Frosch wollte diese Unverfrorenheit nicht dulden, der alte Mann hielt ihn mit einer Handbewegung zurück.

„Im Winter sollte niemand allein sein", sagte Schneller Hirsch mit der ruhigen und besonnenen Stimme des Alters. Sein Gesicht war von Falten durchfurcht, in seinem grauen Haar steckte eine Adlerfeder. „Die Kwahari werden deine Frau und die Mädchen nicht dem Winter aussetzen. Biber wird seine Familie selbst versorgen?"

„Das werde ich", antwortete Biber.

Der Alte betrachtete Biber eine Weile mit strengem Blick, dann sah er zu Morgenrot und dem weißen Mädchen, das verloren und verängstigt neben dem Tipi stand.

„Als Hüpfender Frosch dem Rat mitteilte, du wärst gekommen, um dich hier zu verstecken, da sprachen viele gegen dich", sagte Schneller Hirsch. „Schlangen verstecken sich heimtückisch, ein Krieger stellt sich seiner Verantwortung. Die jungen Männer des Rates behaupten, Biber ist eine Schlange. Ist das so?"

Biber schwieg und blieb dem Alten die Antwort schuldig.

„Weshalb bist du aus deinem Dorf weg?", fragte Schneller Hirsch weiter.

„Ich bin aus eigenem Entschluss weg", erwiderte Biber.

„Wir sprachen im Rat darüber", fuhr Schneller Hirsch fort. „Ein Wolf, der die Gesetze des Rudels missachtet, wird ausgestoßen. Die Jäger sehen diese ausgestoßenen Wölfe, die allein umherziehen, und wissen, dass sie nicht lange überleben werden. Dein Schicksal wäre das gleiche, doch du hast deine Familie und das weiße Mädchen bei dir. Deshalb entschieden die Alten zu deinen Gunsten."

„Ich weiß den Edelmut der Kwahari zu schätzen", erwiderte Biber.

„Wenn die Sonne wieder an Kraft gewinnt und der Schnee schmilzt, wirst du uns verlassen."

„Auch das werde ich", versprach Biber.

„Gut. So sei es", sagte der alte Mann. Es war alles besprochen und er wandte sich ab. Mit ihm gingen auch die anderen Leute.

Biber schickte seine Frau und die beiden Mädchen weg, um Feuerholz zu sammeln, während er die Pferde anband und anschließend seine Decke zusammenrollte und in das Tipi schlüpfte.

Es war ein seltsames Leben, das Biber und seine Familie führten. Am Rande des Dorfes war ihnen ein Platz zugebilligt worden und am Rande der Gesellschaft lebten sie. Sie wurden geduldet, weil sie dennoch zur großen Familie der Comanchen gehörten. Die heimtückische Tat Bibers hatte einen dunklen Schatten auf die Ehre eines ganzen Volkes geworfen, hatte ihre Würde beschmutzt, und gleichwohl gebot es ihr tief verwurzeltes Sozialempfinden, dem Abtrünnigen Herberge und Schutz zu bieten. Einem Fremden gegenüber würden sie Biber trotz allem nicht verraten.

Nur die Kinder fanden untereinander Kontakt. Morgenrot, die Tochter Bibers, spielte mit ihnen Stöckchen werfen und Fangen. Elisabeth dagegen verbrachte die meiste Zeit traurig und einsam im Tipi. Biber hatte ihr verboten, nach draußen zu gehen, und wenn sie es doch einmal tat, wenn er etwa zur Jagd ausgeritten war, saß sie nur unbeteiligt da, beobachtete wehmütig das fröhliche Treiben der Kinder und ertrug still ihr Leid. Weißer Vogel achtete dann darauf, sie rechtzeitig zurück ins Tipi zu rufen, sobald sie ihren Mann über die Hügel ins Dorf zurück kommen sah.

Tage und Wochen vergingen, in denen Elisabeth sehnsüchtig hoffte, ihr Vater würde kommen und sie befreien. Sie hatte keine Vorstellung, wie groß und weit das Land war und wie schwierig es war, hier jemanden zu finden. Allmählich aber wurde auch ihr bewusst, dass ihr Schicksal besiegelt war, dass es kein Zurück gab. Diese Endgültigkeit schmerzte sie anfangs, schließlich spürte sie aber, dass es leichter war, sich zu fügen, sich dem Unabwendbaren zu ergeben, als in einem zermürbenden Wunsch zu versinken.

In dem gleichaltrigen Mädchen Morgenrot sowie in Weißer Vogel fand sie so etwas wie Verbündete, wie Gleichgesinnte. Biber behandelte Elisabeth nach wie vor wie eine Gefangene, beschimpfte sie wegen Kleinigkeiten und verlangte ihr die schwersten Arbeiten ab, aber auch seiner Frau und seinem Kind gegenüber verhielt er sich hartherzig und herrisch. Diese Gemeinsamkeit verband sie und schenkte Elisabeth wenigstens einen Hauch von Geborgenheit, die ihr Schicksal zu ertragen half.

Kapitel Sechs

Der Winter brach mit all seiner Härte herein. Es gab nur wenig Schnee, die Kälte aber war unerbittlich; das Land erstarrte. Der Boden war so hart wie Stein, der kleine Bach in der Nähe des Dorfes fror vollkommen zu und in den Wäldern knarrten und barsten die Bäume. Mit der Kälte kam die Stille. Oft war es nur eine Krähe, die krächzend über sie hinweg flog, ansonsten gab es keinen Laut, keine Stimme, die von Leben kündete.

An einem dieser frostigen, dunklen Tage dachte Elisabeth, dass wohl Weihnachten wäre. Sie saß still in ihrem Winkel im Tipi, schloss die Augen und stellte sich vor, von irgendwoher den Klang einer Glocke zur Heiligen Christmette läuten zu hören. In Gedanken sah sie ihren Vater, sah die gutmütige Nelly und Walter Morrison, sie lächelten sie an und gaben ihr Geschenke. Es roch nach Kuchen und sie saßen beisammen, hielten sich an den Händen und sangen Weihnachtslieder. Das erschien ihr so friedlich, so vertraut und heimisch. Und ein bisschen von dem Frieden, den sie dabei empfand, nahm sie mit sich, als sie wieder die Augen öffnete. Morgenrot saß neben ihr und spielte mit einer Puppe, die aus Lederresten gefertigt, mit Kaninchenhaaren ausgestopft und mit einem Gesicht bemalt war. Daneben saß Weißer Vogel, mit einer Nadel aus einem dünnen, zugespitzten Knochen und einer Tiersehne nähte sie Leder zu einem Hemd zusammen. Gegenüber lag Biber, seinen Kopf auf die Hand gestützt, stierte er in die Flammen des kleinen Feuers. Der Schein des Feuers verzerrte sein hässliches Gesicht zu einer Furcht erregenden Fratze. Leichter Rauch stieg auf und entwich oben durch eine kleine Luke, ein bisschen aber schwebte herüber zu Elisabeth. Der feine, harzige Duft erinnerte sie an Nellys Kuchen. Es war still, nur das Knistern der Flammen und das leise Murmeln Morgenrots war zu vernehmen, wenn sie mit ihrer Puppe sprach. Vielleicht ist wirklich Weihnachten, dachte Elisabeth. Auch wenn sie keine Geschenke erwarten konnte, so war sie doch zufrieden. Wie viele Wochen sie jetzt von ihrem Vater weg war und seitdem bei Biber und seiner Familie lebte, das wusste sie nicht einzuschätzen, und anfangs hatte sie geglaubt, Biber wollte sie töten, dass sie jetzt noch am Leben war, das begann sie nun erst zu begreifen und zu schätzen. Und es kam ihr vor wie ein Wunder, wie das aller schönste Geschenk. Und dafür war sie dankbar.

Das Versprechen, sich und seine Familie selbst zu versorgen, das Biber Schneller Hirsch gegeben hatte, das konnte er schon bald nicht mehr einhalten. Die mitgebrachten Vorräte waren aufgebraucht und seine Jagdausritte blieben erfolglos. Dafür kannte er die Gegend hier zu wenig, und sich anderen Jägern anzuschließen, verbot ihm sein Stolz. Sie hätten ihn vermutlich auch gar nicht mitgenommen. Nachdem sie drei Tage hintereinander nichts zu essen hatten, ging Weißer Vogel weg. Sie kam mit geräucherten Fischen, getrocknetem sowie frischem Fleisch und Pemmikan zurück. Biber warf ihr einen vorwurfsvollen Blick zu, schwieg aber. Wortlos schnitt er sich ein Stück von dem frischen Fleisch und briet es über dem Feuer, dann erst gab er seiner Frau und seiner Tochter je einen halben Fisch. Elisabeth warf er einen Klumpen Pemmikan hin.

Weißer Vogel bemerkte, dass Elisabeth weniger bekommen hatte als sie, und wandte sich an ihren Mann. Mit leiser Stimme sagte sie: „Sie wollten mir zuerst nicht helfen, der Mädchen wegen aber gaben sie mir etwas. Ich habe es nur bekommen, damit wir alle satt werden. Auch das weiße Mädchen."

Biber zögerte. Schließlich nickte er, und Weißer Vogel teilte einen Fisch und gab Elisabeth die Hälfte.

Es war nicht das einzige Mal während des langen Winters, dass Weißer Vogel bei den Kwahari um Nahrung bettelte. Biber duldete es stillschweigend, fühlte sich aber in seiner Ehre gekränkt. Auch seine Misserfolge bei der Jagd ärgerten ihn. Überhaupt in eine Lage zu kommen, der er nicht gewachsen war, setzte ihm heftig zu. Die Schuld daran suchte er nicht bei sich, er maß sie den Umständen zu, in die er geraten war. Oft saß er nur stundenlang da und grübelte. Wobei sein finsterer Blick immer wieder Elisabeth suchte. Ihretwegen hatte er sein Dorf verlassen müssen, ihretwegen musste er leben wie ein Ausgestoßener, ihretwegen mussten seine Frau und seine Tochter hungern. Zum ersten Mal fragte er sich, weshalb er das weiße Mädchen eigentlich geraubt hatte. Zu keiner Zeit hatte er daran gedacht, seine Geisel gegen Pelze oder andere Waren auszulösen, und nie hatte er in Erwägung gezogen, sie zu töten. Er hatte Sam Horn Schmerzen zufügen wollen, hatte ihn leiden lassen wollen. Er hatte sich rächen wollen, hatte sich an Sam Horn für die Schmach rächen wollen, nichts weiter war es gewesen. Als Sklavin war das Mädchen zu jung, er brauchte auch keine Sklavin. Sie war in seinen Augen unnütz, sie war ihm nur noch eine Last. Und sie allein war Schuld an seinem Elend. Seine kranken Gedanken ließen keinen anderen Schluss zu. Fortan behandelte er Elisabeth noch schlechter als vorher. Wegen Nichtigkeiten beschimpfte er sie, und es kam auch vor, dass er sie mit dem Stock schlug. Seine Frau hinderte ihn dann, bevor es zum Schlimmsten kommen konnte.

Als der Winter der warmen Frühlingssonne wich, fasste Biber eine Entscheidung. Bei seinem eigenen Volk waren er und seine ruhmlose Tat zu bekannt, weiter im Süden lebten die Apachen, die erbittertsten Feinde der Comanchen. Er wollte deshalb zu den Stämmen im Norden reisen. Dort wusste niemand von ihm und er hofft bei ihnen willkommen geheißen zu werden.

Unaufgefordert und ohne große Aufmerksamkeit brachen sie das Tipi ab und zogen weg. Weißer Vogel hatte sich bei den Kwahari noch bedanken wollen für die Hilfe, die ihnen trotz aller Widrigkeiten entgegen gebracht wurde, ihr Mann aber verbot ihr das. Mit stolz erhobenem Haupt saß er auf seinem Pferd, als sie schweigend das Lager verließen.

Von nun an war niemand mehr da, der ihnen Schutz bot oder ihnen Nahrung schenkte. Biber war allein verantwortlich für die Versorgung seiner Familie. Zum ersten Mal war er wirklich auf sich allein gestellt. Zwar kam das Wild jetzt wieder aus seinem winterlichen Versteck, in der Prärie begann es grün zu werden, Kaninchen und Präriehunde krochen aus ihren Bauten, Gabelantilopen labten sich an den frischen Trieben und in den eisfreien Flüssen tummelten sich prächtige Fische. Einmal gelang es ihm, ein Kaninchen zu schießen, das aber war schon alles. Mit zunehmender Verdrossenheit musste er erkennen, dass es mit seinem Jagdgeschick nicht weit her war. Dazu war er extrem faul und träge. Der Hunger begleitete sie, vor allem Elisabeth, die während des Winters sehr abgenommen hatte, wurde jetzt noch schmächtiger. Ihre Wangen waren eingefallen, die Haut fahl, die Augen müde und glanzlos. Jeden Tag waren sie lange Strecken unterwegs, das zehrte zudem an ihrer Kraft. Erschöpft blieb sie oft zurück und Biber musste sie mit dem Stock antreiben. Das Laufen und jede Arbeit, die

Biber ihr auftrug, fiel ihr zunehmend schwerer. Schließlich war sie so kraftlos, dass sie es eines Morgens nicht mehr schaffte, sich von ihrem Lager zu erheben.

„Sie muss ausruhen", bat Weißer Vogel ihren Mann. Sie kniete neben Elisabeth und blickte mitfühlend auf das Mädchen. „Sie hat in den letzten Tagen kaum etwas zu essen bekommen." Sie streichelte die trockene Haut ihrer ausgedörrten Hand.

„Sie hat genug bekommen", widersetzte Biber wütend. „Sie hält uns nur auf. Ich bring sie schon auf die Beine."

Neben dem Feuer lag ein Stapel trockenes Holz, das Elisabeth noch am Abend zuvor auf Bibers Befehl hin gesammelt hatte. Er zog einen kräftigen Ast hervor und begann auf das Mädchen einzuschlagen.

„Steh auf!"

„Nein, tu das nicht!", schrie Weißer Vogel angsterfüllt und stellte sich ihrem Mann entgegen.

Er stieß sie zornig weg und versetzte ihr einen Schlag auf den Oberarm.

„Sie hat auch dich verzaubert", schrie er seine Frau an. „Noch nie hast du dich mir widersetzt. Sie ist eine böse Zauberin, die uns nur Leid bringt. Sie wird uns nicht länger schaden. Die Hexe muss verschwinden!"

Er zerrte Elisabeth hoch und schubste sie weg.

„Verschwinde!"

Elisabeth brach nach wenigen Schritten kraftlos und weinend zusammen. Auch Morgenrot weinte und flehte ihren Vater an, damit aufzuhören. Biber aber war in Rage geraten, krank vor Wut schlug er auf den schmächtigen Körper des weißen Mädchens ein.

Plötzlich hatte Weißer Vogel einen Stock in der Hand, damit schlug sie mit all ihrer Kraft und all ihrer Entschlossenheit auf Biber ein. Sie traf ihn von hinten im Nacken. Er wandte sich zu ihr um, mechanisch, wie betäubt, das Gesicht vor Schmerzen verzerrt. Die schmalen Lippen zitterten, die hässliche große Nase war weiß geworden, die Augen stierten an seiner Frau vorbei ins Leer. Er torkelte. Er schwankte zum Bach, wollte sich den Kopf kühlen, um wieder zur Besinnung zu kommen, stolperte und stürzte die Böschung hinunter. Sein Kopf schlug auf einen Stein im Bach. Reglos blieb er liegen. Ein dunkler Flecken Blut schwamm träge im Wasser, färbte es rot, vermengte sich, trieb weg, wurde rosa und verblasste schließlich.

Ein lange Zeit stand Weißer Vogel oben an der Böschung und starrte entsetzt hinab auf den leblosen Körper ihres Mannes. Stand nur da wie gelähmt und starrte hinunter. Sie hatte das nicht gewollt und fürchtete gleichzeitig, Biber käme wie aus einem tiefen Schlaf wieder zu sich, würde sich erheben und käme herauf zu ihr und den Mädchen. Doch nichts von dem geschah. Biber war tot.

Sie sah nach Elisabeth, bei der Morgenrot kniete. Beide Mädchen weinten. Elisabeths Hand, die sie schützend gegen Biber erhoben hatte, sie blutete, ihr Oberkörper und ihre Beine schmerzten.

Weißer Vogel sagte etwas, das Elisabeth nicht verstand, die Ruhe und eine neu gewonnene Kraft in ihrer Stimme aber flößten dem Mädchen Vertrauen ein. Sie ließ ihren Kopf sinken und schloss müde die Augen.

Weißer Vogel begann, das Lager abzubrechen und belud das Travoi. Sie löschte das Feuer, dann sah sie noch einmal hinab zum Bach. Ihr Mann lag noch so da wie vorher. Sie legte Decken auf das Travoi, darauf bettete sie Elisabeth. Ihrer Tochter half sie auf das Packpferd, sie selbst setzte sich auf Bibers Pferd. Danach brachen sie auf.

Weißer Vogel dachte daran, heimwärts zu ihrem Volk im Süden zu reiten. Sie waren aber schon so weit im Norden, dass sie fürchtete, Elisabeth würde die Reise nicht überstehen. Das Mädchen war sehr geschwächt und ein langer, beschwerlicher Weg lag vor ihnen. Wie erleichtert war Weißer Vogel, als sie zwei Tage später etwa eine Meile entfernt ein Lager der Shoshonen ausmachte.

Kapitel Sieben

Von der Weite des Landes, von seinen Herausforderungen und Gefahren, von den zahlreichen Völkern die dort lebten und die in ihren Sitten und Gebräuchen so unterschiedlich waren von all dem, was er bisher kannte, davon besaß Samuel Horn kaum ein Wissen. Arglos, geradezu leichtsinnig zog er in den Westen, nur das eine Ziel vor Augen – seine Tochter zu finden und aus den Händen des heimtückischen Entführers zu befreien. Mit jeder Meile, die er in das fremde, unwirtliche Land vordrang, hatte er nur das Bild vor Augen, Elisabeth wieder wohlbehalten in die Arme zu nehmen. Allein das trieb ihn an und ließ ihm keine Ruhe.

Nachdem er von den Yamparika erfahren hatte, dass sich weder Biber noch Elisabeth bei ihnen aufhielt und sich auch in den verwandten Stämmen der Comanchen die Spur verlor, wollte er seine unermüdliche Suche auf die benachbarten Stämme ausdehnen. Sein Weg führte ihn eines Tages zu einer Hütte in den San Juan Bergen.

Die aus rohen Stämmen gezimmerte Hütte lag auf einer sonnigen Lichtung an einem kleinen See. Ein schmächtiges, schwarzes Pferd mit einem stumpfen Fell stand in einem Pferch. Sam Horn wunderte sich, hier so weit draußen eine Hütte vorzufinden, zumal es offensichtlich keine Siedler waren, denn es fehlten sowohl Felder als auch Nutztiere. Überhaupt wirkte das kleine Anwesen recht heruntergekommen. Die Fensterläden waren geschlossen, obwohl es mitten am Tag war. Kleine schmale Öffnungen waren herausgeschnitten worden, die Schießscharten ähnelten. Einer der Läden hing so schief, dass er wohl beim nächsten Windstoß weggerissen würde, das Satteldach neigte sich beängstigend zur Seite und an vielen Stellen war das Moos herausgefallen, das in die Ritze der quer liegenden Stämme gestopft war, um die Außenwände vor Zugluft zu schützen. Davor stand ein Hackstock, in dem noch die Axt steckte, daneben ein Haufen Holzscheite, als hätte jemand mitten in seiner Arbeit abgebrochen. Lediglich der Rauch, der in dünnen Schwaden aus dem Schornstein in den klaren Himmel schwebte, verriet ihm, dass die Hütte bewohnt war.

Er ritt langsam und vorsichtig bis auf zwanzig Yard näher und rief laut: „He da, wer zuhause?"

Eine Weile war nichts zu hören, dann schob sich der Lauf eines Gewehres durch eine der Schießscharten.

„Wer bist du?", tönte aus dem Inneren eine tiefe Stimme.

„Mein Name ist Sam Horn. Ich habe seit zwei Tagen nichts gegessen."

In der Hütte wurde es wieder still. Nach einer Weile wurde die Tür einen Spalt geöffnet.

Sam Horn stieg von seinem Pferd, band es an den Pferch und zog sein Gewehr aus dem Holster am Sattel, weil ihm die Sache doch sehr merkwürdig erschien.

„Lass dein Gewehr, wo es ist", kam es aus der Hütte. „Du wirst es zum Essen nicht brauchen."

Der Lauf am Fenster verschwand. Horn steckte das Gewehr zurück und ging langsam auf die Hütte zu. An der Außenwand hingen schwarze Haarbüschel. Er erschrak, als er feststellte, dass es sich dabei um Skalps handelte. Er hatte noch nie einen dieser zweifelhaften Trophäen gesehen, aber schon oft davon gehört, dass sowohl die indigenen Völker als auch Weiße ihren getöteten Feinden ein Stück der Kopfhaut samt Haarbüschel abschnitten, um sich so ihrer Taten zu rühmen. An dieser Wand hingen mehr als zwei Dutzend Skalps.

Er öffnete die Tür, die laut knarrte, und trat vorsichtig ein. Die Hütte bestand lediglich aus einem einzigen, düsteren Raum. Ein Mann und eine Frau befanden sich darin. Der Mann war etwa fünfzig Jahre alt, er lag halb auf dem Bett, den Rücken an die Wand gelehnt. Seine dunklen Haare und der Bart waren so ungepflegt und vernachlässigt wie seine Kleidung. In der Hand hielt er ein schussbereites Gewehr. Neben dem Bett gab es einen laienhaft gefertigten Tisch, auf dem ungewaschene Becher, Schalen und Teller standen, dazwischen Reste ihres letzten Mahles, davor zwei Hocker. An der Decke darüber hingen vier geräucherte Fische. Der Tür gegenüber befand sich der offene Kamin, in dem ein kleines, ruhiges Feuer brannte. Eine Frau hockte dort auf dem blanken Boden. Mit Augen, die tief in ihren Höhlen lagen, schaute sie Horn ausdruckslos an. Einzelne Strähnen ihres schwarzen Haares fielen in das dunkle Gesicht und verliehen ihr etwas Unnahbares, Wildes. Unter dem schmucklosen Kleid aus Hirschleder zeichneten sich die Konturen eine ausgemergelten Körpers ab.

Insgesamt wirkte der Raum, in den das Tageslicht nur spärlich durch die schmalen Schlitze der Fensterläden fiel, unordentlich und ungepflegt. Es roch stickig nach Rauch, Schweiß und Fisch.

„Sam Horn", murmelte der Mann nachdenklich. Er legte das Gewehr neben sich aufs Bett. „Hab den Namen noch nie gehört."

Seine Stimme, die vorhin an der Schießscharte entschlossen und tief geklungen hatte, war jetzt heiser und schwach. Seine linke Schulter war bis über die Brust mit Fetzen einer Decke umwickelt, auf dem abgetragenen Hemd klebte dunkles, verkrustetes Blut.

„Nimm dir!", sagte der Mann und wies mit einer kraftlosen Handbewegung auf die geräucherten Fische an der Decke.

„Danke", sagte Horn.

Er nahm sein Messer aus der Tasche und schnitt sich einen der Fische ab, setzte sich auf einen Hocker und begann aus der Hand zu essen. Die Frau saß nur da und sah ihn argwöhnisch an.

„Ich bin Brandon Colder", sagte der Mann. Er hustete. „Weib, gib dem Mann zu trinken!"

Die Frau erhob sich sofort und holte aus einer Ecke einen hölzernen Eimer Wasser mit einer Kelle darin und stellte ihn vor Horn auf den Boden. Ihr langes, stumpfes Haar war so glanzlos und matt wie ihre Augen. Ihr Kleid war ein wenig verrutscht und er bemerkte an ihrer Schulter blaue Flecken, die offensichtlich von Schlägen herrührten. Sie vermied es, ihn anzusehen und huschte rasch wieder auf ihren Platz am Kamin zurück.

„Ihr seid verletzt?", fragte Horn den Mann.

„Die verdammten Ute", versetzte er. „Dachte eben, sie wären gekommen, um mir ganz den Garaus zu machen."

Die Ute?", fragte Horn. „Hab noch nie gehört, dass die einem etwas tun."

Der Mann lachte hustend.

„Lasst Euch einen Rat geben, Sam Horn. Traut keiner Rothaut über den Weg, so halte ich es jedenfalls."

Horn sah zu der Frau, die mit gesenktem Kopf am Kamin kauerte.

„Auch ihr nicht?", fragte er.

„Die ist bloß eine Squaw", meinte Colder abfällig. „Die Krieger sind es, vor denen man auf der Hut sein muss. Und da sind alle Stämme gleich. Ich kann Euch ein Lied davon singen, Sam Horn."

Obwohl ihm das Sprechen schwerfiel, begann er leutselig zu erzählen. Im Osten baute er sich eine kleine Farm am Ohio auf. Seine Frau schenkte ihm drei Kinder und er glaubte, das Paradies auf Erden gefunden zu haben. Dann gab es Schwierigkeiten mit „vagabundierenden Rothäuten", wie Colder sie abfällig nannte. Sie stahlen ihm seine Vorräte, worauf er zwei von ihnen tötete. Eine Woche später griffen dreißig Krieger die Farm an, dabei kamen seine Frau und die Kinder ums Leben, er selbst wurde schwer verletzt. Er zog vom Ohio weg in den Westen. Das Einzige, was er mitnahm, war der Hass auf „alle Wilden", egal welchem Stamm sie auch angehörten. Colder machte da keinen Unterschied. Wann immer sich ihm die Möglichkeit bot, gebrauchte er seine Schusswaffen. Bei den Cheyenne tötete er drei Krieger und zwei Frauen an einem einzigen Tag.

Colder sprach langsam und leise und doch so leichthin, als berichte er über eine belanglose Jagd auf Hirsche oder Präriehühner. Und tatsächlich erschien es Horn, als wären Menschen in Colders Augen nichts anderes als Wild, das jeder nach Belieben abschießen durfte, ohne dafür Rechenschaft ablegen zu müssen.seit der Entführung seiner Tochter war auch Sam Horn von einem quälenden Groll erfüllt, verspürte aber nicht diese Vehemenz wie Colder. Und deswegen einen Menschen töten, das widersprach seinem christlichen Glauben. Er schluckte eine Erwiderung lange hinunter, immerhin hatte er von diesem Mann zu essen bekommen, als aber Colder, anscheinend froh darüber, endlich mit jemandem darüber reden zu können, immer mehr Gräueltaten offenbarte, fragte er ihn nun doch, woher er das Recht nahm, wahllos Menschen zu töten.

„Recht, was ist schon Recht?", fragte Colder verbittert. „Recht braucht Gesetze. Es gibt kein Gesetz, das das Töten dieser Wilden verbietet."

„Aber doch vielleicht ein moralisches Recht", erwiderte Horn.

„Ich pfeif auf die Moral. Haben die verdammten Rothäute nach Moral gefragt, als sie meine Familie töteten? Nein ... Jeder ist sich selbst der Nächste. Jeder will nur überleben ... Das will ich auch."

Das Reden strengte ihn an, er sprach nur noch stockend, von Hustenanfällen unterbrochen. Erschöpft sank sein Oberkörper auf das Bett und er schlief ein.

So fragwürdig und abscheulich ihm Colders Gesinnung auch vorkam, so fragte sich Sam Horn jetzt, ob er nicht genauso war, ob er sich nicht auch selbst zum Richter erhob und aus Gefühlen heraus, so schwer und verletzend sie auch sein mochten, ein eigensinniges Urteil fällte.

Er hatte den Fisch bis auf den letzten Bissen verzehrt, wischte sich mit dem Ärmel über den Mund und trank mit der Kelle von dem Wasser, das schal schmeckte. Er dachte daran, jetzt weiter zu ziehen, wollte das aber nicht tun, ohne sich bei Colder für das Essen zu bedanken.

Die Frau erhob sich und wollte einen weiteren Fisch von der Schnur nehmen, er aber winkte ab und rieb sich seinen Bauch.

„Ich bin satt."

Sie legte Feuerholz nach. Im Kamin hing ein eiserner Kessel mit köchelndem Wasser, in das sie Wildbeeren, Fleischreste und die abgenagten Knochen vom Tisch gab.

„Wie heißt du?", fragte er.

„Weib", antwortete sie.

Sie nahm die Kelle aus dem Wassereimer und begann damit in dem Kessel zu rühren.

„Er nennt dich nur Weib?", fragte Horn.

„Ja", sagte sie, ohne ihn anzusehen.

„Von welchem Stamm bist du?"

„Navajo", antwortete sie. Sie sprach Englisch mit einer weichen, wohlklingenden Stimme.

„Navajo", wiederholte Horn. Er hatte schon von diesem Stamm gehört, wusste aber kaum etwas über ihn. Er hätte gern mehr darüber erfahren, die Frau aber schien, als wäre sie an keiner Unterhaltung interessiert. Sie wendete sich von ihm ab und rührte schweigend in dem Kessel. So saß Horn nur still da und wartete, bis Colder aufwachte, während sie Brühe zubereitete und einmal mit dem Eimer nach draußen ging, um aus dem See frisches Wasser zu holen. Auch jetzt setzte sie sich nicht auf den Hocker, sondern wieder auf den kargen Boden neben dem Kamin. Sie hielt den Kopf ein wenig geneigt, ihr Haar war zur Seite gefallen und er bemerkte dort, wo ihr linkes Ohr sein sollte, eine hässliche Narbe.

Als Colder aufwachte, erhob er sich unter Schmerzen, lehnte sich an die Wand und betrachtete Horn, als müsse er sich erst vergegenwärtigen, weshalb ein Fremder in seiner Hütte saß.

„Mit mir geht es zu Ende", brummelte er. „Ein Pfeil, hier über dem Herzen. Vor zwei Tagen haben sie mich erwischt."

Von röchelndem Husten begleitet, setzte er seine Erzählung fort. Wie eine Beichte, um in seinen letzten Stunden nun doch noch sein Herz zu erleichtern. Für ein Gewehr und ein Pferd kaufte er den Navajo vor vier Jahren die Frau ab, die er nur geringschätzig Weib nannte, weil er sich an ihren richtigen Namen nicht mehr erinnerte. Sie war gehorsam und fleißig, zu mehr aber taugte sie nicht, meinte er, und er habe sie nur so lange behalten, um nicht allein zu sein. Vor zwei Jahren baute er die Hütte und seitdem gab es Schwierigkeiten mit den Ute. Er konnte nicht genau sagen, wie viele er von ihnen schon tötete. Zur Abschreckung und Warnung nagelte er ihre Skalps an die Hütte. Doch jetzt hatten sie ihn erwischt.

„Vielleicht ist das das Recht, von dem Ihr gesprochen habt, Sam Horn", sagte Colder so leise, dass ihn Horn kaum verstehen konnte. „Gerechtigkeit ist es wohl eher."

Er lachte verbittert. Husten schüttelte seinen Körper. Dann wurde er still. Er sank in sich zusammen.

Brandon Colder war tot.

Die Frau trat zu ihm. Sie legte ihn so auf das Bett, als schliefe er. Danach setzte sie sich wieder an den Kamin, schöpfte Brühe aus dem Kessel und trank schlürfend aus der Kelle.

Sein Anstand verbot ihm, jetzt einfach weiter zu ziehen. Die Nacht schlief er draußen neben dem Pferch bei seinem Pferd. Am nächsten Tag suchte er nach einer Schaufel und hob am Ufer des Sees ein Grab aus, weil er nicht annahm, dass die Frau den Verstorbenen nach christlicher Sitte bestatten würde. Denn für einen Christen hielt er Colder trotz all seines Hasses und seiner verwerflichen Taten dennoch. Sie half ihm nicht, als er den Toten in die Grube legte und verließ die Hütte auch nicht, als er am Grab stand und ein Gebet sprach. Im Stillen hoffte er, Brandon Colder fände nun die Gerechtigkeit, von der er mit seinen letzten Worten gesprochen hatte.

Er fand es nun an der Zeit aufzubrechen. Um die Frau machte er sich keine Sorgen, er nahm an, sie würde gut alleine zurecht kommen. Jetzt vielleicht noch besser als vorher mit ihrem herrischen Mann. Er sattelte seinen Braunen und ging dann nochmal zur Hütte, um sich zu verabschieden. Die Frau stand gebeugt über einer Truhe, in der sie anscheinend etwas suchte.

„Ich werde jetzt weg reiten", sagte er. „In den Süden, denke ich."

Sie antwortete nicht. Sie schien gefunden zu haben, wonach sie suchte. Sie hielt ein Kleid aus feinem Hirschleder in den Händen, das mit kleinen Muscheln verziert und mit hellblauer Farbe getönt war. Als sie das Kleid betrachtete, sah er sie zum ersten Mal lächeln.

„Wirst du zurecht kommen?", fragte er nun doch.

Sie schien ihn nicht zu beachten, legte das Kleid auf einen Hocker und begann andere Sachen, Messer, Decken, metallene Löffel, Becher und dergleichen auf den Tisch zu legen.

„Ich wünsche dir viel Glück", sagte er, ohne auch jetzt eine Antwort zu erhalten. Er verließ die Hütte, stieg auf sein Pferd und ritt langsam weg. Er war noch nicht weit gekommen, als er hinter sich Rauch wahrnahm, der offenbar von der Hütte kam. Er hielt an und dachte daran, zurück zu reiten, als er die Frau kommen sah. Sie saß auf dem schmächtigen, schwarzen Pferd, dem sie lediglich eine Trense angelegt hatte. Sie selbst trug das schöne Kleid, das sie vorhin so anmutig betrachtet hatte. Es schien, als hätte sie mit dem alten, schmutzigen Kleid ihr altes Leben abgestreift und sich jetzt hübsch gekleidet. Die Hütte hatte sie in Brand gesetzt, nichts sollte mehr an die traurige Vergangenheit erinnern. Lediglich ein paar Utensilien hatte sie mitgenommen, die in einem Leinensack verstaut hinter ihr auf dem Rücken des Pferdes fest gebunden waren. Als Sam Horn jetzt weiter ritt, folgte sie ihm unaufgefordert.

Sie kam nicht näher als zwanzig Schritte. Wenn er anhielt, um nach einem geeigneten Weg Ausschau zu halten, zügelte auch sie ihr Pferd. Sie schlug auch keine andere Richtung ein und blieb stets auf respektvoller Distanz in seiner Spur. Es war Ende Mai, die Sonne stand hoch und heiß über ihnen, als er um die Mittagszeit einen schattigen Platz in einem kleinen Wäldchen aufsuchte. Ein schmaler Bach hüpfte über Steine hinweg den Hang hinunter, dort ließ Horn seinen Braunen trinken, während er sich auf den Boden setzte, um auszuruhen. Jetzt kam auch sie näher. Wortlos führte sie ihr Pferd an den Bach, nahm den Sack herunter, öffnete ihn und nahm einen geräucherten Fisch heraus. Mit einem Messer teilte sie ihn. Sie stand auf und gab Horn eine Hälfte, setzte sich aber sogleich wieder zurück zu den Pferden.

„Danke", sagte Horn und deutete auf den Fisch.

Sie lächelte verwundert, denn noch nie hatte sich jemand bei ihr bedankt.

„Süden ist gut", sagte sie nach einer Weile. „Dort lebt mein Volk."

„Gut", sagte Horn.

Sie aßen schweigend, füllten ihre Trinkflaschen mit Wasser und ritten weiter. Sam Horn ritt voraus, die Frau hinter ihm. Sie schloss jetzt aber näher auf. In der Nacht kam sie nur soweit ans Feuer, um ein wenig von der Wärme zu erhaschen. Wenn sie sich unbedingt den Arsch abfrieren will, na meinetwegen, dachte er. Er versuchte, sich mit ihr zu unterhalten, wollte etwas über ihr Volk oder über sie persönlich erfahren, doch sie antwortete kaum auf seine Fragen und wenn, dann nur sehr knapp. Er hörte deshalb auf, sie zu behelligen und respektierte ihre Zurückhaltung.

Am Abend des zweiten Tages richteten sie sich ihr Lager unter einer hohen Fichte an einem kleinen See. Unaufgefordert begann sie, Holz zu sammeln und ein Lagerfeuer zu entfachen, während Horn die Zeit vor der Dämmerung nutzen wollte, um eine Ente zu schießen, die zahlreich im seichten Uferbereich schwammen und nach Nahrung tauchten. Die Frau hatte lediglich zwei Fische aus der Hütte mitgenommen, den letzten hatten sie gestern gegessen. Die Enten boten deshalb eine gute Gelegenheit, um ihren Proviant zu ergänzen. Er lud sein Gewehr und wollte sich auf den Weg zum See machen. Sie hielt ihn am Arm zurück.

„Dein Gewehr ist laut wie der Donner und die Berge hören gut", sagte sie. „Dein Gewehr kann nur eine Ente treffen, die anderen fliegen weg. Und deine Feinde werden wissen, wo du bist."

Er sah sie erschrocken an.

„Es sind Feinde in der Nähe?"

„Ich weiß es nicht", sagte sie. „Schieß und du wirst es erfahren."

Das leuchtete Sam Horn ein.

Sie deutete ihm an, hier zu warten. Sie schlüpfte aus ihrem Kleid und glitt nackt und beinahe lautlos ins Wasser. Ein Stück noch sah er ihren Kopf aus dem See ragen, dann verschwand er. Er versuchte sie auszumachen, konnte sie aber in dem Wasser, auf dessen Oberfläche sich die untergehende Sonne spiegelte, nicht erkennen. Er schaute zu den Enten und sah auf einmal, wie eine, dann eine zweite und eine dritte ruckartig unter Wasser gezogen wurden und die anderen sich schnatternd in die Luft erhoben. Kurze Zeit darauf kam die Navajo wieder ans Ufer, in ihren Händen drei Enten an den Füßen haltend.

So sehr sich Sam Horn über ihren Jagderfolg freute, so unangenehm war es ihm, von einer Frau versorgt zu werden. Ihm wurde aber auch bewusst, wie unerfahren, ja wie blauäugig er war. Hatte er zuerst angenommen, sie wäre ihm gefolgt, weil sie seine Hilfe erhoffte, so musste er sich jetzt eingestehen, dass er von ihr lernen konnte und ihre Erfahrung ihm nur von Nutzen war. Aber auch für sie bedeutete der Erfolg ihrer Jagd mehr als bloße Nahrung. Als Sam Horn die Enten, die sie für eine oder zwei Wochen ernähren würden, dankbar entgegen nahm, sie gemeinsam rupften und ausnahmen, da empfand sie zum ersten Mal seit Jahren das Gefühl der Anerkennung und Wertschätzung. Sie schien auf eine wunderbare Weise befreit zu sein und allmählich begann sie von sich aus zu erzählen.

Als sie noch ein Kind war, überfielen die Mexikaner die Navajo und stahlen sieben Jungen, die sie in ihre Silberminen zum Arbeiten schickten. Die meisten kamen dabei um. Sie selbst genoss eine glückliche Kindheit, war zuweilen aber auch sehr aufmüpfig, weswegen ihr Vater oft mit ihr schimpfte, aber er hatte sie nie geschlagen. Wenn sie sich an ihr Volk erinnerte, dann an die unbeschwerte Zeit ihrer Kindheit.

„Du hast mir noch immer nicht verraten, wie du heißt", fragte Horn. „Colder nannte dich nur Weib."

„Colder war ein böser Mann", sagte sie. „Er wollte mich nicht bei meinem Namen nennen. Von meinem Volk wurde ich Ataa genannt, in deiner Sprache ist mein Name Feder."

„Feder", wiederholte er. „Hat das eine symbolische Bedeutung?"

„Nein."

„Ich war der Meinung, alle eure Namen haben eine besondere Bedeutung, die auf eine Heldentat oder ein außergewöhnliches Ereignis zurückzuführen ist."

Verwundert sah sie ihn an. „Dein Name ist Horn. Wurdest du so genannt, weil du mit einem Büffel gekämpft hast?"

Er lachte. „Ich habe noch nie einen Büffel gesehen. Und wenn, würde ich ihn nicht an den Hörnern packen wollen, sondern schnell ausreißen."

Sie lächelte. „Das wollte ich auch nicht tun. Viele von deinem Volk kommen, um Büffel zu töten und um ihre Felle zu verkaufen. Bist du auch deshalb hier?"

„Ich suche meine Tochter", sagte er. „Ein Comanche raubte sie aus dem Fort, in dem ich lebte. Ich war schon bei den Comanchen, doch ich gebe nicht auf. Ich werde zu allen Stämmen reisen und sie suchen."

Sie blickte ihn traurig an. Sie grub ihre Finger in den sandigen Boden und legte ein kleines Häufchen davon auf ihre flache Hand. Sie blies darüber und pickte schließlich mit Zeigefinger und Daumen ein einzelnes Körnchen heraus. Das warf sie in die Luft.

„Kannst du es finden?", fragte sie.

Er verstand, was sie meinte. „Das wäre sehr schwierig", sagte er. „Aber ich würde nicht aufhören, es zu suchen."

Sie nickte.

Kapitel Acht

Zwei Tage später erreichten sie das Dorf, in dem Feder aufgewachsen war. Etwa vierzig Hogans lagen verstreut auf einem weiten Plateau, dazwischen waren Felder mit verschiedenen Sorten Bohnen, Mais und Kürbis angepflanzt, Herden von Schafen, Ziegen, Rindern und Pferden weideten auf dem kargen Boden. An die vierhundert Menschen lebten hier, die allerlei Beschäftigungen nachgingen. Gräben zur Bewässerung der Felder wurden angelegt und gepflegt, das Vieh versorgt, Tierhäute wurden bearbeitet, Jäger ritten aus oder kehrten heim. Die Männer der Dene, von den Spaniern Navajo genannt, trugen lediglich einen Lendenschurz und Mokassins, einige hatten zusätzlich bis zu den Knien reichende Lederschäfte an, die aussahen wie lange Stiefel, und viele banden sich braune oder rote oder weiße Bänder um die Stirn. Während sich die Frauen in hübschen, bunten Kleidern zeigten.

Sam Horn nahm an, Feder würde sich freuen, endlich wieder heimzukehren, zu ihrer Familie und ihren Freunden, stattdessen ritt sie mit unbeweglicher Miene neben ihm durch das Dorf. Auch die Navajo verhielten sich ihr gegenüber zurückhaltend, zwar winkten ihr ein paar Frauen lachend zu, die meisten aber gaben sich so, als würden sie sie gar nicht bemerken. Sogar ihre Eltern schienen mehr überrascht als angetan.

„Das ist nicht Colder", sagte ihr Vater lediglich und musterte Horn mit einem gleichgültigen Blick. Sie saßen vor ihrem Hogan auf dem Boden, er hielt eine lange Pfeife in der Hand, in die er selbst angebauten Tabak stopfte. Die Mutter saß an dem aus Holzstangen und Sehnen gefertigten

Webstuhl, auf dem eine halbfertige rot-weiße Decke gespannt war.

„Colder ist tot", sagte Feder. Sie stieg von ihrem Pferd.

Die Mutter stand jetzt auf und trat ihrer Tochter entgegen.

„Wirst du hier bleiben?"

„Ja."

„Gut", sagte sie und lächelte. „Gehörst du zu ihm?"

„Nein", sagte Feder. „Er ist ein Freund."

„Ihr könnt bleiben", sagte die Mutter. Sie sah ihren Mann an, ob er damit einverstanden war. Er gab keine Antwort, erhob sich und verschwand im Hogan, wo er am Feuer seine Pfeife entfachte.

„Komm", sagte die Mutter, auch sie trat jetzt nach innen. Feder folgte ihr.

Horn, der von der Unterhaltung, die in der Sprache der Navajo geführt worden war, nichts verstanden hatte, stieg nun auch ab, suchte einen Platz, um die Pferde anzubinden, und kam sich dabei verlassen und verloren vor zwischen all den fremden Menschen. Schließlich wagte er es und trat in die Hütte. Der Hogan war kuppelförmig aus Weidenzweigen gefertigt und mit Lehm verkleidet. Er maß an die sechs Yard im Durchmesser und war in der Mitte so hoch, dass ein Mann aufrecht stehen konnte. An Querverstrebungen und entlang der Hüttenwand wurden Hausrat, Werkzeuge, Waffen und Vorräte aufbewahrt. Außer den Eltern und Feder saßen zwei Kinder und eine junge Frau um das Feuer und schauten ihn verwundert an. Die Frau war die Schwester von Feder, die Kinder gehörten zu ihr. Ihr Mann war mit anderen Männern zur Jagd ausgeritten und wurde erst in zwei oder drei Tagen zurück erwartet. Die Mutter holte eine hölzerne Schüssel mit geschnittenem Kürbis, Mais und Wildbeeren und reichte sie ihrer Tochter, während der Vater an seiner Pfeife zog und feiner Rauch aus seiner Nase quoll.

Feder nahm die Schüssel dankbar entgegen und bot Sam Horn davon an. Beobachtet von dunklen, neugierigen Augen, die weder Freude noch Misstrauen verrieten, begannen sie schweigend zu essen. Eine lange Zeit wurde kein Wort gesprochen.

„Wie lange wirst du bleiben?", fragte schließlich der Vater, nachdem er seine Pfeife zu Ende geraucht hatte.

„Ich weiß es nicht", antwortete Feder.

„Niemand im Dorf hat es vergessen", sagte er. Er legte seine Pfeife neben sich auf den Boden und blickte seine Tochter vorwurfsvoll an.

„Ich weiß", antwortete Feder.

Eine beklommene, bedrückte Stimmung umgab sie, die sich Horn nicht erklären konnte. Nur die Kinder flüsterten leise miteinander und kicherten, wobei sie den fremden weißen Mann mit kindlicher Neugier betrachteten.

„Weshalb bist du bei ihm?", fragte der Vater.

Feder berichtete, wie sie Sam Horn kennenlernte und dass er auf der Suche nach seiner Tochter war.

„Bei den Jicarilla lebt ein weißes Mädchen mit hellen Haaren", sagte die Mutter.

„Ist das wahr?", freute sich Feder und übersetzte Horn sofort die freudige Botschaft. Als er das hörte, begannen seine Augen zu leuchten.

„Wie weit ist es bis dahin?"

„Zwei Tage."

„Ich werde sofort aufbrechen."

„Es ist nicht gut, in der Nacht zu reiten", meinte Feder, denn draußen war es inzwischen dunkel geworden.

„Ja", sagte Horn. „Morgen werde ich reiten."

Nachdem sie gegessen hatten, versorgten er und Feder die Pferde. Horn ließ sich jetzt genau erklären, wo die Jicarilla zu finden waren.

„Zwei Tage nach Osten", erklärte Feder.

„Zwei Tage", wiederholte er in Gedanken versunken. „Wie sehr ich mich darauf freue."

„Oft werden Menschen geraubt", sagte sie. „Sie stehlen sie wie sie Pferde stehlen. Die Mexikaner holen unsere Kinder und die Apachen, die Comanchen, die Kiowas und auch mein Volk nehmen Gefangene von den Mexikanern, damit sie für sie arbeiten."

„Ein Mädchen mit blonden Haaren ist keine Mexikanerin", entgegnete Horn. „Ich bin mir sicher, es kann nur meine Tochter sein, sie muss es sein, nur daran will ich glauben. Daran will ich mich festhalten. Wenn ich nicht mehr hoffe, sie zu finden, dann ist Elisabeth verloren. Und ich mit ihr."

Feder sah ihn eine Weile traurig an. Schließlich sagte sie: „Ja, so ist es."

Zusammen mit Feders Familie legten sie sich zum Schlafen wie Speichen eines Rades um das Feuer. Lange noch hielt Horn erregte Hoffnung wach, seine Tochter vielleicht schon bald wohlbehalten in die Arme zu schließen. Schließlich übermannte ihn die Anstrengung der Reise und er schlief tief und zufrieden ein.

Die Sonne war noch nicht aufgegangen, da stand Sam Horn schon auf den Beinen. Die anderen schliefen noch, deshalb schlich er leise aus dem Hogan. Er sattelte seinen Braunen und machte sich reisefertig, wollte aber nicht ohne Gruß gehen. Vor der Eingangsöffnung trat ihm Feder entgegen.

„Ich komme mit dir."

Er wollte nach dem Grund fragen, sie aber eilte schon weg, um ihr Pferd zu holen. Auch ihre Mutter war inzwischen aufgewacht und kam heraus.

„Danke", sagte er zu ihr.

Sie verstand ein paar Wörter Englisch, denn sie nickte und lächelte.

„Du Tochter finden", sagte sie.

„Das wünsche ich mir sehr."

Feder umarmte ihre Mutter, wobei sie leise miteinander sprachen. Sie bekam von ihrer Mutter einen Beutel mit Proviant für die Reise, dann ritten Sam Horn und Feder weg.

Jetzt, da er seine Tochter schon in Gedanken greifbar vor sich sah, flossen die Worte nur so aus ihm heraus. Er erzählte von Elisabeth, wie sie als kleines Kind ihre erste Puppe bekommen hatte, wie sie sich freuen konnte, aber auch wie trotzig und wütend sie zuweilen werden konnte. Erzählte vom Leben im Fort, wie wohl sie sich da gefühlt hatte und dass sie manchmal so temperamentvoll gewesen war, dass er sie kaum bändigen konnte. Er lächelte dabei so glückselig wie nur ein Vater lächeln kann, der mit Stolz von seiner Tochter erzählt.

Sie ritten den ganzen Tag hindurch, abends suchten sie sich einen geeigneten Lagerplatz, breiteten ihre Decken aus und aßen von dem Proviant.

„Wolltest du nicht zurück zu deinen Leuten und bei ihnen bleiben?", fragte Horn.

„Das wollte ich", sagte sie.

„Weshalb bist du jetzt wieder weg?"

„Ich will dich begleiten", sagte sie. „Alleine kannst du nicht einmal Enten jagen." Sie lachte.

Horn schmunzelte, vermutete aber, dass dies nicht der wahre Grund war. Er wollte sie aber nicht weiter bedrängen, doch Feder sagte: „Ich bin nicht willkommen."

Sie schob mit der Hand ihr Haar zurück und entblößte dadurch ihr entstelltes Ohr.

„Sie haben das Ohr abgeschnitten."

Sam Horn erschrak.

„Wer hat das getan und weshalb?"

„Das war Graue Echse, mein Mann. Ich war noch nicht alt, als er mich zur Frau nahm. Er zog in den Hogan meiner Mutter und lebte bei uns. Er war gut zu mir, aber er war oft weg, ging mit den Männern zur Jagd oder spielte mit ihnen. Und wenn die jungen Männer zu den Apachen oder den Mexikanern ritten, um sie zu überfallen, war er viele Tage fort. Ein anderer Mann des Dorfes wollte mich und ich ging mit ihm. Als Graue Echse das erfuhr, wurde er wütend. Er sagte, ich hätte ihn vor unseren Leuten lächerlich gemacht. Zum Zeichen meiner Schande schnitt er mir das Ohr ab und verstieß mich. Auch mein Vater fühlte sich gekränkt, denn ich hatte auch Schande über die Familie gebracht, und auch er verstieß mich. Ich lebte bei ihnen und lebte doch nicht mit ihnen. Als Colder kam, gab mich Vater ihm zur Frau."

„Das ist schlimm", sagte Horn. Er ahnte, wie schwer es ihr gefallen sein musste, darüber zu sprechen, zeigte ihm aber auch, welch großes Vertrauen Feder inzwischen zu ihm empfand.

Am frühen Abend des nächsten Tages erreichten sie das Dorf der Jicarilla. Sie wurden misstrauisch beobachtet, durften aber unbehelligt durch die Reihen der Tipis reiten. Sie sprachen mit einem Mann von großer, drahtiger Statur, der Pferd-im-Fluss hieß. Jetzt zeigte sich, wie wertvoll Feder für Sam Horn war, der kein Wort verstand. Die Sprachen der Jicarilla-Apachen und der Navajo unterschieden sich nicht wesentlich und Feder übersetzte für ihn. Pferd-im-Fluss behauptete, es befände sich kein weißes Mädchen bei ihnen.

„Die Wolken haben Augen und der Wind hat den Dene von einem weißen Mädchen zugeflüstert", sagte Feder.

Pferd-im-Fluss sah sie missbilligend an.

„Der Wind lügt nicht", meinte er. „Doch vielleicht sind die Ohren der Dene schlecht und sie verstehen ihn falsch."

Feder übersetzte Horn, worauf er darum bat, sich im Dorf umsehen zu dürfen.

Pferd-im-Fluss verweigerte ihm diese Bitte. Enttäuscht, aber auch wütend, dachte Horn daran weg zu reiten, nur um in der Nähe zu lauern und das Dorf aus der Ferne zu beobachten, als er auf einmal ein Mädchen sah, das einer Frau half, Leder zu gerben. Ein weißes Mädchen mit blonden Haaren, etwa so alt wie seine Elisabeth. Sofort stürzte er zu ihr, noch bevor ihn einer der Jicarilla aufhalten konnte. Wie groß war seine Enttäuschung, denn das Mädchen war ihm vollkommen fremd. Das war nicht seine Tochter. Wie sich herausstellte, war sie weißen Siedlern in Texas geraubt worden. Sie lebte schon mehr als vier Jahre hier und erweckte den Eindruck, als wäre sie von den Jicarilla gut aufgenommen. Sie sprach auch kein Wort ihrer Muttersprache, die sie inzwischen verlernt hatte. Ihre Eltern waren tot und sie hatte hier eine neue Familie gefunden.

Kurz darauf verließen Sam Horn und Feder ernüchtert das Dorf. Wieder waren sie einer Spur gefolgt, die sich als falsch erwies. Das Schwierige daran war nicht, neue Spuren zu finden und ihnen zu folgen, schwieriger war es, das Vertrauen der einzelnen Stämme zu gewinnen. Gefangene wurden oft vollkommen integriert und genauso gut behandelt wie die eigene Familie, mit der Zeit entwickelten sich dadurch innige Bande. Einem Fremden gegenüber wurde die Existenz solcher Gefangenen deshalb häufig verschwiegen, denn es kam nicht selten vor, dass sie mit militärischer Gewalt geraubt und den neuen Familien entrissen wurden. Horn konnte dieses Verhalten durchaus nachvollziehen, auch wenn sie seine Suche enorm erschwerte. Das bedeutete aber nicht, dass es unmöglich war, sie doch noch zu finden.

Feder kehrte auch jetzt nicht zu ihrer Familie zurück. Sam Horn war ihr im Stillen dafür dankbar, hatte er die Kenntnisse der jungen Navajo um die Sitten und Sprachen der verschiedenen Völker doch längst als unverzichtbare Hilfe schätzen gelernt. Nur sporadisch, wenn ihr Weg sie in die Nähe der Navajos führte, besuchten sie Feders Familie. Sie ruhten sich aus, erhofften sich neue Informationen über gefangene Weiße und zogen dann wieder weiter.

Sein unbändiger Drang und sein eiserner Wille, Elisabeth zu finden, trieben ihn stetig an. Von einem Stamm zum anderen, von Enttäuschungen niedergeschmettert und doch stets von neuer Hoffnung getragen, suchte er weiter. Nichts schien diesen Willen brechen zu können oder ihm Grenzen zu setzen.

Es war im Winter darauf, als er den Schmerz zum ersten Mal spürte. Sie lagerten in den Bergen, ihre Vorräte waren verbraucht und Horn machte sich auf zur Jagd, als er schon bald Dickhornschafe entdeckte. In eisiger Kälte lag er lauernd auf dem gefrorenen Boden. Er spürte, wie seine Finger steif wurden und anschwollen, sie versetzten ihm Schmerzen, als wären kleine, spitze Nadeln darin. Behinderte ihn schon seine verstümmelte Hand, so war es ihm jetzt kaum möglich, auch nur einen Finger zu strecken. Krampfhaft zogen sie sich ein wie Krallen einer Katze. Gegen die Schmerzen ankämpfend, versuchte er sein Gewehr zu laden, es entglitt ihm aus den Händen und fiel auf den harten Boden. Das Geräusch dabei alarmierte die Dickhornschafe, die in weiten Sprüngen davon eilten.

Er nahm an, die Schwellung und der Krampf in seiner Hand kämen von der Kälte. Tatsächlich schwanden die Schmerzen allmählich, nachdem er sich ausreichend am Feuer gewärmt und ausgeruht hatte. Doch sie kamen wieder, oft erst nach Wochen, wie böse Geister steckten sie in seinem Körper und trieben scheinbar nach Belieben ihren hämischen Spuk mit ihm. Sam Horn wurde bewusst, dass zwar sein Wille ungebrochen war, sein eigener Körper war es, der ihm Grenzen setzte.

Die gemeinsame Suche verband beide. Sam Horn fühlte eine tiefe, innige Verbundenheit und Vertrautheit zu Feder. Und auch sie fühlte sich geborgen in seiner Nähe und auf eine angenehme Weise zu ihm hingezogen. Von ihrer Familie war sie verstoßen worden, Brandon Colder hatte sie geschlagen und behandelt wie eine Sklavin, Sam Horn dagegen schenkte ihr Halt, Sicherheit und Zuwendung. Zum Zeichen ihrer Dankbarkeit nähte sie ihm Kleidung nach dem Vorbild ihres Volkes, und da sich Sam Horn kaum die Haare schnitt, sah er schon bald aus wie ein bärtiger Navajo.

Sie waren zwei Jahre zusammen, als sie im Quellgebiet des Los Pinos am frühen Morgen ihr Lager abbrachen, auf ihre Pferde stiegen und weiter ritten. Das Gelände war hügelig und von dürrem, hartem Gras bewachsen, wie schattige Inseln erhoben sich darin kleine Wäldchen mit Schierlingstannen und Fichten. Es war Anfang Juni, die aufgehende Sonne erwärmte das Land und vertrieb den Morgendunst, der sich in den Senken sanft auflöste. Sie folgten keiner bestimmten Spur, denn seit Monaten hatte es keinen neuen Hinweis auf eine weiße Gefangene gegeben.

„Wir sollten unser Glück weiter im Süden versuchen", meinte Horn. „Vielleicht kann uns jemand bei den Pueblos oder Chiricahua helfen."

„Gut", antwortete Feder nur.

Horn kannte die einzelnen Stämme nur vom Namen, wusste aber nicht, wo sie zu finden waren und verließ sich dabei ganz auf Feders Ortskenntnisse. Inzwischen vertraute er ihr blindlings und sah es als segensreiche Fügung Gottes an, der die Navajofrau an seine Seite gestellt hatte. Doch fragte er sich, weshalb sie bei ihm blieb, zumal ihre Wege nicht immer ohne Gefahr waren oder sie oft tagelang nichts zu essen hatten.

„Du hast Elisabeth einmal mit einem Sandkorn verglichen, das in dem weiten Land kaum zu finden ist", sagte er nach einer Weile. „Weshalb bleibst du bei mir, wo du doch nicht daran glaubst, sie jemals zu finden?"

„Weil auch ich ein Sandkorn war", antwortete Feder. „Ich wurde gezeichnet, jeder kann sehen, dass ich eine Untreue bin, eine Frau, die ihren Mann betrog. Dadurch schien es mir unmöglich, von einem ehrbaren Mann gefunden und respektiert zu werden. Und doch wurde ich gefunden."

Er lächelte geschmeichelt. „Du siehst in mir einen ehrbaren Mann?"

„Bist du das nicht?", fragte sie. Sie ritt dicht neben ihm und warf ihm einen schmunzelnden Blick zu.

„Vielleicht bin ich das", meinte er. „Aber als Ehemann tauge ich nicht viel. Mein Herz gehört nur einer, und das ist meine Tochter."

„Du lügst", erwiderte sie lachend. „Ein Herz kann auch zwei Menschen lieben. Wenn wir nachts am Feuer sitzen, sehe ich in deinen Augen, wie sie für Feder leuchten."

Er fühlte sich ertappt.

„Ja, das ist wahr, Feder. Du bist mir nicht gleichgültig."

„Ich war ein Sandkorn, dennoch hast du mich gefunden und angenommen. Ich werde solange bei dir bleiben, bis du deine Tochter gefunden hast."

„Dafür danke ich dir, Feder. Ich hoffe sehr, Elisabeth bald in meine Arme schließen zu können. Was danach ist, darüber habe ich mir noch keine Gedanken gemacht. Wenn es ihr gut geht, will sie vielleicht gar nicht mit mir weg. Aber das ist auch nicht wichtig, ich muss sie nur sehen. Und dann? Ich weiß es noch nicht. Entweder mit ihr oder alleine, werde ich zurück zum Fort gehen oder mir eine Hütte in den Bergen bauen."

Er sah sie nachdenklich an. Ihr langes Haar wippte bei jedem Schritt ihres Pferdes, ihre vollen Lippen waren halb geöffnet und in ihren Augen lag ein einzigartiger Zauber, der sein Herz erwärmte.

„Wohin mich der Wind auch treibt, wer weiß das schon", meinte er. „Jedenfalls wäre ich froh, wenn Feder auch dann an meiner Seite ist."

Sie lächelte. „Das werde ich, Samuel."

In ihr Gespräch vertieft, waren sie auf eine offene, schräg abfallende Fläche gelangt, die lediglich mit kurzem Gras und vereinzelten Sträuchern bewachsen war und etwa eine halbe Meile nördlich von dunklem Wald begrenzt wurde.

Unvermittelt zügelte Feder ihr Pferd. Unruhig geworden, blickte sie sich um.

„Ist etwas nicht in Ordnung?", fragte er besorgt.

„Die Stille", antwortete Feder leise.

Jetzt lauschte auch er. Kein Vogel war zu hören, selbst der Wind schien zu schweigen. Wäre er alleine geritten, hätte er diesem Umstand keine Bedeutung beigemessen, den geschulten Sinnen Feders aber vertraute er.

„Ich spüre Gefahr", sagte sie.

Sie hatte kaum ausgesprochen, als aus dem Schatten des Waldes fünf berittene Krieger sprengten.

„Ute!", rief Feder.

Augenblicklich trieben sie ihre an Pferde und galoppierten den Hang hinunter.

Sieben Jäger der Ute streiften seit zwei Tagen in der Gegend umher, gestern hatten sie einen Büffelbullen erlegt, der sich allein in den Bergen herumgetrieben hatte. Sie befanden sich heute auf dem Rückweg in ihr Dorf, als sie den Weißen bemerkten, der sich in Begleitung einer indigenen Frau befand. Sie hatten nicht vor, die beiden zu überfallen und wollten sie unbehelligt ziehen lassen, erst als sie in der Frau die Gefährtin von Colder erkannten, der viele ihres Volkes heimtückisch getötet und skalpiert hatte, änderten sie ihre Pläne. Während zwei von ihnen bei der Jagdbeute blieben, nahmen die anderen fünf die Verfolgung auf. Mehr als zehn Meilen folgten sie dem Paar, bis sich jetzt eine günstige Gelegenheit für einen Überfall bot.

Horn und Feder erreichten die Senke. Der Los Pinos grub ein tiefes Becken in den kiesigen Boden, das Ufer war mit Büschen bewachsen; hier versteckten sie sich.

„Reite weg!", raunte sie ihm leise zu. „Dir werden sie nichts tun."

Horn schüttelte entschlossen den Kopf. „Ich werde dich auf keinen Fall allein lassen."

Die Ute waren bis auf etwa zweihundert Yard nahe gekommen, schienen aber die Verfolgten aus den Augen verloren zu haben. Sie waren von kleiner, gedrungener Gestalt, nur mit Lendenschurz bekleidet und mit Pfeil und Bogen bewaffnet. Einer von ihnen stieg von seinem Pferd und untersuchte den Boden nach Spuren.

„Weshalb sind sie hinter dir her?", fragte Horn. „Wenn sie sich rächen wollen, dann an Colder. Der aber ist tot. Du hast doch keinen von ihnen getötet."

Feder schwieg.

Horn fragte nicht weiter. Er sah in das Gesicht einer hübschen Frau und in Augen, die voller Leben waren und in denen sich auch jetzt keine Angst zeigte. Unwillkürlich griff er nach ihrer Hand und hielt sie eine Weile fest.

„Ich halte zu dir", versprach er ihr.

Der Ute schwang sich auf sein Pferd, tauschte sich kurz mit seinen Begleitern aus, dann kamen sie geradewegs den Hang herunter.

Horn nahm sein geladenes Gewehr an sich.

„Nein!", hielt ihn Feder zurück. „Du kannst nur einen töten, und bevor du neu geladen hast, sind die anderen vier da. Wir müssen weg! Schnell!"

Sie führten ihre Pferde am Zügel und schlichen im Schutz der Büsche das Ufer entlang. Den Fluss zu überqueren, der hier reißend an ihnen vorbei schoss, war zu gefährlich. Als sie endlich eine geeignete Furt entdeckten, stiegen sie auf ihre Pferde und trieben sie an. Der Los Pinos war an dieser Stelle breit und seicht, sie hatten das gegenüberliegende Ufer noch nicht erreicht, als Feder von einem Pfeil getroffen wurde und in den Fluss stürzte.

Horn zügelte seinen Braunen, legte das Gewehr an und schoss auf die Ute, ohne einen von ihnen zu treffen. Ein Pfeil verfehlte ihn nur knapp, weshalb er sich gezwungen sah, von seinem Pferd zu springen und hinter einem Felsen in Deckung zu gehen. Hastig begann er sein Gewehr neu zu laden.

Die Ute hatten nicht vor, den Fluss zu überqueren, und es schien auch so, als wären sie nur an Rache für ihre Toten interessiert gewesen. Eine Weile noch ritten sie das Ufer entlang, schrien wütend zu Horn hinüber, wobei sie drohend ihre Bögen schwangen, ritten dann aber, als wollten sie den weißen Mann verhöhnen, langsam weg.

Sofort begann Sam Horn nach Feder zu suchen. In der Furt war sie nicht zu entdecken, weiter flussabwärts war der Los Pinos nicht sehr breit und zu den Ufern hin seicht, in der Mitte aber vertiefte er sich und die Strömung trieb das trübe Wasser schnell dahin. Feder war demnach abgetrieben und irgendwo ans Ufer gespült worden. Oder, er mochte diesen Gedanken gar nicht zu Ende denken, sie wurde von der Strömung auf den Grund des Flussbettes gedrückt. Drei, vier, fünf Meilen suchte er beide Ufer flussabwärts ab, schaute unter jeden Busch, der ins Wasser wuchs, und tastete in den sandigen Auswaschungen nach jedem dunklen Schatten, die sich aber als Treibholz oder Steine herausstellten. Zwei Tage vergingen, ohne dass er Feder fand. Hatte es bisher noch einen Funken Hoffnung gegeben, sie könnte doch noch am Leben sein und sich auf eine wundersame Weise gerettet haben, so wurde seine Befürchtung jetzt zur Gewissheit – Feder, seine liebgewonnene Frau und treue Wegbegleiterin war ihm für immer verloren.

Sam Horn überbrachte der Familie von Feder die schreckliche Nachricht vom Tod ihrer Tochter. Die Mutter weinte, der Vater stierte mit leeren Augen vor sich hin. Dann holte er einen Beutel hervor und streute daraus eine Handvoll getrockneter Kräuter ins Feuer. Den Rauch atmete er in tiefen

Zügen ein. Und jetzt sah Horn, dass dem Vater eine Träne über die Wange rollte.

„Ich habe meine Tochter verloren", sagte er auf Englisch zu Horn. „Meine Tochter ist tot. Deine Tochter aber lebt. Finde sie. Folge deinem Herzen und du wirst die finden."

Als Sam Horn weg ritt, war er zum ersten Mal seit langer Zeit wieder allein. Mehr denn je fühlte er die Einsamkeit, die ihn während seiner ruhelosen Suche begleitete.

Kapitel Neun

Der Wald, in dem sie sich verbargen, bot ausreichend Deckung. Die acht Krieger verhielten sich still und warteten die Nacht ab. Eine halbe Meile westlich befand sich das Dorf der Cheyenne. Sobald die Sonne aufging, wollten sie es angreifen, um Pferde zu stehlen und um feindliche Krieger zu töten. Damit sollten die eigenen Toten gerächt werden, die im Herbst von den Cheyenne niedergemetzelt worden waren.

Narbengesicht, der Anführer des Trupps, stand aufrecht im Schatten der Bäume. Eine leichte Brise zupfte sanft an dem langen, von Bärenfett glänzendem Haar, das ihm ungebunden weit auf den Rücken fiel. In einer am Wirbel befestigten kleinen Knochenschale steckten kreisförmig zwölf Adlerfedern. Entschlossen waren die dunklen Augen auf das im Nachtschleier verhüllte feindliche Dorf gerichtet. Unter dem linken Auge zog sich eine schmale Narbe bis über die Wange, sie war aber jetzt nicht zu erkennen, weil das Gesicht vollkommen mit roter Kriegsfarbe bemalt war. Ein Hemd aus weichem Leder, ein dunkler Lendenschurz, Leggins und Mokassins bekleideten seine hünenhafte, kräftige Gestalt. Hemd und Leggins waren mit Tierhirn gebleicht und dadurch von schöner heller Färbung. Beide Kleidungsstücke schmückten Fransen aus Skalphaaren. Entspannt ruhte seine große, sehnige Hand auf dem biegsamen Stiel einer Kriegskeule, die in seinem Gürtel steckte. An weiteren Waffen besaß er ein eisernes Messer, das in einem verzierten Täschchen verborgen um seinen Hals hing, sowie Pfeil und Bogen. Der Bogen war aus mehreren zusammengeleimten Hornschichten des Bergschafes gefertigt und in der verdickten Mitte mit Tiersehnen verstärkt, die Zugsehne war geflochten und an ihren abstehenden Enden schwangen bunte Daunenfedern leicht im Wind. Es war kein gewöhnlicher Bogen, seine Fertigung hatte mehrere Monate akribischer Handarbeit und hohe Kunstfertigkeit erfordert.

Ein leises Schnauben veranlasste Narbengesicht, seinen Kopf zur Seite zu wenden. Neben ihm stand ungeduldig sein Kampfpferd. Der Pinto war von kräftigem, schlankem Körperbau. Vier Habichtsfedern waren in seine Mähne gebunden, auf die linke Hinterbacke waren acht rote Tupfer gemalt. Diese Zeichen, ebenso wie seine eigene Kriegsbemalung, sollten vor Unheil bewahren.

Narbengesicht wandte sich jetzt ganz um. Im Schatten des Waldes standen oder saßen weitere sieben Shoshonen. Auch sie waren bemalt. Gebogene Weide, ein Mann mittleren Alters, von kleiner untersetzter Statur, war nur mit Lendenschurz und Mokassins bekleidet. Sein Haar war gescheitelt und zu Zöpfen geflochten, die er mit Otterfell umwickelt hatte. Keine Feder noch sonst ein Schmuck zierte es. Nichtsdestoweniger war er ein hervorragender Krieger und ein erfolgreicher Jäger. Sein Gesicht war jetzt zum Zeichen des Kampfes völlig geschwärzt.

Im Gegensatz zu der schlichten Erscheinung von Gebogene Weide stand die Eleganz Elchzahns. Dieser junge Krieger liebte es, sich prächtig zu kleiden. Sein langes, glänzendes Haar hing ihm offen bis über das Gesäß hinunter. Ein Kamm aus gestärktem, rotgefärbtem Pferdehaar zog sich von der Stirn bis zum Nacken. Eine einzelne Feder steckte darin. Über der Brust hing eine Reihe polierter Röhrchenknochen. Sein Hemd war grün gefärbt und mit heiligen Symbolen bemalt, die dunklen Leggins mit Skalphaaren vernäht. Blaue, rote und schwarze Stachelschweinborsten verzierten die Mokassins. Elchzahn war tapfer und auf Kriegszügen eine unentbehrliche Hilfe. Er lachte gern und es gab nichts Erfreulicheres für ihn, als die Blicke der Mädchen zu spüren, die ihm bewundernd hinterher schauten.

Als Narbengesicht vor zwei Wochen aufgerufen hatte, zum Rachefeldzug gegen die Cheyenne zu reiten, hatten sich spontan viele der Männer gemeldet. Mit ihm zu ziehen, das bedeutete sicheren Erfolg, eine leichte Gelegenheit, Ruhm zu erlangen, Pferde zu erbeuten und im Rat der Alten anerkannt zu werden. Trotz seiner Jugend, Narbengesicht war gerade vierundzwanzig Sommer alt, genoss er den Ruf eines umsichtigen und mutigen Kriegers.

Mit Zwölf begleitete er seinen Ziehvater Roter Pfeil zum ersten Mal auf einen Kriegszug. Mit Vierzehn tötete er seinen ersten Feind, einen Oglalla-Sioux. Etwa fünf Jahre später besaß er viele Pferde und wurde von seinen Leuten geachtet und verehrt.

Wie bei allen wichtigen Angelegenheiten ging Narbengesicht auch bei der Wahl seiner Frau umsichtig und abwägend vor. Er wollte die beste Frau seines Dorfes. Doch als er vor einem Jahr heiratete, rief das einigen Ärger hervor. Die meisten im Stamm hatten gehofft, ein so tapferer und reicher Mann würde eine Shoshonin zur Frau nehmen, und so mancher Vater einer heiratsfähigen Tochter hatte still auf eine beträchtliche Anzahl Pferde als Mitgift spekuliert. Doch Narbengesicht wählte eine Frau, die zu seinem Vater Vater sagte, die aber nicht mit ihm verwandt war. Er wählte eine Frau, die seit vielen Jahren in seinem Tipi lebte. Eine Gekaufte, eine Sklavin, eine Fremde. Eine weiße Frau mit heller Haut und langen, blonden Haaren. Seine Frau hieß Gefleckte Taube.

Als sie jetzt in dem Wald lagerten und auf einen günstigen Augenblick für einen Angriff warteten, dachte Narbengesicht an seine schwangere Frau. Er hoffte, noch vor der Niederkunft seines ersten Kindes zurück im Dorf zu sein. Die acht Shoshonen tranken Wasser, das sie in Tierblasen mitgebracht hatten, und aßen Pemikan. Sie sprachen nicht und vermieden auch sonst jedes Geräusch.

Seit einer Woche bewegten sie sich jetzt schon auf feindlichem Gebiet. Vorgestern waren Gebogene Weide und Elchzahn zurückgekehrt, die als Späher vorausgeschickt worden waren. Während sie die heilige Pfeife rauchten, berichteten sie alles Wissenswerte: Zum Lager der Cheyenne war es nur noch ein halber Tagesritt. Das Dorf lag am Zusammenfluss zweier Bäche, es bestand aus zweiunddreißig Zelten, etwa vierzig Krieger sowie über dreihundert Pferde waren gezählt worden. Das Land drumherum war eben und baumlos, nur im Osten gab es einen kleinen Wald. Es folgte eine Beschreibung der Gewohnheiten der Feinde, die später von Bedeutung sein konnten.

Anhand dieses Berichts erstellte Narbengesicht seinen Plan. Mit einem Stück Holz zeichnete er die Lage des Dorfes und die Umgebung auf die Erde und ließ sich die Skizze von den Spähern bestätigen. Narbengesicht teilte die sechzehn Shoshonen in drei Gruppen. Die erste Gruppe aus acht Männern führte er selbst. Sie stellten den Haupttrupp, der in dem Wäldchen lauern und im Morgengrauen das Dorf überfallen und die Pferde weg treiben sollte. Es war vorherzusehen, dass die Cheyenne ihnen wütend folgen würden. Nach etwa einer Meile westlich - er markierte die Stelle mit einem Kreuz - bezogen sechs Krieger Stellung, sie sollten den Cheyenne in den Rücken fallen. Diese Gruppe unterstellte Narbengesicht seinem jüngeren Bruder Der-vom-

Hügel-kommt. Obwohl dieser erst zwanzig Sommer zählte, erhob niemand Einwände. Der-vom-Hügel-kommt war so groß wie Narbengesicht und auch so kräftig. Zweifellos war er ein tapferer Krieger. In Friedenszeiten gab er sich oft aufbrausend und stürmisch, in Gefahrensituationen aber bewies er Scharfsinn und Besonnenheit. Er würde nie etwas unternehmen, das der Gruppe oder dem Stamm geschadet hätte, darauf vertraute Narbengesicht ebenso wie die übrigen Shoshonen.

Die dritte Gruppe schließlich bildeten zwei Knaben. Sie waren vierzehn und sechzehn Jahre alt. Die Shoshonen waren auf gewöhnlichen Reitpferden hergekommen, die Kampfpferde, die ausdauernder und schneller waren, führten sie an Zügeln mit. Als sich die Gruppen teilten, schmückten sie die Kampfpferde, bemalten sie mit heiligen Symbolen und ließen die ermüdeten Reitpferde zurück. Auf sie sollten die Knaben an einem versteckten Ort aufpassen.

Der Plan war genau besprochen worden, jeder war sich seiner Position und seiner Aufgabe bewusst. Geduldig warteten sie die Nacht ab.

Endlich war es soweit. Im Osten bemalte die aufgehende Sonne den Morgenhimmel mit rot-goldener Farbe. Die ersten Strahlen huschten zaghaft über das schlafende Land und zauberten wellige Grashügel, vereinzelte Bäume und glitzernde Flüsse aus der nächtlichen Schwärze.

Jetzt erst war es Narbengesicht möglich, einen klaren Blick auf das Dorf zu werfen. Die Lage und die kreisförmige Anordnung der Zelte stimmte genau mit der Beschreibung der Späher überein. Die Pferde befanden sich inmitten der Zeltreihen, es waren prachtvolle Tiere unter ihnen. Die ersten Cheyenne krochen an diesem Morgen müde aus ihren Tipis. Ein paar Hunde waren zu erkennen, die sich im

Spiel balgten. Drei Männer trieben die Pferde aus dem Schutz des Dorfes nach draußen auf die Weide.

Narbengesicht hob die Hand: das Zeichen zum Angriff. Plötzlich zögerte er. Er raunte einen kurzen Befehl, worauf die anderen in Deckung blieben. Er hatte etwas gesehen, das seine Aufmerksamkeit erregte.

Es war üblich, die besten Tiere innerhalb des Dorfes zu belassen, angebunden an einem in die Erde gerammten Pfahl. Diese Pferde waren ihren Besitzern besonders wertvoll, ein solches zu stehlen, war so gut wie unmöglich, weil der Dieb gezwungen wurde, mitten ins Dorf zu reiten, mitten unter die Feinde.

Das Pferd, das Narbengesichts Faszination weckte, war eine Appaloosastute, eines jener wundervollen Tiere aus der Zucht der Nez Perces. Wie Schneeflocken sprenkelten kleine braune Flecken die blütenweiße Decke. Die Mähne und der Schweif waren dicht gewachsen und von silbernem Grau, der Hals lang und muskulös, der Kopf schmal und von eleganter Anmut. Der schlanke Körperbau verriet Schnelligkeit und Ausdauer.

Schon beim ersten Anblick reifte in Narbengesicht der Wunsch, dieses Pferd zu besitzen. Und doch war es mehr. Ein Drang, ein unwiderstehliches Verlangen keimte in ihm auf.

„Verhaltet euch genau nach unserem Plan!", raunte Narbengesicht seinen Kameraden zu. „Achtet nicht auf mich!"

„Was hast du vor?", fragte Gebogene Weide.

„Kümmert euch nicht um mich!", wiederholte der Anführer. „Ich werde euch nicht im Stich lassen."

Wieder hob er die Hand, worauf sie zügig aus dem Wald zum Dorf ritten. Die Sonne stand ihnen im Rücken, sollte ein Cheyenne zufällig in ihre Richtung blicken, wurde er von der tiefstehenden Sonne geblendet, die Shoshonen wurden dadurch aber beinahe unsichtbar. Vierhundert Schritte vor den ersten Tipis trieben sie ihre Pferde an, verhielten sich aber immer noch lautlos. Narbengesicht spürte den ausholenden Pinto unter sich. Er empfand ein gutes Gefühl. Heroische Laune ergriff ihn, wild pulsierte sein Blut.

Als sie von den Cheyenne entdeckt und mit lautem Rufen Alarm geschlagen wurde, hatten sich Narbengesicht und seine Gruppe schon weit an das Dorf genähert. Mit lauter, schriller Stimme trillernd, sprengten die Shoshonen auf die Feinde zu. Der Kampfruf machte ihnen gegenseitig Mut, vermittelte den Eindruck vieler Angreifer und sollte die Moral der Feinde erschüttern. Wie erwartet stürzten die Cheyenne überrascht und erschrocken aus ihren Tipis, Männer griffen zu ihren Waffen, Frauen und Kinder schrien und rannten aufgeregt umher. Das Schreien, das Kläffen der Hunde und das schrille Trillern der Angreifer erfüllten wie ein donnerndes Gewitter die Luft. Als endlich erfahrene Krieger durch scharfe Befehle die jüngeren zu organisieren begannen, hatten die Shoshonen bereits die Herde erreicht.

Narbengesicht sonderte sich gleich zu Beginn von seiner Gruppe ab und gelangte unbehelligt nahe an die Appaloosastute. Sein verwegenes Unternehmen wurde nicht bemerkt, da sich die Cheyenne in ihrer momentanen Verwirrung auf den Pulk der Angreifer konzentrierten.

Neben der Stute kauerte ein verängstigtes Mädchen und starrte den Shoshonekrieger mit aufgerissenen Augen an. Narbengesicht sprang von seinem Pinto, ein rascher Schnitt löste das Lederband, an das die Stute gebunden war. Narbengesicht sah das Mädchen kurz an. Ein Zucken ihrer Augen verriet ihm Gefahr. Er sprang herum, das Messer noch in der Hand, im selben Moment nahm er den Mann wahr und stach zu. Dumpf drang die Klinge in den Leib des Cheyenne. Ein schwere Kriegskeule entglitt der zum Schlag erhobenen Faust. Er röchelte, dann sank er leblos zu Boden.

Im nächsten Augenblick griffen Narbengesicht drei Frauen an, die mit Steinen und Stöcken nach ihm warfen. Ein Stein traf ihn am Knie, ein zweiter an der Schulter. Er bekam den Lederriemen der Stute zu fassen, schwang sich auf seinen Pinto und floh mit dem gestohlenen Pferd.

Ungehindert erreichte Narbengesicht die Seinen. Diese hatten seinen Plan wie besprochen durchgeführt und eine beträchtliche Anzahl Pferde von der Herde getrennt, wurden aber immer noch von den Cheyenne attackiert. Er biss auf den Lederriemen der Stute, um seine Hände frei zu bekommen, zog drei Pfeile aus dem Köcher und begann im schnellen Ritt auf die Feinde zu schießen. Diese gerieten daraufhin in Verwirrung, wodurch es Narbengesicht möglich wurde, ganz zu den Shoshonen aufzuschließen.

Die Cheyenne sammelten sich schnell, inzwischen waren noch weitere Krieger zu ihnen gestoßen. Schatten-auf-dem-Mund stürmte voran. Als Kind war er von Shoshonen geraubt und gedemütigt worden, bis ihm durch einen glücklichen Umstand die Flucht gelang. Seitdem sann er auf Rache. Für ihn waren Shoshonen nicht nur Feinde, sondern blutrünstige Wölfe, die es galt, gnadenlos zu bekämpfen. Hart trieb er sein Pferd vorwärts, gleichzeitig feuerte er seine Kameraden mit bellenden Rufen an.

Schatten-auf-dem-Mund presste die Schenkel fest an den Leib seines Pferdes, damit stabilisierte er sich und lenkte das Pferd durch geringe Körperbewegungen. Geduckt hinter den Hals seines Pferdes schoss er kurz hintereinander mehrere Pfeile ab, ohne jedoch zu treffen.

Sie hatten sich inzwischen weit vom Dorf entfernt, die Shoshonen vor ihnen verlangsamten jetzt ihr Tempo, ließen die Herde scheinbar im Stich, scherten links und rechts aus und griffen die Verfolger direkt an. Im selben Moment stürmte Der-vom-Hügel-kommt mit seinen Kriegern aus dem Versteck und ging die Feinde von hinten an.

Wütend musste Schatten-auf-dem-Mund ansehen, wie viele seiner Freunde getötet wurden. Auch er sah sich plötzlich in Bedrängnis, als ein Shoshone, dessen Gesicht schwarz bemalt war, auf seinem Pferd heran preschte. Der Cheyenne fand gerade noch Zeit, schützend den rechten Arm zu heben, ehe eine steinerne Kriegskeule mit einem gewaltigen Schlag seine Elle zertrümmerte. Mit der Linken fischte er unter Schmerzen einen Pfeil aus dem Köcher. Er legte ihn auf die Sehne und versuchte, den Bogen mit zitternder Hand zu spannen. Kraftlos glitt der Pfeil vom Bogen, schlingerte wie eine Schlange dahin und verfehlte Gebogene Weide, der von Neuem angriff. Der zweite Schlag der Keule traf den Schädel. Einen Moment noch saß Schatten-auf-dem-Mund steif auf seinem Pferd, fiel dann leblos in sich zusammen und stürzte zu Boden.

Gebogene Weide sprang von seinem Pferd, packte die Stirnlocke des Toten, schnitt einen raschen Schlitz in die Haut und riss den Haarschopf mit einem kräftigen Ruck vom Kopf. Triumphierend hielt er den Skalp empor.

Die überraschende Wendung des Kampfes kostete vier Cheyenne das Leben, weitere sechs wurden verwundet. Sie sammelten sich und mussten wütend zusehen, wie die Shoshonen mit der Herd in der Ferne verschwanden.

Kein einziger Shoshone hatte bei diesem Kampf sein Leben gelassen. In der Wade von Dunkles Wasser steckte ein Pfeil, eine Lanze hatte Froschrücken am Oberschenkel gestreift. Beides waren leichte Verletzungen, die schnell zu versorgen waren und bald verheilt sein würden.

Die Krieger bejubelten Narbengesicht und lobten seinen geglückten Feldzug. Er war verantwortlich, er hatte den Plan entworfen und hatte sie geführt. Ihm wäre auch die Schuld zugewiesen worden, wäre der Kampf anders ausgegangen. Jetzt konnten sie stolz in ihr Dorf reiten und sich bewundern lassen.

Noch befanden sie sich auf feindlichem Territorium, Narbengesicht mahnte deshalb zur Vorsicht und sandte zwei Krieger aus, die eine Meile hinter ihnen bleiben sollten. So konnten sie rechtzeitig erkennen, würden die Cheyenne ihnen folgen.

Sie sammelten die zwei Knaben auf, die bei den gewöhnlichen Reitpferden geblieben waren, und ritten nordwestlich in ihre Heimat.

Die Appaloosastute erwies sich als zahm, energisch und ausdauernd. Sobald sich die Gelegenheit bot, ritt Narbengesicht sie. Sein Blick hatte ihn nicht getäuscht. Es war ein prächtiges Pferd, und nur ein hervorragender Krieger konnte es besessen haben. Allein dieses Pferd zu erbeuten, war den Überfall wert gewesen.

Einen Tagesritt vor ihrem Dorf teilten sie die Herde unter sich auf. Narbengesicht wurde der größte Teil zugesprochen, er erhielt fünfzehn Pferde. Sogar die beiden Knaben bekamen je eines zugeteilt.

Kapitel Zehn

Der Fluss des Grauen Bullen schnitt sich in felsiges, zerklüftetes Land, Fichten und Tannen ragten an den Hängen stolz empor, blumenreiche Wiesen bedeckten ein weites Tal. Im Westen entsprangen den Bergen frische Gebirgsbäche, plätscherten munter dem Fluss zu, der sich weiter östlich in eine flache, mit kurzem hartem Gras bewachsene Gegend fraß, breiter und ruhiger wurde und sich dem Großen Horn Fluss ergab, mit dem er sich vereinigte.

Dort, in den Ausläufern des mächtigen Felsengebirges, in der Nähe des Nadelberges, befand sich das Dorf der Shoshonen. Der Fluss versorgte die Menschen mit frischem Wasser, die Pferde fanden auf saftigen Weiden reichlich Futter. In den Wäldern, die die Berghänge hoch kletterten, lebten Dickhornschafe, Wapitis, Bären, Otter, Rotluchse und zahlreiche andere Tiere. Unten, in den mit Pappeln und Eschenahorn gesäumten Niederungen, errichtete der Biber seine imposanten Burgen. Majestätisch zogen der Habicht und der Goldadler ihre geruhsamen Kreise an einem blauen Firmament.

Dieses Land brachte Menschen hervor, die so waren wie das Land selbst: roh und schlicht in ihrem Äußeren, reich und großzügig in ihren Herzen und robust und wild im Wesen. Sie hatten gelernt, sich der Natur anzupassen und waren zu einem lebendigen Teil von ihr geworden. Nicht mehr und nicht weniger. Sie erhoben sich nicht über sie und versuchten sie nicht zu beherrschen. Gemeinsam mit den Tieren und Pflanzen fühlten sie sich als eine große Familie.

Sie selbst nannten sich Newe – Menschen. Von den Nachbarstämmen wurden sie als Shoshone bezeichnet, also Bewohner der Grashütten. Der Name bezog sich auf die

Zeit, als sie noch westlich des Felsengebirges lebten und aus Gras und Zweigen geflochtene Hütten bewohnten. Mit Stöcken gruben sie nach Yamaswurzeln, um sich zu ernähren, Kaninchenfelle bedeckten ihre Körper. Bei Gefahr verkrochen sie sich in verlassenen Bärenhöhlen oder Erdlöchern. Oft wurden sie hilflose Opfer blutiger Überfälle benachbarter Stämme. Erst als sie von ihren Verwandten, den Comanchen, das Pferd zu nutzen lernten, wagten sie sich jenseits des Gebirges in die weiten Ebenen vor, jagten den Bison und entwickelten sich zu einem gefürchteten Reitervolk, das sogar die großen Völker der Sioux und Cheyenne zu respektieren lernten.

Weil sie sich Fremden gegenüber oft mit einer gewundenen Schlange zu erkennen gaben, die sie mit Zeige- und Mittelfinger in die Luft zeichneten, wurden sie von ihnen auch Schlangenmenschen genannt.

Narbengesicht war mit seiner Gruppe kurz vor dem Heimatdorf angekommen. Während der Reise hatten sie ihre Alltagskleidung angelegt und die Kriegsbemalung abgeschminkt. Jetzt wuschen sie sich in einem Tümpel und zogen ihre Galakleidung über.

In feierlicher Stimmung, die erbeuteten Pferde zwischen sich treibend, die Skalps der Feinde an lange Stangen gebunden, ritten sie ins Dorf, wo sie begeistert empfangen wurden. Mütter umarmten ihre heimkehrenden Söhne, Frauen ihre Männer und Kinder den Vater. Glücklich über den gelungenen Raubzug und die wohlbehaltene Rückkehr wurde vor allem ein Name immer wieder anerkennend genannt: Narbengesicht. Jungen ahmten den Gang und die Gesten dieses großen Kriegers nach und hofften, eines Tages ebenso tapfer und erfolgreich zu sein wie er.

Ein Fest wurde vorbereitet, und als es dunkel wurde, brannten Feuer vor den Tipis, auf denen saftige Braten schmorten. Es wurde gesungen und gelacht und getanzt. Ständig mussten die Heimkehrer von ihren heldenhaften Taten berichten: Wie sie die Cheyenne ausgemacht, wie sie im Morgengrauen angegriffen und wie sie die Verfolger in einen Hinterhalt gelockt hatten.

Bescheiden nahm Narbengesicht das ihm zugedachte Lob an, verwies aber auch auf seine Mitstreiter, ohne deren Hilfe ihm dieser Erfolg nicht beschieden gewesen wäre. Vor allem hob er seinen Bruder Der-vom-Hügel-kommt hervor. „Ich war dankbar, meinen Bruder an meiner Seite zu wissen. Der-vom-Hügel-kommt zeigt sich gern in prächtigen Gewändern, so prächtig ist auch sein tapferes Herz."

Auch für Elchzahn und Gebogene Weide fand er lobende Worte, er würdigte Dunkles Wasser und Froschrücken, die bei dem Kampf verletzt worden waren, und vergaß auch die beiden Knaben nicht, die bei den Pferden gewacht hatten.

Elchzahn tanzte um ein großes Feuer in der Mitte des Dorfes, in theatralischen Gesten veranschaulichte er den Verlauf des Raubzuges. Sein langes Haar wirbelte herum und der polierte Brustschmuck hüpfte wie vor Begeisterung bei jedem seiner Schritte. Die Mädchen lächelten und warfen ihm bewundernde Blicke zu.

Die ganze Nacht hindurch feierten glückliche Menschen einen gelungenen Sieg und die gesunde Heimkehr ihrer Krieger. Die Helden wurden an viele Feuer eingeladen, bekamen reichlich zu essen und wurden aufgefordert, stets aufs Neue von ihrem Raubzug zu erzählen. Anschließend verteilten sie einen Teil der erbeuteten Pferde an die Armen ihres Volkes und bewiesen dadurch erst ihren wahren Edelmut und ihren Reichtum.

Narbengesicht verschenkte ein Pferd an Eisernes Messer. Der untersetzte Mann war so alt wie er, hatte bislang aber noch an keinem Kriegszug teilgenommen, nichtsdestotrotz war er ein hervorragender Jäger. Bislang hatte er noch keine Frau für sich gewinnen können und lebte bei seinen alten Eltern in einem kleinen, schmucklosen Zelt.

Eisernes Messer senkte betrübt den Kopf. Der Drang, gegen Feinde in den Kampf zu ziehen, hatte ihn nie erreicht, er fühlte sich deswegen seinem Volk gegenüber schuldig. Narbengesicht respektierte die Einstellung des jungen Mannes, überdies war er ihm dennoch zu einem guten Freund geworden, mit dem er schon so manches Mal zur Jagd geritten war.

„Es ist gut, dass Männer wie du unsere Familien beschützen, wenn die Krieger ausreiten. Das Pferd sollst du als Dank dafür bekommen."

Seit seiner Heimkehr hatte Narbengesicht sich seiner Frau Gefleckte Taube nicht in dem Maße widmen können, wie er es gerne gewünscht hätte. Sie war eine der Ersten bei ihrer Rückkehr gewesen, die ihn herzlich empfangen hatte, in dem Trubel des Festes und der allgemeinen Freude hatte sie sich aber bescheiden zurückgenommen und wartete nun still darauf, ihren Mann nur für sich allein zu haben.

Gefleckte Taube hatte lange, blonde Haare, die in der Mitte gescheitelt und zu Zöpfen gebunden waren, die sanft auf die Brust fielen. Um hübsch für ihren Mann zu sein, wob sie ein blaues Band in ihre Zöpfe und trug ein Kleid aus feinem Hirschleder, das zwei Reihen aus bemalten Steinchen und kleinen Muscheln zierte. Die mit Quillwork verzierten Mokassins waren ein Geschenk der Schwester ihres Mannes.

Nur noch vage erinnerte sie sich an ihre Kindheit. An das Fort, die unbekümmerte Zeit und an ihren Vater. In der Erinnerung sah sie ihren Vater noch deutlich vor sich: seinen herzlichen Blick, das bartlose, gütige Gesicht und auch die verstümmelte Hand. Auch an Nelly und Walter Morrison erinnerte sie sich, doch je mehr die Zeit verstrich, desto blasser wurden die Bilder.

Die schmerzhafte Erinnerung an Biber, den kleinen, hässlichen Comanchen, ließ sie bis heute nicht los. Die schreckliche Zeit der Entführung hatte tiefe Furchen in ihrem Herzen hinterlassen. Mit weniger Groll, ja mit einer gewissen Dankbarkeit, erinnerte sie sich an Weißer Vogel und das Mädchen Morgenrot, die ihr in der schweren Zeit beistanden so gut es ihnen gegen Bibers Herrschsucht möglich war. Nachdem Biber tot war, brachte Weißer Vogel sie zu den Shoshonen.

Auch hier war sie zuerst nicht willkommen und wurde an eine alte Frau gegeben, die sie nicht gut behandelte. Trotz ihrer Mühe, die angeschafften Aufgaben gewissenhaft zu erledigen, bekam sie oft Schläge. Erst als Jahre später Narbengesicht um sie warb, der alten Frau von seiner Jagdbeute abgab und Geschenke brachte, änderte sich das. Narbengesicht holte die junge Frau in sein Tipi und Elisabeth fand eine liebevolle Familie und einen Mann, der für sie sorgte. Allmählich war sie nicht mehr Elisabeth Horn, hier wurde sie Gefleckte Taube genannt. Und sie war glücklich mit dem Leben der Gefleckten Taube.

Vor zwei Tagen hatte sie Beeren gesammelt, sie getrocknet und war gerade im Begriff, sie mit einem Teig aus Wapitifett zu vermischen, als Narbengesicht zu ihr trat und sich zu ihr setzte.

Eine Weile saß er still neben ihr und betrachtete sie wohlwollend. Die Sonne hatte ihre einst blasse Haut leicht bemalt, doch noch deutlich waren die Sommersprossen über ihrer Nase zu erkennen. Sie machten Gefleckte Taube besonders, keine andere Frau seines Volkes besaß solche kleinen Flecken, und ihnen verdankte sie auch ihren Namen. Ihre Augen waren hell und klar, ihre Lippen weich und das Haar golden wie das leuchtende Laub im Herbst. Ihr ausgeglichenes Wesen besänftigte ihn, wenn er mal ungestüm war, er schätzte aber auch ihr lebhaftes Temperament, ihr fröhliches Lachen und die Bewunderung und Aufmerksamkeit, die sie ihm zuteil werden ließ, wenn er ausführlich von seinen Jagderlebnissen erzählte.

Bei seinem Volk galt Gefleckte Taube als fleißige Arbeiterin. Geschickt nähte sie Hemden, Decken, Leggins und Mokassins. Sie klagte nie, stets sah man sie freundlich und zufrieden.

„Ich kann es kaum erwarten", sagte er und blickte auf die Wölbung unter ihrem Kleid.

Sie schmunzelte. „Und doch bist du weg, um Pferde zu stehlen." Sie warf ihm einen neckischen Blick zu.

„Ich hoffte, du würdest auf mich warten. Und das hast du."

„Ja, das habe ich. Sieht-den-Wind sagt, es ist bald soweit."

Ihre zarten Finger gruben sich in den gelblichen Teig. Sie hob ihn aus der Schale und zerdrückte ihn auf einem flachen Stein zu Fladen.

„Hast du mein Pferd gesehen?", fragte er.

„Es ist ein gutes Pferd. Es ist sehr schön", sagte sie. Und dann, einem spontanen Impuls folgend: „Ich möchte es reiten."

Sie sah ihn lächelnd an. Ihre blauen Augen glänzten bei dem Gedanken, auf das prachtvolle Tier zu steigen und mit ihm durch den Wind zu jagen. Sie spürte gern den Wind, wenn er ihr ins Gesicht blies und an den Haaren zauste.

„Nein", entgegnete er. „Ich mache mir Sorgen, du und das Kind könntet euch verletzen."

„Ich werde achtgeben", versprach sie schnell.

Er schüttelte den Kopf. Er kannte den starken Willen seiner Frau, wenn sie sich etwas in den Kopf setzte, dann erreichte sie es auch gewöhnlich. Er war deshalb froh, als Dorn-im-Fuß, ein zehnjähriger Junge, angerannt kam und meldete: „Sie wollen sich im Reiten messen."

Mehrere Männer sammelten sich mit ihren besten Pferden vor dem Dorf, sie stachelten sich gegenseitig auf und versuchten die Pferde der anderen schlecht zu machen. Als Narbengesicht mit seiner Appaloosastute kam, vereinbarten sie eine Strecke, die sie reiten wollten, dann schwangen sie sich auf ein Zeichen auf ihre Pferde und stürmten vom Jubel der Zuschauer begleitet davon. Sie galoppierten den Fluss entlang bis zu den Stromschnellen, von dort aus südlich über nackte Felsen einen Hügel hoch.

Narbengesicht gelang es nicht, sich an die Spitze zu bringen. Er wusste, dass die Stute schneller sein konnte, doch trotz all seiner Bemühungen schien sie sich dagegen zu sträuben.

Bergan blieben die Ersten zurück, nur die kräftigsten Pferde stoben unablässig hinauf. Vorne ritten Eisernes Messer, gefolgt von Der-vom-Hügel-kommt, Gebogene Weide und Elchzahn, erst dann folgte Narbengesicht. Als sie die Kuppe erreichten, dampften die Pferde, weißer Schweiß bedeckte ihre Felle. Nur die Appaloosastute zeigte keinerlei Ermüdungszeichen.

Jetzt ging es den Hügel hinab und geradewegs dem Dorf zu. Narbengesicht glaubte schon nicht mehr daran, die vier Reiter vor ihm einholen zu können, als seine Stute, den Willen ihres Reiters erahnend, auf einmal mit einer Kraft auszog, als hätten ihr die bisherigen Strapazen nicht das Geringste ausmachen können. Mit schier unermüdlicher Energie stob sie dahin. In gestrecktem Galopp, bei dem ihr Bauch fast den Boden berührte, ließ sie scheinbar mühelos die Mitstreiter hinter sich und erreichte mit deutlichem Vorsprung das Ziel.

Triumphierend saß Narbengesicht auf seinem Pferd. Schon als er sie das erste Mal im Dorf der Cheyenne gesehen hatte, hatte er das Potenzial der Stute erahnt, und doch war er jetzt verblüfft. Nicht nur wegen ihrer Schnelligkeit und ihrer enormen Ausdauer, er war auch verblüfft, weil ihn das Pferd an seine Frau erinnerte. Beide waren schön in ihrer Ausstrahlung, beide konnten eigensinnige Sturköpfe sein und beide waren von einer starken, lebendigen Energie.

Zufrieden ritt er quer durchs Dorf und wieder zurück, und genoss die ihm zugedachte Begeisterung. Geschmeichelt ritt er zu Gefleckte Taube, die dem Rennen zugeschaut hatte und ihn jetzt stolz anlächelte. Er glitt von seinem Pferd.

„Komm!", sagte er.

Sie wollten zurück zu ihrem Tipi, die Männer aber zogen ihn mit sich fort. Sie setzten sich zusammen und jede Einzelheit des Rennens wurde ausführlich besprochen, wobei sie sich immer wieder seine Stute anschauten, sie an den Füßen, dem Rücken und dem Kopf berührten, um so vielleicht irgendeine Besonderheit zu entdecken hofften. Doch äußerlich unterschied sie sich nicht von anderen Pferden, abgesehen davon, dass sie sehr schön war. Umso weniger konnten sie sich die enorme Kraft und den unbändigen Willen erklären, der die Stute zu einer so außergewöhnlichen Leistung befähigt hatte.

Als Narbengesicht später seine Stute nach Hause führte, staunte er. Gefleckte Taube hatte neben dem Eingang des Tipis einen Pfahl in den Boden gegraben, den sie mit Lederbändern und Federn schmückte.

„Hier kannst du dein Pferd anbinden", sagte sie.

Er lächelte sie an. „Das ist ein guter Platz. Und es ist ein gutes Pferd, niemand wird es mir stehlen."

„Ja", sagte Gefleckte Taube. „Es ist gut, wenn du es vor dem Tipi anbindest."

„Ich werde es erst anbinden, wenn du es geritten hast", sagte er jetzt.

Überrascht sah sie ihn an, doch er nickte lächelnd.

Es war nicht einfach, mit dem gewölbten Bauch auf den Rücken der Stute zu kommen, weshalb ihr Narbengesicht mit einem kräftigen Schub nach oben half. Sie strahlte, als sie die Wärme des Tieres an ihren Schenkeln spürte und als es sich auf einen leichten Druck hin in Bewegung setzte. Gefleckte Taube bereitete es sichtlich große Freude, auf dem wundervollen Pferd zu reiten. Im Schritt ging es hinunter zum Fluss, dort drückte sie die Schenkel kurz zusammen und galoppierte eine halbe Meile das Ufer entlang. Die Stute reagierte auf das kleinste Zeichen und lief dabei gleichmäßig und ruhig. Gefleckte Taube spürte den Wind im Haar und den warmen Körper des Pferdes an ihren nackten Beinen.

Narbengesicht beobachtete seine Frau mit leuchtenden Augen. Sie wirkte in diesem Moment so befreit und glücklich. Ihre Augen strahlten und die blonden Zöpfe wippten auf und ab, als winkten sie ihm zu. Er war sehr stolz auf seine Frau.

Auch andere des Dorfes sahen Gefleckte Taube reiten, nicht alle fanden das gut. Ein alter Mann murrte: „Du schenkst deiner Frau zu viel Freiheit, sie entehrt dein Kampfpferd."

Doch Narbengesicht antwortete: „Du hast recht, es ist ein besonderes Pferd, aber Gefleckte Taube ist auch eine besondere Frau."

Die meisten aber riefen der Reiterin aufmunternd zu, ein paar junge Männer pfiffen anerkennend durch die Zähne.

Nachdem Gefleckte Taube abgestiegen war, banden sie die Stute an den Pfahl vor ihrem Tipi. So konnte Narbengesicht stets ein wachsames Auge auf sie haben.

„Du hast dich anders entschieden", sagte sie jetzt zu ihrem Mann. „Hat das einen Grund?"

„Sie ist wie du", antwortete er. „Während des Rennens erkannte ich das. Euch verbindet derselbe Geist."

Gefleckte Taube begriff den Sinn seiner Worte nicht.

„Schau das Fell der Stute", begann er es ihr zu erklären. „Es ist so weiß wie deine Haut. Und hier die Flecken, sie sind wie die kleinen Flecken auf deiner Nase und deinen Wangen. Die Mähne und der Schweif sind von der Farbe deiner Haare und die Augen sind wie deine. Als ich die Stute das erste Mal sah, erkannte ich diese Gemeinsamkeiten nicht, ich spürte nur, dass ich sie haben wollte. Jetzt weiß ich warum: Du und diese Stute, ihr seid von einem Geist. Und deshalb wusste ich auch, sie wird nie zulassen, dass dir etwas geschieht, solange du auf ihr reitest. Deshalb erlaubte ich es dir."

Jetzt begriff Gefleckte Taube ihren Mann, sein Zugeständnis bedeutete ihr nun umso mehr. Und wie Narbengesicht glaubte sie darin ein Zeichen zu erkennen. Doch wenn es ein Zeichen war, was bedeutete es?

Kapitel Elf

Zwei Tage später setzten die Wehen ein. Gefleckte Taube war eine gesunde junge Frau und es waren keine Komplikationen zu erwarten, so hatte es ihr Sieht-den-Wind versichert. Dennoch bekam sie Angst. Als sie selbst geboren wurde, starb ihre Mutter. Sie fürchtete, dasselbe Schicksal erleiden zu müssen.

Sieht-den-Wind, eine kräftige und quirlige Frau, und Die-ihr-Haar-bedeckt, die Mutter von Narbengesicht, führten sie in die Hütte der Menstruation. Sie bereiteten ihr eine bequeme Liege aus mehreren weichen Büffelfellen, darauf legte sie sich. Sieht-den-Wind entfachte ein kleines Feuer, in das sie getrocknete Tabakblätter und Stücke der Weidenrinde legte. Den beruhigenden Rauch fächelte sie der Schwangeren mit einer Schwinge aus Entenfedern zu. Die-ihr-Haar-bedeckt bereitete einen Tee aus Pappelrinde für ihre Tochter zu, denn zu einer Tochter war ihr Gefleckte Taube längst geworden. Allmählich wirkten die verabreichten Mittel, die Angst wich und Gefleckte Taube wurde zusehends ruhiger.

Narbengesicht saß derweil mit ein paar Männern zusammen. Sie spielten ein Würfelspiel mit zugeschnittenen und verschiedenfarbig bemalten Knochenstückchen, wobei sie sich unterhielten. Gestern hatte der Rat beschlossen, eine Delegation zu den Crows zu entsenden. Im Gegensatz zu ihnen besaßen die Shoshonen nur wenige Gewehre, diese wollten sie sich im Handel erwerben. Nicht alle hießen das gut.

Elchzahn war der Meinung: „Unsere Väter jagten mit Pfeil und Bogen und zogen in den Kampf mit Pfeil und Bogen, der Kriegskeule oder der Lanze. Die Väter unserer Väter taten es ebenso."

„Die Sioux besitzen viele Gewehre, auch die Cheyenne", wandte Der-vom-Hügel-kommt ein. „Sie sind mächtige Völker."

„Einen Kampf zu gewinnen erfordert Mut und Geschick und keine Donnerstöcke", widersprach Roter Pfeil, der Vater von Narbengesicht. „Ein guter Krieger schießt zehn Pfeile, bevor nur eine Kugel aus dem Lauf eines Gewehres abgefeuert wird. Und sind Kugeln und Pulver aufgebraucht, müssen sie von weit her im Handel mit Decken und Pelzen ersetzt werden. Pfeile aber können wir in beliebiger Menge selbst fertigen. Wir werden dadurch nicht abhängig."

„Nur wenige von uns besitzen Gewehre", widersetzte Elchzahn. „Unsere Feinde bedrängen uns, unsere Jagdgründe werden kleiner. Wir sollten mehr darüber nachdenken."

Die anderen Männer stimmten ihm zu und widmeten sich jetzt wieder ganz dem Spiel. Narbengesicht hatte bisher weder an der Unterhaltung noch am Spiel beteiligt.

„Mein Bruder sitzt mitten unter uns und ist doch weit weg", neckte ihn sein Der-vom-Hügel-kommt.

„Lass ihn!", vermittelte der Vater. „Mein Sohn hat jetzt keinen Platz für Gedanken an Gewehre und den Handel."

Er beugte sich zu Narbengesicht und sagte ihm leise: „Geh allein auf den Berg. In der Ruhe werden die Geister zu dir sprechen. So habe ich es damals gemacht, als du geboren wurdest. Wir werden dich rechtzeitig benachrichtigen."

Narbengesicht nickte. Er band seine Stute los und ritt hinauf auf den Berg.

Eine alte knorrige Kiefer stand allein zwischen mit Flechten bewachsenen Steinen. Irgendeine schwere Last musste den Baum in seiner Jugend nieder gedrückt haben. Der Stamm kroch ein, zwei Schritte flach am Boden entlang, richtete sich dann auf und erhob sich stark und stolz empor. Die Wurzeln bissen sich in hartes Gestein und fanden festen Halt, die Äste entfalteten sich zu einem dichten, grünen Dach.

Narbengesicht setzte sich in den Schatten der alten Kiefer. Vor ihm lag weites, hügeliges Gelände, der milde Westwind spielte in seinem Haar und trug ihm einen süßlich-harzigen Duft zu. Unberührt war das Land und von einzigartiger Schönheit. Dieses Land, der unverwechselbare Geruch der Wälder, die Stimmen der Vögel und die Kraft, die er hier wie nirgends sonst empfand, das war seine Heimat. Hier wurde er geboren und hier wollte er dereinst sterben.

Über ihm kreiste stumm ein Falke.

Er fand Besinnung, so wie es ihm sein Vater geraten hatte. Den nackten Oberkörper aufrecht, die Hände auf den angewinkelten Knien und den Blick in die Ferne gerichtet, spürte er, wie er eins wurde mit dem Geist seiner Umgebung. Seine innere Unruhe wich einer besänftigenden Kraft.

Lange Zeit saß er so im Schatten des seltsam verformten Baumes, unbeweglich, aufrecht, während der Wind die Äste über ihm lautlos bewegte.

Der Falke zog jetzt seine Flügel an den Leib und schoss, schnell wie ein Pfeil nieder zur Erde. Kurz vor dem Boden spannte er die Flügel und bremste so den Flug, streckte seine Beine und glitt lautlos ins Gras. Mit einer Maus in den Krallen erhob er sich wieder und kehrte heim in seinen Horst zu seinen Jungen.

Narbengesicht stand auf, schwang sich auf seine Stute und ritt hinunter in sein Dorf. Als er dort ankam, dämmerte es. Seine Frau kam ihm lächelnd entgegen.

„Es ist ein kräftiger Junge", sagte sie glücklich.

Sie war erschöpft, aber wohlauf. Im Arm hielt sie ein sorgsam gewickeltes Bündel aus weichen Eichhörnchenfellen, aus dem nur der Kopf des schlafenden Kindes hervor schaute. Er nahm das Kind an sich und betrachtete es eine lange Zeit wohlwollend. Es schlief, aber er glaubte die Nase und den Mund seiner Frau darin zu erkennen. Narbengesicht lächelte stolz.

„Mein Sohn wird sich nie Sorgen machen müssen", versprach er mit leuchtenden Augen. „Er wird nie hungern und nie frieren müssen."

„Ich weiß", sagte Gefleckte Taube.

Sie senkte betrübt den Kopf.

„Ich musste heute ganz besonders an meinen Vater denken", sagte sie leise. „Auch er wäre jetzt sicherlich sehr stolz."

„Es ist nicht gut, dich traurig zu sehen", sagte er. „Du sollst deinen Vater wieder sehen."

Sie hatten schon oft darüber gesprochen, sie hatte sich aber weder an den Namen des Forts erinnern können noch an den Namen des Flusses, an dem es lag. Damals war sie noch zu klein gewesen, um sich dafür zu interessieren. Eine Suche war deshalb sehr schwierig. Dennoch sagte er: „Sobald unser Sohn laufen kann, werden wir deinen Vater suchen."

Sie lächelte dankbar.

In den nächsten Tagen kamen Verwandte und Freunde vorbei und brachten Geschenke für das Kind. Roter Pfeil schenkte seinem ersten Enkel einen kleinen Bogen und rot bemalte Pfeile, die statt einer Spitze stumpf waren. Der Bogen war mit kunstvollen Schnitzereien verziert, die einen Kojoten und einen Bären darstellten.

„Der Junge soll so listig wie der Kojote und mächtig wie der Bär werden", wünschte er.

Die-ihr-Haar-bedeckt legte eine zugeschnittene Decke nieder, die mit Reihen aus roten und weißen Perlen verziert war. In der Mitte befand sich ein runder, weiß gefärbter Aufsatz aus Pferdehaaren. Sieht-den-Wind hatte eine Haube für den Winter genäht und Der-vom-Hügel-kommt eine Rassel gebastelt.

Narbengesicht ließ es sich nicht nehmen, die Trage für seinen Jungen eigenhändig zu fertigen. Er verwendete dafür das robuste Holz wilder Kirschen, woraus er ein ovales Gestell formte, das er mit dünnen Weidenzweigen stabilisierte. Gefleckte Taube schnitt mehrere Felle des Waschbären zurecht und kleidete die Trage damit aus. Als sie das Kind dann darin betteten, es mit einem verzierten Band sicherten, damit es nicht herausfallen konnte, lehnten sie die Trage anschließend aufrecht an die Wand ihres Tipis. Von hier konnte der kleine Knabe das gesamte Dorf überblicken und nahm so schon frühzeitig am gesellschaftlichen Leben des Stammes teil.

Die stolzen Eltern sprachen den Jungen mit Kleiner Falke an, weil Narbengesicht am Tag der Geburt einen Falken beobachtet hatte. Von anderen wurde er aufgrund äußerlicher Attribute Der Duftende oder Der Stille genannt, weil er kaum quängelte und stets zufrieden zu sein schien. Erst später würde er sich aufgrund einer bemerkenswerten Tat, eines markanten Merkmals oder einer besonderen Begebenheit selbst einen Namen erwerben.

Kapitel Zwölf

Samuel Emil Horn zog am ersten Weihnachtstag des Jahre 1810 von Fort Osage weg. Er verließ liebe Freunde und eine warme, sichere Unterkunft. Den Unbilden einer ihm fremden Welt ausgesetzt, trieb ihn allein die Hoffnung, seine Tochter Elisabeth zu finden, Meile um Meile und Monat um Monat weiter. Oft musste er unter Schmerzen die erbarmungslosen Gesetze der Wildnis erfahren. Unvermögen oder Leichtsinn gefährdeten hier täglich das Leben. Wie jedes andere heimische Wesen musste Sam Horn erst lernen, sich einzufügen. In gleichem Maß aber, in dem er sich dem rauen Land anpasste, entfernte er sich der gewohnten Zivilisation. Von Hunger gequält aß er Engerlinge oder von Bären versteckte Tierkadaver. Er lernte unreines Wasser von trinkbarem zu unterscheiden, sich aus Zweigen einen sicheren Schutz vor Unwetter zu erbauen und aus einer erlegten Antilope Nähgarn, einfaches Werkzeug und Kleidung zu gewinnen. Er lernte sich gegen Mensch und Tier zu verteidigen und auch zu töten. Und er lernte wieder zu beten.

Samuel Horn hatte den Glauben an Gott nie verloren, er war aber auch nie besonders fromm gewesen. In der scheinbar unberührten, fast menschenleeren Wildnis stieß er überall auf die Allmacht Gottes. Jede Blume, jeder Strauch, jedes Tier offenbarte ihm die Vollkommenheit und die Harmonie der Schöpfung. Sonne und Regen ließen das Gras sprießen, der Gabelbock lebte vom Gras und diente dem Wolf als Nahrung. Diese Aneinanderfügung von Geben und Nehmen, von dauernder Hingabe und doch endlosem Ausschöpfen erfüllte Horn mit respektvoller Ehrerbietung. Auch er selbst lernte sich als Teil dieses ewigen Kreises zu fühlen.

Feder, die junge Navajo, die ihn beinahe zwei Jahre begleitete, gewährte ihm einen Einblick in die Welt der Menschen in den Prärien und Bergen, der ihm ohne sie verschlossen geblieben wäre. Allmählich gewann er durch sie ein völlig neues Bild von jenen Menschen, denen er zuvor misstrauisch oder gar feindselig entgegen getreten war. Auch nach ihrem tragischen Tod verinnerlichte er die naturverbundene Lebensweise; sie wurde zu seiner eigenen. Aus Abneigung entwickelte sich Verständnis, Sympathie und zu Einzelnen sogar Freundschaft.

Ohne es selbst zu bemerken, passte er sich nicht nur dem rauen Land an, sondern auch den Menschen, die hier lebten. Er wurde einer von ihnen. Sein Haar hing ihm bis auf die Schultern, er zierte es gelegentlich mit einer Feder, die er irgendwo auflas. Er rasierte sich nicht mehr und seine Kleidung war kaum mehr von der eines Navajos oder Apachen zu unterscheiden. Besonders schätzte er die hohen ledernen Wadenschäfte, die vor Dornen und Schlangenbissen schützten.

Die gute Nelly erschrak bei einem seiner Besuche in Fort Osage so sehr über seine verwildertes Aussehen, dass sie kurzerhand mit der Schere über ihn herfiel, ihm Haare und Bart stutzte und ihn anschließend in einen Trog mit Seifenwasser steckte. Horn ließ sich die mütterliche Fürsorge der liebgewonnenen Frau gern gefallen, wenn er aber zwei oder drei Wochen im bequemen Bett geschlafen und von Nelly reichlich mit Braten, frischem Brot und ihrem unverwechselbarem Kirschkompott verwöhnt worden war, dann drängte und trieb es ihn wieder hinaus, selbst Nelly konnte ihn dann nicht mehr halten.

Er ließ sich leiten von Hinweisen und Vermutungen, die ihm zugetragen wurden, und die dann doch jedes Mal zerrannen wie trockener Sand, der durch die Finger rieselt. Doch es verging kein Tag, an dem er nicht in zärtlichen Erinnerungen mit seiner Tochter verbunden war. Ständig versuchte er sich einzureden, es ginge ihr gut und sie führe ein angenehmes Leben bei einem freundlichen Stamm. Dann wieder folgten Tage, an denen er schweißnass vom Schlaf aufschreckte, weil er sie als Sklavin gesehen hatte, gedemütigt und geschlagen. Diese trüben Gedanken waren die Triebfeder seiner ruhelosen Suche.

Das karge Leben formte Horn, es härtete ihn ab, er fürchtete weder Tier noch Mensch. Doch einem Feind war er letztendlich nicht gewachsen. Er war umso gefährlicher, weil er unbemerkt und schleichend nach ihm haschte.

Das Schlafen auf nacktem Boden, das Waden in kalten Bächen, Regen und Schnee, die seine Kleidung feucht und klamm machten, peitschende Winde, die unablässig über die Ebenen fegten, all das rächte sich nun in gnadenloser Weise. Die ersten Anzeichen der Krankheit, die er schon gespürt hatte, als Feder noch lebte und er im Winter zur Jagd auf Dickhornschafe aus war, sie waren bald gewichen, aber sie kehrten zurück und ließen ihn nicht mehr los. Ein stechender Schmerz schlich sich in seine Glieder, vor allem in seine verstümmelte linke Hand, fraß sich dort fest und bereitete ihm zunehmend Qualen. Diese heimtückische Krankheit zwang ihn im Winter 1821/22 erstmals ernsthaft darüber nachzudenken, die Suche nach seiner Tochter aufzugeben. Dieser Gedanke quälte ihn mehr als die Krankheit selbst. So beschloss er, einen letzten Versuch zu starten.

Der unscheinbare Ort, den die spanischen Franziskaner-mönche Yerba Buena nannten, lag unweit einzelner europäischer Siedler an einer versteckten, nebelumhüllten Bucht der Pazifikküste und bestand aus weniger als einem Dutzend Hütten sowie einer Kirche aus Stein. Die Mönche fristeten ein einfaches Leben, pflanzten Mais, Korn und Bohnen sowie verschiedene Kräuter und hielten sich Kleinvieh, sodass sie weitgehend autark leben konnten. Besucher gelangten nur selten hier her. So kam auch Samuel Horn während seiner Suche nach seiner Tochter Anfang des Jahres 1822 mehr zufällig zu der entlegenen Mission. Der Wind brachte von der See her eisige Kälte und Schnee, die Reise fortzusetzen schien zu diesem Zeitpunkt unmöglich. Die Mönche gewährten ihm barmherzig Unterkunft, Sam Horn fand neben Schutz vor dem Winter und warmer Mahlzeiten auch angenehme Gesellschaft, die er seit Monaten hatte vermissen müssen. Im Gegenzug half er den Franziskanern bei ihrer täglichen Arbeit, hackte Feuerholz, schleppte Wasser aus einem Brunnen zur Missionsstation, versorgte die Ziegen und Hühner und ging im Haushalt zur Hand. Die langen dunklen Abende verbrachten sie im Schein der Kerzen mit endlosen Partien Dame, eines Brettspieles, das Horn vorher nicht gekannt hatte, oder er vertiefte sich mit den Mönchen, die sehr gut Englisch sprachen, oft stundenlang in Gespräche über den wahren Glauben. Wie lange schon hatte er keinen Gottesdienst mehr besucht und mit keinem Priester gesprochen, jetzt fand er Trost und Zuspruch. Als sie von seiner Krankheit erfuhren, die sie als Gliederreißen diagnostizierten, wussten sie auch hier zu helfen. Eine Blätterabkochung der Kartoffelpflanze, die sie in kleinen Fläschchen abgefüllt in ihrem Arzneischrank aufbewahrten, brachte seinen Anfällen endlich die erhoffte Linderung. Die Wirkung war aber nur von kurzer Dauer und die Anfälle kehrten auch weiterhin zurück. Sie waren zwar nicht mehr so schmerzhaft wie zuvor, schränkten seine Bewegungen aber sehr ein und hinderten ihn an manchen Tagen, seine Aufgaben, die er den Mönchen zum Dank versprochen hatte, gewissenhaft zu erledigen.

Er war etwa einen Monat in Yerba Buena, als überraschend eine Gruppe wild aussehender Männer auftauchte und um Herberge bat. Obwohl ihre Vorräte knapp rationiert waren, schlugen die Mönche die Bitte nicht aus und räumten zwei der Hütten, in denen sie unterkommen konnten. Die Mönche, die bisher darin geschlafen hatten, wurden auf die übrigen Hütten verteilt und Sam Horn musste sich jetzt seine schmale Pritsche mit einem der Mönche teilen.

Die achtzehn Männer waren Fallensteller, wie sie selbst behaupteten, obwohl Horn keine Fallen bei ihnen entdeckte, aber an die zweihundert Pelze. Und sie hatten Branntwein bei sich, den sie zu allen Tageszeiten reichlich genossen. Es kam nicht selten vor, dass sie ausfällig wurden und sich wie ein Rudel Wölfe gegenseitig bekämpften. Ihr lautes Poltern war oft bis tief in die Nacht bis in die Hütten zu hören, in denen die Mönche und Sam Horn schliefen.

Der Anführer dieser Bande hieß Everett Hugh Lawyer. Er war etwa fünfunddreißig Jahre alt, klein und schmächtig, hatte rote Haare, graue listige Augen und einen kümmerlichen Kinnbart. Sein Äußeres war ungepflegt und schmutzig. Bei Johann Jakob Astor hatte er gelernt, Fallen auszulegen, wie er ebenso prahlerisch wie lautstark von sich gab. Diese Arbeit war ihm aber bald überdrüssig geworden und er besann sich auf ein Geschäft, das schnelleres Geld einbrachte. Um welches Geschäft es sich dabei handelte, hüllte er trotz seiner Redseligkeit in ein dunkles Geheimnis.

Von Anfang an hatte Sam Horn ein schlechtes Gefühl und mied den Kontakt mit der Bande. Die Mönche empfanden ähnlich, ihre Auffassung von Barmherzigkeit ließ es aber nicht zu, den Fremden die Gastfreundschaft zu verwehren. Nur mit einem jungen Iren, der Thomas Fitzpatrick hieß und der sich die meiste Zeit von seinen Kumpanen absonderte, unterhielt sich Horn gelegentlich.

Fitzpatrick stach in vielerlei Hinsicht von seinen Gefährten ab. Er achtete darauf, sich täglich zu rasieren, zu waschen und die Haare zu kämmen. Selbst seine Stiefel polierte er mit Fett, so oft es nötig war. Trotz seiner Jugend, er war erst dreiundzwanzig Jahre alt, versetzte er Sam Horn mit guter Allgemeinbildung und ausgezeichneter Kenntnis der englischen Literatur in Erstaunen.

„Wie bist du bloß zu diesen wilden Burschen gekommen?", wunderte sich Horn während einer ihrer Gespräche.

„Schon immer wollte ich das weite Land erkunden", gab Fitzpatrick bereitwillig Antwort. „Schon als Kind sehnte ich mich nach der Freiheit, die es nur in der Wildnis geben kann. Ein freier Mann wollte ich sein, mein eigener Herr, nur dem eigenen Willen folgend. So zog ich eines Tages aus, doch ich stieß schon bald an meine Grenzen. Davon träumen ist eine Sache, sich aber täglich aufs Neue Nahrung und Schutz vor Kälte und Hitze zu suchen, das musste ich erst lernen. Etwa hundert Meilen vor Yerba Buena stieß ich zufällig auf diese Leute. Lawyer bot mir an, mit ihm zu reisen und ich willigte ein. Bald lernte ich sie näher kennen. Weder Moral noch Anstand ist ihnen heilig."

„Warum verlässt du sie nicht?"

„Das werde ich. Lawyer will nach Norden, dahin will ich auch. Dann werde ich alleine weiter ziehen. Und du, Samuel, du hast mir erzählt, du suchst deine Tochter. Warum kommst du nicht mit? Die Gesellschaft ist zwar nicht angenehm, aber Schutz bietet sie allemal."

„Darüber habe ich schon nachgedacht", gab Horn zu. „Und vielleicht werde ich das auch tun. Mich stören nur die Manieren dieser Leute. Die Mönche nahmen sie aus Mitgefühl auf und sie benehmen sich wie eine Horde Wilder."

„Auch ich bin überrascht", gab Fitzpatrick zu. „Die kurze Zeit, die ich mit ihnen verbrachte, waren sie sehr diszipliniert und gehorchten Lawyer aufs Wort. Ich nehme an, um seine Leute halten zu können, muss er wohl gelegentlich die Zügel lockern."

„Ich werde aus Lawyer nicht schlau. Über seine Geschäfte schweigt er, was Anständiges kann es aber nicht sein, sonst würde er nicht so ein Geheimnis daraus machen."

Der junge Ire hob unschlüssig die Schulter. „Da weiß ich so wenig wie du."

Horn nahm nicht an, dass ihn Fitzpatrick beschwindeln würde und dennoch mehr über den eigensinnigen Anführer wusste als er zugab. Er traute ihm keine Hinterlist zu, und auch über seinen Ratschlag, sich der Gruppe anzuschließen, hatte er sich schon Gedanken gemacht. Allein umher zu ziehen war er gewohnt, er brauchte nach niemandem zu fragen und war sein eigener Herr. Doch bot eine größere Gruppe auch Vorteile, etwa bei der Jagd oder bei einem Überfall durch kriegerische Stämme. Auch wenn ihm die rauen Burschen mehr abgeneigt als zugetan waren, so suchte er schon am folgenden Morgen deren Anführer auf.

Lawyer saß mit Zweien seiner Männer an einem Tisch, an dem sie, jeder eine Pfeife rauchend, Karten spielten. Die Hütte war in völlige Unordnung gebracht worden, Decken lagen zusammengeknüllt auf dem Boden, Kleidungsstücke hingen verstreut über Betten und Stühlen, dazwischen leere und halbvolle Flaschen und ein Stuhl war bei einer ihrer ungestümen Rangeleien zerbrochen. Außer den drei Männern am Tisch lag ein weiterer betrunken auf seiner Pritsche, während die anderen draußen bei den Pferden waren, um sie zu versorgen.

„Willst du dich beschweren?", fragte ihn Lawyer grinsend. „Letzte Nacht war es wohl wieder etwas laut. Bist du deswegen gekommen?"

„Nicht deswegen", sagte Horn.

„Das hätte auch wenig Sinn", meinte Lawyer lachend. „Die Männer haben selten Gelegenheit sich zu amüsieren, sie wollen nur etwas Spaß haben. Im Übrigen werden wir bald weiter ziehen, dann haben die Mönche wieder ihre Ruhe und können beten, solange sie wollen."

„Ihr wollt in den Norden", sagte Horn. „Das habe auch ich vor."

„Weshalb?", fragte der Rothaarige, Horn aber dachte nicht daran, ihm seine ganze Lebensgeschichte zu erzählen und antwortete nur: „Das ist meine Sache."

Lawyer kniff die Augen zusammen und musterte ihn.

„Das geht mich auch nichts an", meinte er schließlich. „Genauso wie dich unsere Sache nichts angeht. Wenn ich dich recht verstehe, so willst du mit uns reiten."

„Zumindest bis jenseits des Gebirges. Ihr seid achtzehn Männer, einer mehr kann wohl nicht schaden. Ich kann selbst für mich sorgen und falle euch nicht zur Last."

„Wenn ich dich so anschaue, bist du nicht den ersten Tag in der Wildnis unterwegs und kannst mit einem Gewehr umgehen. Von mir aus komm mit uns. Aber bilde dir nicht ein, mir Vorschriften machen zu wollen. Solange du mit uns reitest, hast du dich meinen Befehlen zu unterstellen, genauso wie jeder andere meiner Männer auch."

„Befehle?", fragte Horn ungeduldig. „Ich mache mich deswegen nicht zu einem deiner Soldaten."

Lawyer blickte ihn überrascht an, dann fing er laut zu lachen an.

„Wir werden sehen. Wenn es mir unterwegs nicht gefällt, kann ich dich immer noch zum Teufel jagen."

„Ebenso kann ich zu jeder Zeit gehen", entgegnete Horn.

„Du bist ein freier Mann", meinte Lawyer.

Das Gespräch war damit beendet. Horn bereute, Lawyer überhaupt angesprochen zu haben und dachte daran, auf die Begleitung der Männer ganz zu verzichten und alleine weiterzuziehen. Lediglich Fitzpatrick zuliebe wollte er noch einmal darüber nachdenken.

Eine Woche später begann der Schnee zu schmelzen, die Winde, die die Wasser des Pazifiks schäumend in die Bucht peitschten, verstummten allmählich und wichen einer wärmenden Sonne. Noch aber zögerte Lawyer und schob die Abreise aus einem unersichtlichen Grund hinaus.

In diesen Tagen kamen aus den ergrünenden Wäldern ringsherum armselig wirkende Menschen und suchten den Weg nach Yerba Buena, nachdem sie den Winter in geschützten Regionen verbracht hatten. Es waren einzelne Familien der Pomo, Wintu und Nishinam, einer Untergruppe der Maidu, die aus Zweigen und Gräsern ihre einfachen Hütten errichteten und darauf warteten, von einem der Mönche aus dem Heiligen Buch vorgelesen zu bekommen. In jedem Frühjahr kamen sie, bestellten Felder und blieben bis in den Herbst. Viele von ihnen waren getaufte Christen, die sich von den Mönchen Schutz und Segen erhofften.

Jetzt zeigte sich, weshalb Lawyer mit der Abreise gewartet hatte. Bevor es wieder wochen- oder gar monatelang in die Wildnis ging, wollte er seinen Leuten noch einen „besonderen Spaß" gönnen, wie er es ausdrückte. Für einen Becher Branntwein, ein Eisenmesser oder ähnlichen billigen Plunder liehen sie sich Frauen aus, mit denen sie dann den restlichen Tag an einem versteckten Platz verschwanden. Deren Männer und Väter nahmen es scheinbar stoisch hin, widerwillig zwar, waren aber auch hilflos in Anbetracht der Übermacht an Schusswaffen.

Den Mönchen waren schon der übermäßige Genuss von Alkohol und die wilden Raufereien ein Dorn im Auge gewesen, diese abscheuliche Demütigung indigener Frauen wollten sie aber nicht dulden. Es kam deshalb zu einem heftigen Streit. Als auch Horn und Fitzpatrick sich einmischten, sah sich Lawyer nun doch genötigt einzulenken.

„Ich verstehe eure Aufregung nicht", versuchte er die Angelegenheit zu bagatellisieren. „Sind doch bloß wilde Weiber."

Sam Horn war drauf und dran, Lawyer niederzuschlagen, hätte ihn Fitzpatrick nicht zurückgehalten.

„Wenn du schon vor diesen Menschen keinen Respekt hast", sagte Horn stattdessen, „dann achte wenigstens die Mönche, deren Gäste sie ebenso sind wie du und deine Männer."

Lawyer musterte Horn mit einem spöttischen Blick.

„So weichherzig, Horn? Hast mit den Mönchen wohl zu viel gebetet."

Er lachte amüsiert. Schließlich pfiff er seine Männer doch zurück und verbot ihnen den weiteren Kontakt mit den Frauen.

„Ändert das deine Entscheidung?", fragte Fitzpatrick, als er und Horn allein waren.

„Nein", antwortete Horn nachdenklich. „Vom ersten Tag an wusste ich, was für üble Burschen das sind. Und glaub mir, es ist mir lieber, ich schau Lawyer in die Augen, als dass er mir im Rücken steht."

„Genau das denke ich auch", meinte der Ire.

Dann stand der Tag der Abreise bevor. Sam Horn bedankte sich bei den Mönchen für die erwiesene Gastfreundschaft und die Medizin, die er gegen sein Gliederreißen erhalten hatte.

„Die Wege Gottes bleiben für uns Menschen oft unerschlossen", sagte Padre Lotario, der Älteste von ihnen. „Doch trotz unserer Zweifel und unserer Schwächen ist es allein der Glaube und das feste Vertrauen auf Gott, das uns ins Heil führen wird. Verzagt nicht, Samuel Horn, Gott führt Euch durch alle Widrigkeiten. Und eines Tages werdet Ihr Eure Tochter wieder im Arm halten. Vertraut auf Gott, denn er ist allmächtig."

Sam Horn erinnerte sich an den alten Navajo, an Feders Vater, dessen Namen er nie erfahren hatte. Der hatte ihm damals geraten, dem Herzen zu folgen und damit das gleiche ausdrücken wollen, was ihm jetzt der Padre riet. Seine Tochter konnte er nur finden, wenn er nicht seinem Verstand, sondern seinem Herzen, seiner göttlichen Intuition folgte.

„Das werde ich tun", versprach er. „Ich wünschte, ich könnte euch zum Dank etwas geben, aber außer meinem Pferd, dem Gewehr und der Kleidung, die ich trage, besitze ich nichts."

Der Padre lächelte gütig. „Behaltet Euer Pferd und auch das Gewehr, Samuel Horn. Beides wird Euch mehr von Nutzen sein als uns. Im Übrigen habt Ihr uns durch Arbeit mehr Gutes getan als Ihr vielleicht annehmt. Ihr habt uns geachtet und damit auch Gott. Das bedeutet uns sehr viel."

Am 17. März 1822, einem milden Sonntag, rüsteten sie sich nach einem gemeinsamen Gottesdienst in der kleinen Steinkirche zur Reise. Lawyer warf den Mönchen noch ein paar Münzen als Entschädigungen auf den Tisch, die die Mönche aber nicht anrührten. Dann brachen sie auf.

Kapitel Dreizehn

Sie kamen zügig voran. Lawyer führte sie den Sacramento hinauf und über die Sierra Nevada. Wie der kleine Mann seine Männer beherrschte, war erstaunlich. Während der Reise forderte er strikte Disziplin, auch der Genuss von Alkohol war jetzt verboten. Gelegentliche Ausschreitungen beendete er mit einem einzigen scharfen Befehl. Für die Männer wäre es leicht gewesen, den körperlich schwächeren Lawyer mit einem Fausthieb außer Gefecht zu setzen. Dennoch hielten sie sich zurück und ließen die Schikanen ihres Anführers geduldig über sich ergehen. Sam Horn blieb dieser unterwürfiger Gehorsam lange ein Rätsel.

Nach vier Tagen anstrengender Reise lag die Wüste vor ihnen. Sie lagerten auf einem Hügel in der Nähe einer klaren Quelle. Unten dehnte sich trockenes, steiniges, von dornigen Büschen durchsetztes Land aus. Die Männer füllten Lederbeutel mit Wasser auf und banden sie an die Sättel. Ein Beutel stellte die Ration für zwei Männer dar. Bei sparsamem Gebrauch würde der Vorrat fünf Tage reichen.

Einen Tag später gelang es ihnen, einen Gabelbock zu schießen. Sie zerlegten ihn und teilten die Portionen auf. Sie ritten vom Morgen bis zum Abend, nur gelegentlich von kurzen Pausen unterbrochen, die Lawyer nutzte, um sein Fernrohr aus der Tasche zu holen. Auf dem Pferd sitzend oder auf einem Felsen stehend, spähte er ins Land.

„Was sucht er?", fragte Horn.

Fitzpatrick zuckte ratlos die Schulter.

„Beute", meinte Vaughn Miller grinsend, wollte aber nicht weiter darauf eingehen und entfernte sich.

Als sie am folgenden Morgen von ihrem Nachtlager aufstanden und die Pferde sattelten, fiel Jack Corner sein ihm zugeteilter Wasserbehälter zu Boden. Er riss auf und das Wasser ergoss sich über den kargen Stein.

Betroffen blickte der Mann zu Lawyer.

Lawyer schritt langsam auf Corner zu. In der Hand trug er ein geladenes Gewehr.

„Das, was da am Boden schwimmt, ist die Ration für zwei Männer", schellte ihn Lawyer in scharfem Ton. In Wut geraten, wurde seine Stimme hoch und schrill wie bei einem hysterischen Kind.

„Ich reite zurück und hole neues", entschuldigte sich Corner kleinlaut.

„Wir werden nicht auf dich warten können", fuhr der Bandenführer unbeirrt fort. „Wer weiß, wann wir wieder Wasser finden. Einen Mann können wir mit unserem Anteil durchbringen, nicht aber dich! Das hast du dir selber eingebrockt!"

Mehr sagte Lawyer nicht. So unvermutet, dass weder Horn noch Fitzpatrick einschreiten konnten, hob er das Gewehr und drückte kaltblütig ab. Corner war sofort tot.

Die Kaltschnäuzigkeit Lawyers erschreckte die Männer nicht. Sie hatten vorher geahnt, wie der Vorfall enden würde. Einige von ihnen waren mehrere Jahre mit Lawyer zusammen, sie ertrugen seine Eskapaden nicht nur stillschweigend, sie stimmten mit ihm sogar darüber ein, dass nur mit brutaler Härte Respekt zu erlangen war.

Everett Hugh Lawyer, der kleine, schmächtige Mann, genoss zweifellos großen Respekt, das musste jetzt auch Sam Horn erkennen. Natürlich dachte der eine oder andere seiner Männer gelegentlich daran, sich gegen den Führer aufzulehnen, da aber niemand genau wusste, wer auf welcher Seite stand, verhielten sie sich vorsichtig. Auch jetzt, als ihr Kamerad, mit dem sie monatelang zusammengelebt hatten, tot am Boden lag, erwiesen sie Lawyer aus Furcht ihre Loyalität.

„Blöder Hund!", schimpfte einer und stieß dem Toten mit dem Fuß in die Lende.

„Hast es verdient", meinte ein anderer.

„Hast recht gemacht, Everett", sagte ein Dritter. „Wer weiß, wann wir wieder Wasser finden." Dass mit Corners Tod dadurch nichts gewonnen war, wollten sie nicht sehen. Im Stillen aber bedauerten sie den Vorfall, doch keiner zeigte das. Niemand wollte bei Lawyer in Ungnade zu fallen.

Verwirrt, enttäuscht und wütend sah Sam Horn Fitzpatrick an. Vergeblich versuchte er zu begreifen, was eben geschehen war. Ein Mann war eiskalt erschossen worden und die Männer lachten und rissen Witze. Als ob sie einen Hasen oder einen Wolf erlegt hätten.

Fitzpatrick bemerkte, dass Horn nach seinem Gewehr griff, um Lawyer zur Rechenschaft zu ziehen. Er hielt ihn noch rechtzeitig zurück.

„Willst du auch da liegen und sie treten deinen Leichnam mit Füßen?"

Widerwillig steckte Horn seine Waffe zurück.

„Wir werden es durchstehen müssen", sagte Fitzpatrick leise, und Horn wusste, was er meinte. Sich jetzt von der Gruppe zu trennen, bedeutete, dass Lawyer ihnen sämtlichen Proviant einschließlich des Wasservorrates abnehmen würde. Doch sobald sie die Wüste hinter sich hatten, wollten sich beide von der Bande trennen.

Als sie am Abend lagerten, war der Vorfall vergessen. Zumindest gaben sich die Männer so den Anschein. Fast alle hatten in der Vergangenheit kleinere und größere Abenteuer erlebt, die jetzt mehr oder weniger theatralisch vorgetragen wurden. Was dabei der Wahrheit entsprach und was prahlerisch hinzugedichtet wurde, ließ sich oft nicht feststellen, denn für die meisten Geschichten gab es keine Zeugen, die jetzt, als sie erzählt wurden, dabei gewesen wären.

Vaughn Miller ließ eine Geschichte aus Philadelphia hören. Miller stellte sich gern in den Mittelpunkt, was schon sein auffälliger roter Hut bewies. Während er redete, umrundete er gestikulierend das Lagerfeuer. In Philadelphia lernte er eine Hure kennen, der er zwanzig Doller gab, worauf sie in eine Scheune gingen. Er sagte ihr, es würde ihn ganz wild machen, wenn sie dabei gefesselt wäre, und sie ließ sich darauf ein. Als er es mit ihr getrieben hatte, pfiff er seinen fünf Freunden, die nacheinander die Hure nahmen. Und jeder seiner Freunde gab ihm danach zehn Dollar.

„War ein verdammt gutes Geschäft", schloss er lachend seine Erzählung.

Lawyer berichtete von einem Schlangenbiss.

„Es war unten am Pecos. Plötzlich hing das verfluchte Vieh an meiner Wade. Der Biss schmerzte wie die Hölle und ich war allein. Bis zur nächsten Siedlung konnte ich es so nicht schaffen, also sog ich mit dem Mund das vergiftete Blut aus der Wunde. Aber die verdammte Wunde heilte nicht. Fingerdick quoll grässlicher Eiter heraus. Mir wurde die Sache zu heikel, ich nahm mein Messer und schnitt das vergiftete Fleisch vom Knochen. Ich sage euch, das war ein Patzen, der war so groß wie ein Pferdehuf. Und wie das geblutet hat, verdammt hat das geblutet. Ich aber nicht zaghaft, streue Schießpulver auf die Wunde und zünde es an. Ein kurzer Puffer und die Sache war erledigt. Sauber ausgebrannt. Seitdem bin ich ein Pfund leichter."

Die helle Stimme und die kindhafte Gestalt Lawyers standen in krassem Gegensatz zu dem, was erzählt wurde. Bewundernd applaudierten die Männer, obwohl sie die Geschichte zum wiederholten Mal hörten.

Jesse Summer, der noch nicht allzulange bei der Bande war, hatte sie noch nicht gehört. Unüberlegt rief er: „Zeig uns deine Wunde, Everett!"

Wütend sprang Lawyer auf. Sofort verstummte das Gelächter.

„Du glaubst mir nicht?", fuhr er Summer an. „Du nennst mich einen Lügner, he?"

„Nein, Everett, nein. Es ist nur so, weil ich noch nie eine solche Verletzung gesehen habe."

„Verdammter Idiot!", schnauzte Lawyer.

Niemand glaubte so recht an Lawyers Geschichte, umso erstaunter waren sie, als er tatsächlich sein Hosenbein hochkrempelte und eine kaum einen Inch große Narbe zum Vorschein kam. Sie war bei weitem nicht so groß, wie Lawyer sie geschildert hatte, dass sie aber mit Pulver ausgebrannt worden war, erkannten sie an der dunklen Vernarbung deutlich.

Stolz auf seine Verletzung wie ein Kriegsveteran setzte sich Lawyer. Großmütig sah er über Summers Unglauben hinweg und fing sogleich an, eine neue Geschichte zu spinnen.

Sam Horn und Thomas Fitzpatrick saßen abseits der Männer an einen Felsen gelehnt. Den Märchen der Bande schenkten sie wenig Beachtung. Horn erzählte Fitzpatrick leise von Fort Osage, von Elisabeth, von der langjährigen Suche und von seinem Gliederreißen, das ihm vor allem im Winter zusetzte und das ihn vielleicht schon bald zwingen würde, seine Suche aufzugeben. Es tat ihm gut, über all das zu plaudern, und in dem jungen Iren fand er einen aufmerksamen Zuhörer. Überhaupt war Fitzpatrick sehr schweigsam und von ernster Natur. Er lachte selten und seine wenigen Worte zeugten von Verständnis und Warmherzigkeit. Als aber jetzt Lawyer von seiner Zeit als Pelzjäger erzählte, wurden die beiden hellhörig. Seinem Bericht zufolge war er drei Jahre im Dienst der American Fur Company gewesen, die der Deutsche Johann Jakob Astor gründete.

„Während wir Fallensteller uns abrackerten und uns unzähligen Gefahren aussetzten, brachte Astor seinen fetten Arsch nicht aus New York und kassierte das große Geld. Uns dagegen speiste er mit Almosen ab. Könnt euch ja denken, Leute, dass Everett Hugh Lawyer da nicht lange mitmachte. Ich überredete einige Männer - Jim und Peter, ihr wart ja dabei - und wir verließen die Jagdparty. Meine Idee zu Geld zu kommen, zu viel Geld, war genial und einfach. Natürlich kannte ich die Verstecke, in denen sie die Pelze lagerten, bevor sie in den Osten transportiert und verkauft wurden. Was lag also näher, als die Verstecke zu plündern und die Pelze selbst gegen gutes Geld zu verkaufen.

Das Geschäft lief gut an. Wir mussten dennoch vorsichtig sein, weil die Jäger auf der Hut waren, aber nach und nach schlossen sich mir immer mehr Männer an. Schließlich konnte ich es mir erlauben, ganze Jagdpartys auszurauben. Weißt du noch, Jim, als wir am Missouri vierzig Männer überfielen und über sechshundert Felle erbeuteten? Wir hatten zu tun, sie auf unsere Mulis zu packen."

„Warum erzählst du uns das?" fragte jemand. „Seit vier Jahren bin ich bei dir."

„Warum ich das erzähle? Weil ihr wissen sollt, wem ihr euer gut verdientes Geld verdankt. Und ihr sollt wissen, dass ihr ohne mich nichts seid. Ohne mich seid ihr soviel wert wie ein Haufen Hundedreck. Ich mache euch wohlhabend oder ich bringe euch unter die Erde. Liegt nur an meiner Laune, versteht ihr? Das sollt ihr nie vergessen, deshalb erzähle ich euch das."

Er blickte aus dunklen Augen über das leise knisternde Feuer hinweg zu Horn und Fitzpatrick.

„Du, Horn, hast du zugehört? Jetzt weißt du, woran du bist. Kannst du das mit deiner braven Seele in vereinbaren?"

Die Männer kicherten albern.

„Ich werde mit euch zum Schlangenfluss reiten", antwortete Horn ruhig. „Dort werde ich euch verlassen, wie ich es in Yerba Buena sagte."

„Ein Mann, ein Wort, hm. Solltest du irgendwann auf den Gedanken kommen, uns zu verpfeifen, das versuchten schon andere. Ich fackle nicht lange, das hast du wohl schon begriffen. Ein Menschenleben hat für mich keine Bedeutung, schon gar nicht das eines Verräters. Das soll keine Drohung sein, Horn, nur eine Mahnung. Vielmehr biete ich dir an, mit uns zu reiten. Frag die Männer, das Geschäft lohnt sich. Vielleicht schon in zwei Jahren setzen wir uns irgendwo an einem schattigen Plätzchen in Mexiko zur Ruhe. Ich sehe dir an, du bist hart im Nehmen und kannst mit einer Waffe umgehen. Wir könnten noch einen zusätzlichen Mann gebrauchen."

Lawyer offenbarte Horn unverblümt sein illegales Treiben und stellte ihm gleichzeitig frei zu gehen oder zu bleiben. Er musste sich sehr sicher fühlen, für Horn aber war es nur ein weiteres Zeichen seines Größenwahns.

„Ich werde in den Osten zurückkehren", antwortete Horn entschlossen.

Lawyer akzeptierte die Entscheidung scheinbar. „Wie du willst, Horn", meinte er grinsend. „Vielleicht ist es besser für dich. Vor lauter Skrupel würdest du dir wahrscheinlich in die Hose pissen."

Sam Horn ließ das Gelächter reglos über sich ergehen. Es war sonst nicht seine Art, sich demütigen zu lassen, in dieser heiklen Situation wäre aber Stolz fehl am Platz gewesen. Ein falsches Wort gegen Lawyer und die Männer hätten ihn in Stücke gerissen.

In dieser Nacht beschlossen Horn und Thomas Fitzpatrick, die Gruppe nicht erst am Schlangenfluss, sondern schon bei der nächsten Gelegenheit heimlich zu verlassen. Das mitgeführte Wasser wurde knapp und deshalb war es klug, so lange zu warten, bis sie ihre Behälter an einem Wasserloch auffüllen könnten. Beide waren mit dieser Gegend nicht vertraut, Lawyer aber wählte den Weg mit einer Zielstrebigkeit, die erraten ließ, dass er diesen Landstrich sehr gut kannte. Wohl oder übel sahen sie sich gezwungen, die unliebsame Gesellschaft noch eine Zeit lang zu ertragen.

Kapitel Vierzehn

Als sie am nächsten Morgen weiter ritten, zügelten Horn und Fitzpatrick ihre Pferde und ließen die Männer weit vor sich. Die Sonne stand schräg und heiß am Himmel, der Boden war trocken und hart, dennoch waren einzelne Büschel derben Grases aus ihm hervor gekrochen. Auch die Anzahl der Sträucher mehrte sich, und sogar einzeln stehende Bäume gab es, die kleine, dunkelblaue Früchte trugen. Thomas Fitzpatrick gewann Zutrauen zu seinem väterlichen Freund und begann von sich aus zu erzählen. Er wurde in Cavan, Irland, geboren, sein Vater war Lehrer bei einem Gutsherrn. Wenn es die Zeit erlaubte, nahm er den kleinen Tom mit sich und sie streiften stundenlang durch das grünende Land, über üppige Wiesen und durch dichte Wälder. Diese Streifzüge blieben Tom unvergessen. Und schon damals wünschte er, einen Beruf ergreifen zu dürfen, der es ihm erlaubte, frei durch weites Land zu reisen, fernab jeglicher Siedlung.

„Ist es nicht seltsam, wie lebendig sich einem Menschen Erlebnisse der Kindheit in Erinnerung bleiben", fügte er träumerisch ein. „Und gerade diese Erlebnisse sind es, die den erwachsenen Menschen prägen. Ich sehe mich noch genau auf dem Waldboden sitzen, spüre die Tannennadeln durch meine Hose und rieche die frische Luft des irischen Waldes, als geschähe es jetzt in diesem Moment."

Nachdem die Kinder des Gutsherrn alt genug waren und keinen Lehrer mehr benötigten, wurde sein Vater entlassen. Als Lehrer hatte er nie gut verdient, aber er war immer sparsam gewesen und hatte sogar etwas Geld zur Seite legen können. Es waren dürftige Zeiten, sein Vater fand keine neue Anstellung, so beschloss die Familie Fitzpatrick im

Jahr 1815 nach Amerika auszuwandern, wie es damals viele Iren taten. Doch das erhoffte Glück fand sich nicht. Kurz hintereinander starben die Eltern an Cholera. Sich allein überlassen, verdiente er sein Geld als Gehilfe bei einem Schmied in New York. Er war jetzt sechzehn Jahre alt. Die Arbeit war anstrengend und gefährlich, doch nicht die Arbeit veranlasste Thomas, den Trubel der Stadt zu verlassen. Es waren die Menschen, die ihn in ihrem Treiben und Hetzen einengten. Er sehnte sich nach der Ruhe und Behaglichkeit seiner Heimat. Zur Rückfahrt aber fehlte ihm das Geld.

Auf einer großen Farm bei Philadelphia schien sich sein Traum endlich zu verwirklichen. Es gab weites, fast menschenleeres Land, schier endlose Wälder, klare Bäche und saftige Wiesen. Als Stallknecht führte er ein karges Dasein, aber er war zufrieden. Sonnenaufgang bis Sonnenuntergang waren mit Arbeit erfüllt. Er war jetzt in einem Land, wie er es sich gewünscht hatte, und doch war er nicht sein eigener Herr, wie er sich in seinen Kinderträumen immer gesehen hatte.

Vier Jahre lebte und arbeitete er auf der Farm. Dann tauchte unerwartet Hoffnung auf. Ein Freund des Farmers kam zu Besuch. Dieser Freund hieß Johann Potts, er war bei der Lewis und Clark Expedition dabei gewesen und hatte den Kontinent bis an die Westküste durchstreift. In den schillerndsten Farben berichtete er von riesigen Wäldern, von Grasflächen, die bis zum Horizont reichten, von breiten, wilden Flüssen, von Unmengen Büffeln, Hirschen und Antilopen, Scharen von Gänsen, die den Himmel verdunkelten und nur darauf warteten, abgeschossen und gebraten zu werden.

Mit brennenden Ohren hing Fitzpatrick heimlich an der gebretterten Hauswand und lauschte Potts' paradiesischen Worten. Einen Tag, nachdem Potts wieder abgereist war, packte Thomas seine wenigen Sachen und zog westwärts. Immer weiter westwärts. Der Farmer hatte ihn für seine Dienstzeit mit einer Büchse, Pulver und Blei, einem Messer und einem alten Gaul entschädigt, weil es ihm selbst an Geld fehlte. Er erlegte sein erstes Tier, einen Fuchs, gerbte das Fell, und als er es verkaufte, wusste er, dass sich damit sein Traum erfüllt hatte. Sein eigener Herr zu sein, das war oft schwieriger, als in Dienst zu stehen. Rückblickend erschien ihm die entbehrungsreiche Reise bis an den Pazifik wie eine Tortur, und dass er sie überstanden hatte, wie ein Wunder.

„Ich weiß nicht, ob ich den Winter ohne die Hilfe von Lawyers Leuten überlebt hätte", schloss Fitzpatrick seine Erzählung.

Samuel Horn hatte dem jungen Iren schweigend zugehört. Bei jedem Wort fühlte er sich zurückversetzt in eine Zeit, als er selbst diesen Traum von Freiheit und Selbstbestimmung geträumt hatte. Elisabeth war von seinem Schlag gewesen, mit ihr hätte er auf einer kleinen Farm seinen Traum verwirklichen wollen. Er hatte jetzt lange aufgehört zu träumen. Das Leben zeigte sich ihm zu erbarmungslos, um ernsthaft an Träume zu glauben.

„Du bist diesen Banditen nichts schuldig", erklärte Horn. „Wenn es Lawyer nicht darum ginge, seine Bande zu verstärken, er hätte dich nicht aufgenommen. Auch jetzt würde er uns beide am liebsten zum Teufel schicken. Insgeheim hofft er aber noch immer, dass wir ihn auf seinen hinterhältigen Raubzügen begleiten."

„Ob er uns ziehen lässt?"

„Freiwillig wohl nicht. Sobald wir unseren Entschluss wahr machen, wird er versuchen uns zu töten. Wir können nur eine günstige Gelegenheit abwarten und uns davonschleichen."

In ihre Unterhaltung vertieft, waren sie weit zurückgeblieben. Weiter als sie beabsichtigt hatten. Lawyers Gruppe war außer Sicht.

Im gleißenden Rund der hochstehenden Sonne zog ruhig ein Geier seine weiten Kreise. Warmer Wind strich sanft über Grasbüschel und raschelte leise in den trockenen Sträuchern. Der Boden war eben, stieg unmerklich höher und fiel dann steil in eine Senke nieder. Aus dieser Senke hörten sie jetzt Schüsse. Unter die Schüsse mengten sich Schreie.

Die beiden Reiter trieben ihre Pferde an, als sie die Böschung erreichten und sahen, was in der Senke vor sich ging, erschraken sie und schämten sich zu tiefst, Menschen anzugehören, die sich benahmen wie niedere Tiere.

Lawyer bemerkte wohl, dass sich Horn und der junge Ire absonderten. Er bemerkte auch, dass seine eigenen Männer murrten und unzufrieden waren und ihnen die Sache mit Corner mehr an die Nieren ging als sie zeigten. In seinem verworrenem Gehirn ersann er sich ein Plan, der ihm seine Mannschaft wieder wohlgesonnen machte. Was lag da näher, als die beiden Fremden, die zuletzt zur Gruppe stießen und die obendrein recht verschwörerisch taten, als Gegenpart zu erklären. Seit ihrem Aufbruch am Morgen heizte er die Stimmung der Männer, indem er Lügengeschichten über Horn und Fitzpatrick erfand.

„Ich habe mir die Sache überlegt. Wir brauchen sie nicht. Weder den Einen noch den Anderen. Sie sind uns keine Hilfe, wir können sie leicht entbehren."

Er schlug vor, die beiden bei nächster Gelegenheit zu töten. Die Männer reagierten verhalten darauf, nickten aber alle zustimmend. Niemand wollte den Anführer verärgern. Lawyer suchte nach einem schattigen Lagerplatz, an dem sie der Mittagshitze entgehen konnten. Dort wollte er auf Sam Horn und Fitzpatrick warten und seinen Plan in die Tat umsetzen. Tatsächlich machte er mit dem Fernrohr einen geeigneten Platz aus, bemerkte aber auch, dass dort Menschen lagerten.

Nicht weit vor ihnen rastete eine kleine Gruppe Cumumbah im Schatten eines ausgedörrten Mequit-Baumes. Sie waren unterwegs, um Wurzeln auszugraben, Wildfrüchte zu sammeln oder Vogeleier zu finden, die ihnen als Nahrung dienten. Vier Männer waren es, sechs Frauen und sechs Kinder, die außer Kaninchenfellen, die sie um die Hüften trugen, nackt waren. Ihre dunkle Haut war von Staub bedeckt. Sie hatten hölzerne Grabstöcke und geflochtene Körbe bei sich, die Männer waren mit Pfeil und Bogen bewaffnet. Auch sie bemerkten die fremden weißen Männer, die auf großen Tieren saßen, seltsame Kleidung trugen und helle Haut hatten.

Als Lawyer die Cumumbah erspähte, änderte er seinen Plan. In der kaum wehrhaften Gruppe sah er lediglich eine willkommene Abwechslung von den Strapazen der letzten Tage, nicht mehr und nicht weniger. Es war eine sinnlose wie paradoxe Art von Sport, die sie bei den Mexikanern kennen gelernt hatten. Einer Treibjagd ähnlich wurden in den Grenzgebieten Apachen wie Kaninchen gehetzt und erschlagen. Skrupel oder gar Mitgefühl empfanden sie dabei nicht. In ihren Augen handelte es sich lediglich um rechtlose Wilde.

Die Cumumba, arglos im Schatten des Baumes harrend, sahen die fremden Männer auf sich zu stürmen und sahen, wie diese seltsame Stöcke hoben, Blitz und Donner aus ihnen fuhren und ohne ersichtlichen Grund zwei, drei von ihnen tot zur Seite kippten. Zu spät erkannten sie die Gefahr. Die Männer sprangen auf, spannten ihre Bögen und schossen Pfeile auf die Reiter, mussten aber verbittert erkennen, dass gegen die Donnerbüchsen nichts auszurichten war, und flohen mit den Frauen und Kindern.

Die Bande jauchzte vor Begeisterung. Die Fliehenden holten sie auf ihren Pferden rasch ein, erschlugen sie mit dem Gewehrkolben oder zerrten sie an den Haaren zurück. Denen, die verletzt am Boden lagen und kriechend zu entkommen versuchten, schleuderten sie Steine auf ihre Köpfe. Kinder warfen sie gegen den Baumstamm, bis ihre Schädel platzten. In Blutrausch verfallen, schnitten sie den toten Frauen die Brüste ab und den toten Männern die Genitalien und hielten sie johlend wie errungene Trophäen in die Höhe. Die noch lebenden Frauen banden sie auf den Boden und Lawyers Männer schickten sich an, sie nacheinander zu vergewaltigen. Sie hätten es auch getan, hätten jetzt nicht Samuel Horn und Thomas Fitzpatrick eingegriffen.

„Hört auf!", brüllte Horn. Er und Fitzpatrick hielten die Gewehre schussbereit.

Lawyer lachte einfältig.

„Dir gefällt wohl eine. Such dir eine aus, Horn, du kannst eine haben."

„Lasst sie sofort frei!", wiederholte Horn. Er hob sein Gewehr und zielte auf Lawyer.

„Woher dieser Edelmut, Horn?", grunzte Lawyer. „Wie ich hörte, wurde deine Tochter von solchen Wilden geraubt. Sind sie es wert, dein Leben zu riskieren?"

„Sie sind weniger Wilde als ihr es seid."

„So, meinst du. Bildet ihr zwei euch ein, uns alle überwältigen zu können?"

Ohne die Waffe zu senken, sagte Sam Horn: „Ihr habt euer Pulver verschossen, wir aber können zwei von euch töten. Einer davon wirst du sein, Lawyer."

Eingeschüchtert sah sich der kleine Mann um. Die meisten seiner Männer hatten ihre Gewehr irgendwo niedergelegt. Seine listigen Augen bewegten sich schnell hin und her, als suche er verzweifelt nach einem Ausweg. Schließlich wandte er sich an den Iren.

„Du, Thomas Fitzpatrick, würdest du mich auch töten? Ich hab dich im kältesten Winter aufgelesen, weißt du noch? Gar nicht lange her, denk nach. Ohne mich wärst du erfroren, das weißt du hoffentlich. Na, was ist, Tom? Sag schon, kannst du den Mann töten,dem du dein Leben verdankst?"

Fitzpatrick sah Horn an, dann sah er wieder zu Lawyer. Er schüttelte den Kopf.

„Nein, ich werde dich nicht töten. Vielleicht hätte ich den Winter nicht überlebt, vielleicht aber doch. Mag sein, dass ich dir Dank schulde, aber ich werde es auch nicht verhindern, wenn Sam Horn dich tötet."

Lawyer stutzte. Er sah ein, dass er so nicht weiter kam und versuchte es auf einem anderen Weg.

„Was ist eigentlich in euch gefahren? Ich biete euch an, eine Menge Geld zu verdienen, mehr als ihr jemals sehen werdet, und ihr bedroht mich zum Dank mit der Waffe. Was haben wir getan?"

„Wenn du das nicht weißt, dann kann ich es dir nicht sagen", antwortete Horn. „Es missfällt mir nur, wenn unschuldige, hilflose Menschen massakriert werden."

„Menschen?", schrie Lawyer und hätte beinahe zum Lachen angefangen. „Verdammt, Horn, das sind rote Teufel, das sind doch bloß Wilde. Kein Gericht verurteilt dich, nur weil du einen von denen abgeschossen hast. Du kannst in den Osten gehen und kannst jedem frei erzählen, du hast fünf oder zehn dieser Barbaren umgebracht und niemand wird dich behelligen. Man wird dir einen Orden umhängen, Sam, ja, das wird man tun."

Sam Horn erinnerte sich an Colder, der in gleicher Weise respektlos gesprochen hatte, und wusste gleichzeitig, dass sowohl Colder als auch Lawyer leider Recht behielten. Keiner der Bande würde für diese Freveltat je zur Rechenschaft gezogen werden. Andererseits machte er sich selbst strafbar, sollte er Lawyer oder einen der Männer töten. Auch das war Horn in diesem Moment bewusst. Dennoch konnte er jetzt nicht zurück. Ultimativ stellte er den Männern zur Wahl, die Frauen frei zu lassen oder zu sterben.

Lawyer fragte sich, ob Horn bluffte oder ob er tatsächlich die Courage hatte abzudrücken. Der Gewehrlauf war jedenfalls direkt auf ihn gerichtet. Er wollte kein Risiko eingehen und wandte sich an seine Männer.

„Schneidet die Weiber los!"

Die Frauen flohen sofort und versteckten sich in sicherer Entfernung, um später ihre Toten mitzunehmen. Horn ließ die Waffen der Männer auf ein Packpferd laden und die Pferde und Mulis in einer Reihe aneinander binden. Den größten Teil der Wasserbehälter legte er den Männern auf den Boden, dann ritten er und Fitzpatrick, die Tiere mit sich führend, zügig weg.

„Das ist Mord!", schrie ihnen Lawyer hinterher. „Die verdammten Weiber werden ihre Krieger holen und die werden uns töten. Lasst wenigsten die Pferde hier, ihr verdammten Hunde!"

„Tiere und Waffen werdet ihr finden, wenn ihr unserer Spur folgt. Ein paar Meilen von hier lassen wir sie euch zurück", antwortete Horn, ohne sich nochmals umzudrehen.

Ein Schwall von Flüchen und Verwünschungen wurde ihnen hinterher geworfen, der erst verklang, als Sam Horn und Thomas Fitzpatrick so weit entfernt waren, dass sie nur noch als dunkle Flecken in der flimmernden Mittagshitze auszumachen waren.

Um das Leben der Frauen zu retten, hatte Sam Horn nicht anders handeln können. Lawyer selbst hatte ihn durch sein barbarisches Verhalten dazu gezwungen, und doch plagten ihn Zweifel. Durfte er die Männer in dieser Einöde ihrem Schicksal überlassen? War das nicht auch eine Art von Barbarei? Und hatte er noch vor ein paar Jahren nicht ebenso geringschätzig über die Menschen in den Plains und den Gebirgen gedacht, hatte sie für gottlose Wilde ohne jegliche Rechte gehalten? Erst Feder, die junge Navajo, hatte ihm das vor Zorn und Verachtung geblendete Herz geöffnet und ihm diese Menschen, die seit ewigen Zeiten dieses Land bewohnten, näher gebracht und ihr wahres Wesen erkennen lassen. Menschen, die vielleicht nie von Gott gehört hatten, die aber dennoch glaubten und hofften und liebten. Es waren Einzelne wie Biber, die schlecht und böse waren. Schlechte und böse Menschen aber gab es auch bei den Weißen, Lawyer war zweifellos einer von ihnen.

Wie Fitzpatrick richtig erkannt hatte, waren es einzelne Erlebnisse, die einen Menschen prägten. Vielleicht wäre Lawyer ein anderer, wenn er in jungen Jahren einen Menschen wie Feder kennen und lieben gelernt hätte.

Kapitel Fünfzehn

Samuel Horn und Thomas Fitzpatrick stießen nach ein paar Meilen auf eine Gruppe Sträucher, dort banden sie die Pferde und Maultiere der Bande fest, ließen deren Waffen zurück und nahmen nur ihren eigenen Besitz mit. Sorgsam achteten sie darauf, keine Spuren zu hinterlassen. Lawyer würde alles daransetzen, sie zu verfolgen, sollte er erst wieder in den Besitz von Waffen und Tieren kommen. Sie ritten deshalb die Nacht hindurch und versteckten sich bei Sonnenaufgang auf einem felsigen Hügel, von dem aus sie einen weiten Landstrich überblicken konnten. Abwechselnd schliefen sie je zwei Stunden. Dann ritten sie weiter. Als es zu dämmern begann, erreichten sie einen Fluss, dessen grasbewachsene Ufer das öde Land durchzogen wie ein grünes Band. Sie tränkten die Pferde, füllten ihre Wasserbehälter, rasteten kurz, um mit neuen Kräften ihren Weg fortzusetzen.

Das Land wurde zunehmend fruchtbarer. Die einzelnen Grasbüschel verwoben sich zu einer dichten grünen Decke. Klare Bäche schlängelten sich durch ein Meer aus Blumen und kühle, schattige Wälder. Der Boden wurde wellig, verlief sich in Hügel und gipfelte am Horizont in den majestätischen, schneebedeckten Häuptern des Felsengebirges.

An einem regnerischen Junimorgen versperrte ihnen der Schlangen Fluss den Weg. Wild und rauschend schossen die Wassermengen zu Tal. Hohe, nackte Felswände zwängten den Fluss in sein Jahrhunderte altes Bett.

Erschöpft legten sich die beiden Männer unter das schützende Dach einer knorrige Eiche. Neun Tage waren sie scharf geritten, hatten weder sich noch die Pferde geschont. Jetzt waren sie erschöpft. Sie waren in fließendem Wasser geritten, über Felsplatten hinweg und hatten die Dunkelheit der Nacht genutzt, es war deshalb unwahrscheinlich, dass Lawyer ihnen noch immer folgte. Sie fühlten sich in Sicherheit.

Einen vollen Tag ruhten sie unter der Eiche, bevor sie, jetzt gemütlicher, weiter ritten.

In der Nacht überfielen Horn starke Schmerzen. Die Gelenke des Zeige- und Mittelfingers seiner rechten Hand waren angeschwollen und die Haut darüber war blau-schwarz gefärbt. Jede Bewegung der Hand trieb ihm Tränen in die Augen. Es war, als ob die blanken Knochen gegeneinander rieben. Er versuchte, ruhig zu bleiben, um seinen schlafenden Gefährten nicht zu wecken. Als die Schmerzen zu heftig wurden, schob er sich ein Stück Rinde zwischen die Zähne und biss, einen stummen Schrei ausstoßend, kräftig darauf.

Das Feuer, das sie am Abend entzündet hatten, war verloschen. Nur eine spärliche Glut schimmerte schwach in der Dunkelheit. Er hielt seine Finger über die Glut, in der Hoffnung, die aufsteigende Wärme lindere die Schmerzen.

Das Tückische an seiner Krankheit war, dass die Anfälle plötzlich und unerwartet auftraten. Oft blieben sie wochenlang aus, dann überfielen sie ihn täglich. Manchmal äußerten sie sich in leichtem Reißen, um ein andermal in Höllenqualen auszuarten. Sonderbarerweise trat das Gliederreißen nie an mehreren Körperstellen gleichzeitig auf. Wie ein giftiger Frosch hüpfte es von den Zehen in den Ellenbogen, von dort in die Finger oder das Kniegelenk. Während seiner Anfälle war es für Horn sehr schwer, sich gegen eine plötzlich auftretende Gefahr wirkungsvoll zu verteidigen. Um so erleichterter war er, Thomas Fitzpatrick an seiner Seite zu wissen. Der junge Ire, erst ein Jahr in der Wildnis, erwies sich als willkommene moralische Stütze. Zwischen den beiden ungleichen Männern entwickelte sich tiefe und herzliche Freundschaft.

Trotz seiner verbalen Zurückhaltung überraschte Fitzpatrick ihn gelegentlich mit impulsiven Gemütsregungen. So zeigte er sich hellauf begeistert, als sie, aus dem dichten Wald tretend, plötzlich einen tosenden Wasserfall vor sich hatten. Ohrendbetäubend schoss der Fluss senkrecht nieder, wirbelte rauschend Gischt empor und in den tanzenden Tropfen schimmerte bunt ein Regenbogen.

Fitzpatrick hatte ein so imposantes Naturschauspiel noch nie gesehen. Stundenlang blieb er fasziniert stehen, und in ungewohntem Redeschwall verlieh er seiner Begeisterung lautstark Ausdruck.

Horn lächelte zufrieden. Vor Jahren war auch er der Grandiosität der Natur erlegen. Anblicke wie dieser Wasserfall waren ein Grund gewesen, der ihm die Wildnis erträglich erscheinen ließ. Und hatten ihn auch Hunger und Durst verzweifeln lassen, feindliche Stämme sein Leben bedroht oder das Gliederreißen ihn gequält, ein Blick von einem Wind umwehten Berg in ein in der Abendsonne liegendes Land, über dunkle Wälder und endlose Wiesen hinweg schauend, entschädigte ihn für so manches Mühsal. In solchen Momenten, wenn er die eigene Freiheit und die unberührte Natur in sich fühlte, spürte er in jedem Windhauch und in jedem Rascheln der Blätter Gottes unmittelbare Kraft. Und er wusste, dieses Land war erschaffen worden, um Mensch und Tier zu erfreuen.

Diese gemeinsame Leidenschaft für ein atemberaubendes Land, das keine Grenzen als den eigenen Willen zu kennen schien, verknüpfte die Männer mit einem imaginären festen Band. Jeder besaß Eigenschaften und Fertigkeiten, die der andere an ihm schätzte. Während den einen die Jahre reif und zäh gemacht hatten, und er auf unentbehrliche Erfahrung zurückblicken konnte, zeichneten den anderen Kraft und Jugend.

Sam Horn unterrichtete den unerfahrenen Fitzpatrick im sicheren und schnellen Gebrauch der Waffe. er zeigte ihm, wie er am besten das Blei schmolz und es mit einer Zange zu Kugeln formte. Die Menge des Pulvers schätzte er, indem er eine Kugel in die flache Hand legte und soviel Pulver darüber schüttete, bis die Kugel nicht mehr zu sehen war. Um einen sicheren Schuss abzugeben, war es ratsam, den Gewehrlauf auf einem Ast oder dem Ladestock zu stützen. Geduldig zeigte er, wie Leder zu gerben und zu einer weichen Hose zu verarbeiten war, sich gegen den Wind an Wild zu pirschen, ein Kaninchen auszunehmen und ein Notdach aus Zweigen und Blättern zu errichten war. Dem erfahrenen Jäger bereitete es sichtlich Freude, seine Kenntnisse zu vermitteln, und der junge Ire erwies sich als wissbegieriger und gelehriger Schüler.

Insgeheim ärgerte sich Fitzpatrick aber manchmal, weil es keine Möglichkeit gab, sich zu revanchieren. Was hätte es auch genutzt, aus Shakespeares 'Kaufmann von Venedig' zu rezitieren oder über Platons Lehren zu diskutieren, nichts davon wäre hier in der Wildnis nutzbar gewesen. Er hätte seinen väterlichen Freund dadurch nur in Verlegenheit gebracht. Im Stillen aber hoffte er, sich irgendwann dankbar erweisen zu können.

Und doch sprangen unmerklich Eigenarten des Iren auf den alternden Jäger über, der sie wie selbstverständlich annahm, ohne sich dessen bewusst zu werden. So rasierte er sich wieder regelmäßig, schnitt sich die Haare und achtete auf ordentliche und saubere Kleidung. Und er begann das

Schweigen als Vorzug zu sehen, sie verstanden sich inzwischen auch ohne Worte.

Jeden neuen Morgen, an dem sie sich steif von ihrem Lager erhoben, fühlten sie sich mehr vereint. Und als sie das Felsengebirge überquert hatten, waren ihre inneren Bande so sehr verschmolzen, als wären sie seit ewigen Zeiten treue Weggefährten.

Um so unerwarteter kam Fitzpatricks Entschluss. Eines Abends, sie hatten den Eulen Fluss erreicht, sagte er in seiner direkten, knappen Art: „Ich muss schon bald meinen eigenen Weg gehen."

Sie saßen auf ihren Decken an einem kleinen Feuer. Horn stocherte mit einem Stöckchen in der Glut. Winzige Funken stoben empor und verloschen in der Dunkelheit. Lautlos kehrte ein Habicht von der Jagd in seinen Horst zurück.

„Ich weiß", sagte Horn und vermied es, den Freund anzusehen. Er blickte eine Weile hinauf in den Abendhimmel. „Wann?"

„In zwei oder drei Tagen", antwortete Fitzpatrick. „Ich will rauf nach Fort Lisa. Ich will mich Fallenstellern anschließen."

„Und werde nach Osten gehen", sagte Horn. „Die Wälder werden mir fehlen."

„Ich besuche dich", versprach der Ire. „Doch ich kann nicht mehr dort leben. Der Osten ist mir fremd geworden."

„Mir auch." Sam Horn senkte den Kopf. „Vielleicht ist es Gottes Wille, der mich mit einer Krankheit zwingt, die Wälder zu verlassen. Nelly und Walter Morrison sind schon alt, sie werden mich brauchen."

„Und deine Tochter?", fragte Fitzpatrick.

„Es war mir nicht gegeben, sie zu finden."

Mehr wurde nicht gesprochen. Sam Horn tat es leid, den lieb gewonnenen Freund zu verlieren, akzeptierte aber dessen Entscheidung. Umgekehrt hätte er genauso gehandelt. Als sie am Morgen weiter ritten, versuchten beide, nicht mehr an den nahenden Abschied zu denken. Der alte Jäger erzählte aus seinem erfüllten Leben, wie er seine Frau kennen gelernt hatte, von der Zeit in Fort Osage und unter welchen Umständen er die zwei Finger seiner linken Hand verloren hatte. Er hatte all das schon einmal erzählt, doch Fitzpatrick hörte ihm aufmerksam zu.

Am späten Nachmittag erreichten sie eine weite, von Wald umgebene Grasfläche. Horn zügelte seinen Braunen und deutete stumm zum gegenüberliegenden Waldrand. Im Schatten der Bäume warteten drei Shoshonen.

Kapitel Sechzehn

Der junge Fitzpatrick hatte bisher nur wenige Gelegenheiten gehabt, Mitglieder der stolzen Plainsbewohner zu Gesicht zu bekommen, jetzt war er fasziniert von diesem Anblick. Aufrecht und stolz saßen sie auf ihren ungeschmückten Pferden, ihre großen Gestalten waren bis auf einen Lendenschurz unbekleidet, ihre markanten Gesichter strahlten eine innere Ruhe, aber auch Vorsicht und Neugier aus. Obwohl alle drei ein heroisches Bild abgaben und das darstellten, was sich Fitzpatrick stets unter einem 'edlen Wilden' vorgestellt hatte, stach einer besonders hervor. Dieser Krieger war jung und kräftig, mit klarem, unerschrockenem Blick. Das glänzende Haar, in das eine einzelne Adlerfeder gebunden war, hing ihm offen bis auf den Rücken. Ein kunstvolles Halsband aus kurzen, polierten Röhrenknochen und rund geschliffenen roten Steinchen diente ihm als einziger Schmuck.

Sam Horn betrachtete die Fremden nüchterner als es sein junger Freund tat. Ihm fiel auf, dass ihre Gesichter unbemalt waren und von keinerlei Anstrengung oder Entbehrung zeugten. Dies und auch die leichte Bewaffnung, sie führten nur Pfeil und Bogen und Messer mit sich, verriet seinem erfahrenen Auge, dass sich die Gruppe auf keinem Kriegspfad befand. Vermutlich waren sie sich nicht weit von ihrem Dorf entfernt und nur unterwegs, um zu jagen.

Eine Zeit lang verhielten sich die beiden Parteien reglos. Gegenseitig musterten sie sich. Die jungen Krieger waren Weißen noch nie so nahe gekommen. Diese erste Begegnung überraschte sie. In den Erzählungen der Alten waren die weißen Männer stets laut und ungestüm, ihre Haut wäre weiß wie Schnee, ihre Haare hell und ihre Münder behaart, hieß es. Nichts davon traf auf diese beiden Männer zu. Ihre Gesichter waren bartlos und fast so getönt wie die ihrigen, ihre Jacken und die langen Stiefel aus feinem Hirschleder. Der Ältere hatte dunkle Haare und trug einen Filzhut, auf dem eine Fasanenfeder steckte.

Und jetzt kam dieser Mann, dem der Jüngere langsam folgte, auf sie zugeritten. Grüßend hob Sam Horn die Hand. Die Jäger wechselten kurze Blicke untereinander, dann ritten auch sie hinaus auf die offene Grasfläche. Wenige Schritte voneinander entfernt hielten die Gruppen in respektvollem Abstand an. Der Krieger mit dem langen, glänzenden Haar hob nun ebenfalls die Hand und begann zu sprechen. Sam Horn schüttelte den Kopf, er verstand ihn nicht. Er versuchte es in Zeichensprache.

„Wir sind Jäger wie ihr", deutete Horn mit den Händen.

Nachdem sich die beiden Gruppen gegenseitig freundschaftliche Absichten versichert hatten, saßen sie von ihren Pferden ab, legten Decken ins Gras und machten es sich an Ort und Stelle bequem.

Es kam selten genug vor, in der Weite des Landes auf Menschen zu treffen, sie nahmen deshalb jede Gelegenheit wahr, um sich über ertragreiche Jagdgründe oder den Pelzhandel auszutauschen oder vor welchen Stämmen sich gerade in Acht zu nehmen war.

Auf Horns Frage, welchem Stamm sie angehörten, zeichnete einer von ihnen mit zwei gestreckten Fingern eine gewundene Schlange in die Luft. Das Symbol für den Stamm der Shoshonen.

Shoshonen waren Verwandte der Comanchen, das wusste Horn. Für einen Moment flammte erneut Hoffnung in ihm auf, Elisabeth zu finden. Er setzte deshalb alles daran, sie soweit zu bewegen, ihn und Fitzpatrick in ihr Dorf einzuladen. Die drei Shoshonen sahen, nachdem sie sich kurz beraten hatten, keine Gefahr darin, die zwei Weißen zu ihrem Stamm zu führen.

Unaufgefordert teilten sie in Zeichen mit: „Unser Dorf liegt am Fluss des Grauen Bullen. Die weißen Männer sind bei den Shoshonen willkommen."

Seine Einladung unterstreichend, lächelte er freundlich.

„Wie ist dein Name?", fragte er.

„Samuel Horn", antwortete er in Englisch.

„Samel Orn", wiederholten die beiden Jüngeren. Der Ältere schwieg, worauf ihn die beiden anstupsten und auch er versuchte, die fremden Worte auszusprechen: „Samelon. Sam el on."

„Horn. Seht her! Horn."

Er hielt sich die beiden ausgestreckten Hände an die Schläfen.

Die Shoshonen nickten, ob sie ihn verstanden, war fraglich, aber Sam Horn beließ es dabei, zumindest sprach einer von ihnen es jetzt richtig aus: „Horn."

„Ja, Horn", nickte er zustimmend. „Und er ist Thomas Fitzpatrick."

Mit diesem in ihren Ohren komplizierten Namen wussten die drei Shoshonen erst recht nichts anzufangen. Schmunzelnd hörte der Ire seinen Namen in den spaßigsten Verstümmelungen. Schließlich schlug er vor, ihn Fitz zu nennen, so wurde er als Kind in Irland genannt.

„Fiss", wiederholten sie nacheinander.

Fitzpatrick schmunzelte. „Fiss, ja, das ist gut."

Nacheinander stellten sich die Shoshonen nun selbst vor. Untermalt mit gestenreichen Handzeichen waren ihre Namen für Horn und Fitzpatrick unschwer zu erraten. Derjenige mit den langen, glänzenden Haaren nannte sich Der-vom-Hügel-kommt, die anderen beiden Eisernes Messer und Krähe, er war der Älteste von ihnen.

Sie unterhielten sich, soweit das in dem Sprachengemisch möglich war, und erkundigten sich gegenseitig nach Wildbeständen. Nach einem weißen Mädchen zu fragen, das eventuell bei ihnen lebte, vermied Sam Horn. Er hatte erfahren müssen, dabei oft auf Misstrauen zu stoßen, denn gefangene Weiße wurden häufig als Familienmitglieder gesehen und es wurde befürchtet, sie würden ihnen dann wieder weg genommen. Lieber wollte Horn sich selbst bei den Shoshonen nach seiner Tochter umsehen, als jetzt schon Unruhe zu stiften.

Es war inzwischen dunkel geworden, sie teilten sich ihren Proviant und schliefen an Ort und Stelle.

Schon am nächsten Tag erreichten die fünf Männer den Fluss des Grauen Bullen. Vor ihnen öffnete sich ein weites, mit Gras und Blumen bunt bemaltes Tal. Felsige Hügel grenzten es ein. Die sanft nieder sinkenden Hänge waren teils mit Nadelwald bewachsen, an anderer Stelle ließ karstiger Boden nur kümmerliche Sträucher gedeihen. Vom Westen her durchschnitt der Fluss das Gelände, er floss gemächlich dahin, wusch hier und da breite Sandbänke aus und schoss am Ausgang des Tales über abfällige Stromschnellen.

Fast in der Mitte des ovalen Gebirgseinschnittes, etwa hundert Schritte vom Fluss entfernt, befand sich das Dorf, dicht daneben eine große Anzahl guter Pferde. Zweiunddreißig Tipis standen kreisförmig um einen ausgetretenen Platz, dazwischen drei konvexe Wickiups. Diese Hütten waren heilig und dienten ausschließlich rituellen Zeremonien. Ihre Bauform war ähnlich der einfachen Grashütten der Nishinam, Pomo und Wintu vor Yerba Buena und erinnerte an frühere Zeiten, als die Shoshonen noch westlich des Felsengebirges gelebt hatten. Sie waren fest davon überzeugt, die Geister der Ahnen würden sie nur in diesen ursprünglichen Hütten besuchen. Aufgrund dieser Überzeugung wurden die Versammlung des Rates sowie die Rituale des Heiligen Mannes in je einem der Wickiups abgehalten. Die dritte war den Frauen vorbehalten, die sich während der monatlichen Blutung und der Geburt dort aufhielten.

Als Samuel Horn und Thomas Fitzpatrick in Begleitung ihrer neuen Bekanntschaft den Hang hinunter ins Tal ritten, war dies ein ungewohnter Anblick für die Shoshonen. Nur selten verirrten sich Fremde in die Abgeschiedenheit der Berge. Und jetzt kamen Weiße.

Stolze Männer mit langen, geflochtenen Haaren richteten sich von ihren Ruheplätzen auf und betrachteten die Fremdlinge mit ernsten, skeptischen Blicken. Über ihre Arbeiten gebeugt erhoben Frauen scheu ihre Köpfe. Ein leises Lächeln huschte in ihre dunklen Augen. Unbekümmert traten Kinder hervor und wagten sich neugierig näher.

Zum ersten Mal sah sich Thomas Fitzpatrick inmitten von beinahe dreihundert Shoshonen, die ihn teils neugierig, teils abwartend musterten. Andere zeigten offen ihr Misstrauen. Männer mit geflochtenen Haaren, in Lederhemden und Lendenschurz, Frauen in Kleidern, die mit Stickereien und Muscheln verziert waren, und halbnackte Kinder, die ihn und sein Pferd scheu berührten.

Zwischen den Tipis gab es Holzgestelle, auf denen Fleischstreifen zum Trocknen hingen. In Gebilden aus Steinen und Ästen wurde Fisch geräuchert, Steinschalen gab es, in denen fleißige Hände Beeren zu Brei verarbeiteten. Am Boden gespannte Felle wurden von Fettresten gesäubert, an langen Stangen hingen Vogelbälge, Bärenschädel und Skalps. Ein markantes Gemenge vielerlei Gerüche zog in Fitzpatricks Nase. Ein Geruch von Rauch und Pferden und gebratenem Fleisch, von Westen blies sanfter Wind den Duft von Harz aus den Wäldern.

Es war noch früh am Nachmittag, als sie sich auf dem ausgetretenen Platz in der Mitte des Dorfes niederließen. Allmählich verloren die Shoshonen ihr natürliches Misstrauen jedem Fremden gegenüber und in geselliger Runde wurden den beiden Jägern gebratenes und gesottenes Fleisch, Fisch und Wildfrüchte gereicht.

Die Unterhaltung, die aus einem Gemisch aus Zeichensprache und Englisch gehalten wurde, denn einige von ihnen hatten schon mit weißen Fallenstellern Kontakt gehabt, verlief anfangs stockend und nüchtern und beschränkte sich auf das gegenseitige Auskundschaften. Während Sam Horn sich auf diese Weise mit einem alten, Pfeife rauchenden Mann unterhielt, berichteten Der-vom-Hügelkommt und Krähe von ihrem ersten Zusammentreffen mit den weißen Jägern. Obwohl nichts Ungewöhnliches oder gar Spektakuläres an dieser Begegnung gewesen war, heimschten die beiden Berichterstatter bewundernde Blicke ein. Eisernes Messer saß mit im Kreis der Krieger, hin und wieder wurde auch er aufgefordert zu erzählen, man schenkte ihm aber bei weitem nicht so viel Beachtung wie Der-vom-Hügel-kommt oder Krähe.

Gebogene Weide, ein Krieger mittleren Alters, richtete an Sam Horn die Frage, welchen Grund es gab, der einen weißen Jäger so weit in die Berge trieb.

Sam Horn nahm die Gelegenheit wahr und sagte: „Ich bin auf der Suche nach meiner Tochter."

Die Krieger sahen sich stumm an.

Sie erinnerten sich an eine Geschichte, die sie von den Crows gehört hatten. Die Crows kamen viel herum und sie hatten die Geschichte von den Sauks gehört. Zu den Sauks war ein weißes Kind gekommen, das sie aufzogen und in ihr Herz schlossen. Die Frau, die das Kind in ihre Hütte nahm, liebte es, wie sie ihre eigenen Kinder liebte. Eines Tages kamen Männer mit behaarten Mündern in das Dorf und sahen den halbwüchsigen Knaben und forderten seine Freigabe. Die Sauks verwehrten es ihnen, worauf die Männer abzogen. Einen Monat später kamen sie wieder und brachten viele Männer mit, die alle Gewehre besaßen. Und wieder forderten sie den Knaben. Niemand im Dorf wollte das Kind hergeben, auch der Knabe wünschte, bei seiner Ziehmutter zu bleiben. Dann fingen die Männer mit den behaarten Mündern an zu schießen und nahmen das Kind mit Gewalt mit. Sieben Sauks verloren dabei das Leben. Der Knabe wurde nie wieder gesehen. Die Mutter, die sich des Knaben angenommen hatte, starb bald darauf an gebrochenem Herzen.

An diese Geschichte erinnerten sich die Krieger jetzt. Gebogene Weide sagte deshalb: „Das Land ist weit. Ein Mensch ist wie ein Tropfen im See. Was wirst du tun, wenn du sie gefunden hast?"

„Ich werde sie wieder mit in die Heimat nehmen", antwortete Horn.

Sie dachten an Gefleckte Taube, die Frau von Narbengesicht. Sie kannten den fremden Jäger kaum, der ihnen sonst eine Geschichte auftischen konnte, und fürchteten, er würde Leid über sie bringen. Es beruhigte sie, weil Gefleckte Taube zur Zeit nicht im Dorf weilte. Deshalb schwiegen sie.

Während sich die Männer unterhielten, errichteten die Frauen ein Tipi für die Gäste. Als sich Sam Horn und

Thomas Fitzpatrick spät in der Nacht in das Tipi zurückzogen, fanden sie den Boden mit weichen Bärenfellen ausgelegt und ein wärmendes Feuer brennen.

„Was wirst du jetzt tun?", fragte Fitzpatrick und legte sich müde auf die Felle.

„Ich werde zu Nelly und Walter zurück gehen, wie ich es vorhatte", antwortete Horn resigniert. „Elf Jahre sind eine lange Zeit. Ich weiß nicht, wo Elisabeth ist, ich weiß auch nicht, ob sie noch lebt. Sag mir, Thomas, hab ich nicht mein Möglichstes gegeben?"

„Du hast alles gegeben, was du geben kannst", antwortete Fitzpatrick ehrlich. „Niemand kann mehr von dir verlangen."

Lange konnte Sam Horn nicht einschlafen.

Einer Enttäuschung war die nächste gefolgt. Aber immer war wie ein fernes Licht Hoffnung gewachsen. Diesmal gab es keine Hoffnung. Diesmal war es unwiderruflich: Er würde Elisabeth für immer verloren haben.

Für immer.

Diese Endgültigkeit erschreckte ihn. Sie machte ihm Angst. Vor Gott ist nichts unmöglich, dieser einfache Satz hatte ihn elf Jahre getragen. Er war zu seinem Lebensinhalt geworden, tief verwurzelt in seinem Herzen. Diese Lebensauffassung hatte ihn Qualen und Gefahren überstehen lassen. Und jetzt war alles wie weggewischt. Weggewischt wie ein in den Sand gemaltes Zeichen, über das der Sturm fegte.

Kapitel Siebzehn

Noch vor ihnen waren die Kinder wach. Ungeduldig warteten sie darauf, dass die Fremden aus dem Tipi kommen. Schließlich kratzten sie kichernd an der Zeltwand und einer ahmte das Heulen der Kojoten nach. Als die beiden Jäger wenig später müde aus der Öffnung traten, lachten die Kinder vergnügt. Ein zwölfjähriger schlanker Junge mit einem hübschen Gesicht, der Dorn-im-Fuß genannt wurde, stellte sich aufgeregt vor Sam Horn und sprach ihn fröhlich auf Shoshonisch an. Horn verstand nur einzelne Worte, reimte sich aber aufgrund der eindeutigen Gesten zusammen, dass sie der Vater des Jungen zum Essen einlud. Er legte dem Jungen die Hand auf die Schulter und nickte freundlich. Dorn-im-Fuß verstand und rannte stolz davon, um seinem Vater zu berichten. Seinen Kameraden rief er noch fröhlich zu: „Die weißen Männer werden bei uns essen. Sie sind unsere Gäste."

Thomas Fitzpatrick holte ein paar Sachen aus dem Zelt und beide gingen hinunter zum Fluss, um sich zu waschen. Der Fluss war hier breit und seicht. Erst weiter östlich verengte er sich zu reißenden Stromschnellen. Die Kinder waren ihnen gefolgt, sprangen munter in das kalte Wasser und alberten herum. Fitzpatrick nahm die Hartseife aus dem Lederbeutel, die zu einem kümmerlichen Rest zusammengeschrumpft war, rieb sie kurz im Wasser und schmierte den entstandenen Schaum auf seine Bartstoppeln. Neugierig geworden, unterbrachen die Kinder das morgendliche Spiel, umringten den Iren und sahen ihm erstaunt bei dem unbekannten Tun zu. Auch einige Frauen, die Trinkwasser aus dem Fluss schöpften, setzten ihre Behälter ab und beobachteten belustigt das seltsame Gebaren.

Verblüfft verfolgten sie, wie das geschliffene Messer über den Backen strich und glatte, leicht gerötete Haut zum Vorschein kam, wo vorher dunkle Stoppeln waren.

Samuel Horn saß derweil in Gedanken versunken am Ufer. Eine korpulente Frau um die Dreißig, mit schönem Haar und weichen, angenehmen Gesichtszügen, schlenderte unbefangen auf ihn zu. Sie war alleinstehend. Vor zwei Jahren war ihr Mann auf dem Schlachtfeld geblieben, seitdem hatte kein Krieger mehr um sie geworben. Sieht-den-Wind durfte es sich deshalb erlauben, sich einem Mann zu nähern, ohne zum Gespött der Leute zu werden.

Kurz vor Horn blieb sie stehen. Sie lächelte verlegen. Sie deutete an, er möge sich auch das Gesicht einschmieren und mit dem Messer darüber streichen, wie es der andere Weiße tat. Horn schüttelte nur müde den Kopf. Unschlüssig sah ihn Sieht-den-Wind an.

Vielleicht hatte sie der Weiße nicht verstanden. Sie nahm ihren Mut zusammen und berührte mit einer flüchtigen Bewegung seinen Bart. Und als Horn jetzt missbilligend aufstand, blickte sie beschämt zu Boden und eilte weg.

Es war lange her, dass Sam Horn von einer Frau berührt worden war. Sieht-den-Wind hatte ein freundliches, unbekümmertes Wesen und schöne große Augen. Als sie jetzt weg lief, blickte ihr Sam Horn unwillkürlich nach.

„Die Frau meint es gut mit dir", rief ihm Fitzpatrick scherzend zu.

„Wozu rasieren?", murmelte Horn monoton vor sich hin.

„Es wächst doch wieder." Die Nachricht. Auch hier seine Tochter nicht zu finden, betrübte ihn also doch sehr.

Fitzpatrick zog nun sein Hemd aus, um seinen Oberkörper zu waschen. Worauf ihn die Frauen fassungslos anstarrten und zurück ins Dorf liefen, als hätten sie einen Geist gesehen. Bisher hatten sie nur die gebräunte Haut des Gesichtes, der Hände und des Halses erkennen können, jetzt erschraken sie, weil die übrige Haut so weiß war wie die Blütenblätter der Kirsche. Ein alter Mann beruhigte sie: „Das ist kein böser Zauber. Das ist die Farbe der Bleichgesichter. So wie unsere Haut braun wie die Erde ist, ist ihre Haut bleich wie der Mond."

Der Vater von Dorn-im-Fuß war Gebogene Weide. Seine zu Zöpfen geflochtenen Haare zeigten einzelne graue Strähnen, die ersten Spuren des Alters. Die dunklen, schmalen Augen wiesen auf einen ruhigen und klugen Mann hin. Hemd, Lendenschurz, Leggins und Mokassins waren ungeschmückt.

Gebogene Weide hieß die beiden Jäger in seiner schlichten Art willkommen. Seine Frau brachte köstliche, mit Bärenzunge und wilden Rüben bereicherte Suppe. Ein Mahl, das nur hoch geschätzten Gästen angeboten wurde. Fitzpatrick schlug sich den Magen voll, und am Ende hätte er keinen einzigen Bissen mehr runter gebracht.

Allmählich schoben sich neugierige Köpfe durch die Zeltöffnung. Das Interesse an den Fremden schien unersättlich. Schließlich waren der Lauscher so viele, dass Dorn-im-Fuß die Büffelhäute hoch schob und sich ein großer Menschenkreis um das Tipi sammelte.

Sam Horn erfuhr, dass eine Gruppe der Shoshonen unterwegs war, um bei den Crows Handel zu treiben. Auch der Häuptling Der-Wolf-auf-dem-Berg sei bei der Gruppe.

„Sind viele Krieger dabei?", fragte Horn.

„Ja", antwortete Gebogene Weide. „Weshalb fragst du?"

„Die Shoshonen kennen bisher nur friedliche weiße Männer, die nichts Böses wollen. Aber es gibt auch schlechte weiße Männer. Einige solcher Männer sind auf dem Weg nach Norden. Wenn sie sich überlegen fühlen, dann töten sie skrupellos und plündern. Es kann sein, dass diese Männer in das Gebiet der Shoshonen kommen."

„Der-Wolf-auf-dem-Berg ist ein umsichtiger Mann", versicherte Gebogene Weide. „Die Krieger, die ihn begleiten, sind tapfer und klug."

Damit war das Thema abgehandelt. Wieder wurde die junge weiße Frau nicht erwähnt, die sich bei der Gruppe befand.

Einige der um das Tipi sitzenden jungen Männer bemerkten Horns verstümmelte Hand, doch niemand fragte direkt danach. Es war nicht angemessen, eine körperliche Verstümmelung anzusprechen. Aus ihren eindeutigen Blicken aber erkannte er ihr Interesse. Bereitwillig berichtete er von dem Unfall, so gut das in dem Gemisch aus Zeichensprache, Englisch und den wenigen Worten, die er bisher von ihrem Dialekt aufgeschnappt hatte, möglich war.

Den ganzen Tag wurden Horn und Fitzpatrick von einem Zelt ins andere geladen, überall gab es köstliche Speisen. Am Abend sanken sie müde auf die Bärenfelle in ihrem Tipi.

Sam Horn hatte den Tag über wenig gelacht, weshalb sich Fitzpatrick Sorgen machte.

„Jetzt, wo alles vorbei ist", erklärte Horn mit ungewohnt tonloser Stimme, „jetzt zieht es mich nach Hause. Nelly und Walter brauchen mich. Hier draußen habe ich nichts mehr zu tun. Wir werden morgen abreisen."

Dem jungen Iren gefiel das nicht. Er bat deshalb darum, die Abreise zu verschieben. Sam Horn erinnerte ihn daran, dass er es war, der sich vor wenigen Tagen entschlossen hatte, so schnell wie möglich zum Fort Lisa zu ziehen.

Fitzpatrick meinte dazu nur: „Das Fort läuft mir schon nicht weg."

Schließlich willigte Horn ein und sie entschieden, noch einen oder zwei Tage zu bleiben.

Kapitel Achtzehn

Das tägliche Leben im Lager war wenig abenteuerlich. Und doch lauerten überall latente Gefahren. Zu jeder Zeit war es möglich, von feindlichen Stämmen überfallen zu werden. Die Sicherheit des Dorfes oblag den Männern. Um sich nicht mit banalen Arbeiten abzulenken, saßen sie scheinbar träge vor in kleinen Gruppen vor ihren Tipis, erzählten sich Geschichten, planten den nächsten Jagdzug oder pflegten ihre Waffen, und waren doch ständig bereit, aufzuspringen und nach dem Bogen zu greifen. Gelegentlich zogen kleine Jagdgruppen zu zwei oder drei Männern aus, um ihre Familien mit frischem Fleisch, Fellen, Knochen und Sehnen zu versorgen, die sie den Frauen zur Weiterverarbeitung übergaben. Die Jagdgruppen fungierten gleichzeitig als Späher. Sie kamen weit herum, ihren aufmerksamen Augen entging kein Feind, der sich in ihrem Territorium aufhielt.

Die Kinder erlernten spielend die Pflichten der Erwachsenen. Knaben übten schon frühzeitig mit stumpfen Pfeilen oder spielten 'Hirsch und Jäger'. Sie trainierten ihre Körper im Wettlauf und im Ringkampf. Die meisten von ihnen waren schon im Alter von vier oder fünf Jahren geübt im Reiten.

Die Mädchen dagegen wurden früh daran gewöhnt, sich an der Frauenarbeit zu beteiligen. Sie lernten sticken, kochen und auf jüngere Geschwister Acht zu geben. Es war keine Seltenheit, dass schon vierzehnjährige Mädchen zur Ehefrau genommen wurden. In diesem Alter sollte ein Mädchen alle Arbeiten erledigen können, die auf eine Frau warteten.

Dennoch blieb Jungen und Mädchen genügend Freiraum, sich in kindlichem Spiel zu vergnügen. Und sie kannten eine Menge Spiele, die das Dorf mit heiterem Lachen erfüllten.

Die Frauen schließlich, dem oberflächlichen Betrachter zu einem Schattendasein verurteilt, erledigten nicht nur die meiste Arbeit. Ihnen war derselbe Stellenwert zugedacht wie jedem anderen Mitglied der Gemeinschaft. Sie trafen sich gelegentlich in einem Frauenzelt, in das kein Mann Einlass hatte. Hier plauderten sie oder amüsierten sich beim Spiel. In gewisser Weise verfügte die Frau über beträchtliche Macht. Das Tipi und sämtlicher Hausrat zählten zu ihrem Eigentum.

Samuel Horn und Thomas Fitzpatrick nahmen an den Aktivitäten kaum teil, das verlangte auch niemand von ihnen. Sie zeigten sich aber interessiert und lernten so nebenbei das Leben der Shoshonen und deren Dialekt kennen und konnten sich schon bald, wenn auch gebrochen und stolpernd, mit ihnen unterhalten.

Auch sie begannen, sich einen an bestimmten Tagesrhythmus zu gewöhnen. Ihr erster Weg am Morgen führte sie hinunter zum Fluss, um sich zu waschen, oft begleitet von fröhlichen Kindern. Horn fröstelte es, wenn er sah, wie die Kinder in das kalte Wasser hüpften und dort herum alberten. Besonders die Jungen hatten es darauf abgesehen, durch tollkühne Sprünge oder langes Tauchen Aufmerksamkeit zu erhaschen. Gegenseitig neckten sie sich und bespritzten sich mit Wasser. Es war jedes Mal ein vergnügtes Spektakel.

Die erwachsenen Shoshonen zogen es vor, sich noch vor Sonnenaufgang oder am späten Nachmittag zu waschen. Auf Reinlichkeit wurde großer Wert gelegt. Wenn es möglich war, suchten sie täglich das Wasser auf, um Körper und Haare zu waschen und sie mit duftenden Kräutern einzureiben. Auch zwischendurch kämmten und pflegten sie sich oder nahmen ein reinigendes Dampfbad, wann immer es die Zeit erlaubte.

Eines Tag packte Horn nach dem morgendlichen Waschen seine Sachen zusammen, um sich auf den Rückweg ins Dorf zu machen. Schmunzelnd blickte er über die lachenden und schreienden Köpfe, die nass aus dem Wasser ragten. Plötzlich hielt er erschrocken inne. Einer der Jungen, es war Dorn-im-Fuß, kämpfte verzweifelt gegen die sprudelnde Flut. Er war, um Eindruck zu schinden, von den anderen weg geschwommen und in die Strömung geraten, die ihn erbarmungslos mit riss. Schnell trieb er dahin, die Arme im Todeskampf um sich schlagend.

Horn ließ sofort seine Sachen fallen und rannte das Ufer entlang. Der war inzwischen in die Stromschnellen geraten, schlug gegen einen Felsen, verschwand für Sekunden in der Gischt, tauchte weiter flussabwärts wieder auf. Das schießende Wasser wirbelte seinen reglosen Körper schnell weiter.

Entschlossen sprang Horn in den Fluss. Die Wasser prallten schäumend und lärmend auf Felsen und schlugen rauschend zurück. Horn bekam den Jungen nicht zu fassen. Dann spürte er seine Haare und packte zu. Er zog den Jungen zu sich und versuchte, seinen Kopf über Wasser zu bringen. Es gelang ihm, seine Finger an einen Felsen zu krallen, mit der anderen Hand den bewusstlosen Jungen haltend, zog er sich gegen den wirbelnden Strom. Im Schatten des Felsen war das Wasser flach und ruhig, Horn fand festen Boden unter den Füßen. Am Ende seiner Kräfte brachte er den Jungen auf den Felsen.

Inzwischen waren Helfer herbeigeeilt. Sie holten Dorn-im-Fuß ans Ufer und dann Sam Horn. Der Junge lebte. Sein

Körper war blau vor Kälte, am Kopf blutete er. Sam Horn war unverletzt, die Aktion hatte ihn aber sehr angestrengt. Sie wickelten den Jungen in Decken und legten ihn an ein wärmendes Feuer. Die Blutung am Kopf erwies sich glücklicherweise als harmlose Schramme, sie würde bald verheilen. Kurz darauf gewann er sein Bewusstsein zurück. Zweiweiße-Raben flößte ihm heißen Tee ein.

Auch Sam Horn erholte sich rasch. Sieht-den-Wind brachte ihm warme Decken und heißen Tee. Fitzpatrick hielt besorgt das Feuer am Lodern. Er machte sich Vorwürfe, weil er selbst mit den Kindern gealbert und nicht Acht gegeben hatte.

„Mir ist ja nichts geschehen", beruhigte ihn Sam Horn. „Und der Junge ist bald wieder auf den Beinen."

Dorn-im-Fuß lachte bald wieder. Die nächsten Tage wich er keinen Schritt von seinem Retter. Sein Vater Gebogene Weide schenkte Sam Horn einen wertvollen, mit Bändern verzierten Bogen samt einem Köcher aus Kojotenfell mit Pfeilen. Sam lehnte sie bescheiden ab. Er hatte nur das getan, was jeder andere an seiner Stelle auch getan hätte. Beharrlich drängte ihn Gebogene Weide, schließlich nahm Horn das Geschenk an.

„Der Bogen und die Pfeile sind nicht das Leben meines Sohnes wert", fügte Gebogene Weide dankbar hinzu. „Ich stehe in deiner Schuld. Von jetzt an bin ich dein Bruder und du mein Bruder."

Noch bevor er etwas erwidern konnte, wandte sich der Shoshone um und ging weg.

Am frühen Morgen des nächsten Tages, die Sonne war noch nicht aufgegangen, schüttelte Horn ein starker Anfall. Er stand auf und ging vors Zelt. Um niemandem von seinen Schmerzen wissen zu lassen, verließ er das Dorf und lief einen Hügel hoch. Erschöpft sank er auf einen mit Flechten bewachsenen Stein.

In der Nähe wucherte eine alte, unförmige Kiefer. Der Stamm lag einige Schritte flach am Boden, so als ruhte er sich aus. Erst dann war er voller Kraft schräg in den Himmel gewachsen, hatte dicke Äste getrieben und hielt seit vielen Jahren dem Wind stand, der fast unablässig über die kahle Kuppe wehte.

Zwischen den dunklen Silhouetten stumpfer Berggipfel spitzte scheu eine rot glühende Sonne neugierig hervor. Riesige Wälder, zerklüftete Hügel und schimmernde Seen schälten sich langsam aus der Dunkelheit der Nacht. Ein prächtiges Farbenspiel verzauberte das Land. Violette, rote, goldene Anstriche verliehen ihm mit verstreichender Zeit stets neue Reize. Schönheiten, die sein Auge nie gesehen, offenbarten sich in vollendeter Pracht. Schmale Bäche, die vorher unscheinbar im dunklen Grün der Wiesen untergegangen waren, erhob das steigende Sonnenlicht zu blauglitzernden Saphirbändern, uralte Bäume wandelten sich zu blühenden Denkmälern. Und selbst kahle, vom Morgentau benetzte Steine, die Wächter längst vergangener Zeit, rangen um die Gunst der Sonne und erstrahlten in mattem Glanz.

Mehr als elf Jahre hatte Sam Horn nun fast ununterbrochen in der Wildnis verbracht. Er hatte die Wüste kennen gelernt, das Felsengebirge, die Steppe und die Wälder. Jede Gegend hatte ihren besonderen Reiz. Dieses Land aber, das er jetzt in Augenschein nahm, übertraf bei Weitem alles. Wie Gott es geschaffen hatte, lag es vor ihm. Keine Axt hatte es je berührt, kein Pferdegespann seine Spuren hinterlassen, nichts gab es, das den Einklang der Natur gestört hätte. Hier, im Schatten der Kiefer, hier fühlte sich Sam

Horn wohl. Er spürte den Wind, der über Baumwipfel strich, der den frischen Duft von Harz, von feuchter Erde und klarem Wasser zu ihm trug. Der Wind hauchte ihm den Atem der Wildnis zu, schloss ihn ein in das ewige Band der Schöpfung.

Als Sam Horn sich erhob, war es heller Tag. Unbemerkt waren die Schmerzen gewichen. Frohgelaunt trottete er hinunter ins Dorf.

Inzwischen war auch Thomas Fitzpatrick wach geworden. Er hatte Horns Schlafstelle leer gesehen und war hinaus geeilt, um ihn zu suchen. Sein lautes Rufen weckte die Shoshonen. Fitzpatrick berichtete ihnen von Horns Krankheit, verstand aber nicht, warum der Freund das Lager verlassen hatte.

„Es muss dieses Mal sehr schlimm sein", vermutete Fitzpatrick.

Sie alle sorgten sich um Horn und einige der Männer erklärten sich bereit, mit Fitzpatrick zusammen nach Horn zu suchen, als der Vermisste am Rande des Tales auftauchte.

Sieht-den-Wind war die Erste, die Horn entgegeneilte. Als sie ihn glücklich lächelnd und auch überrascht antraf, wich die Angst um ihn. Jetzt war es ihr unangenehm, ihre Gefühle so offen gezeigt zu haben.

„Mir geht es gut", beruhigte er sie und war doch gerührt von ihrer Anteilnahme. Er lächelte sie dankbar an.

„Du hast dir Sorgen um mich gemacht?"

Mit gesenktem Kopf stand sie vor ihm und nickte kaum merklich. Er strich ihr mit einer sanften Berührung über ihr weiches Haar. Zögernd hob sie den Kopf und lächelte ihn an.

Gemeinsam liefen sie zurück ins Dorf.

„Was ist geschehen?", fragte ihn Fitzpatrick.

„Ich bin nur den Hügel hinauf, um den Sonnenaufgang zu sehen", antwortete Horn.

„Nur so?", hakte der junge Ire nach. „Ich nahm an, du hättest wieder Schmerzen."

„Das stimmt", gab Horn zu. „Aber ich entdeckte auch den wundervollsten Flecken Erde. Thomas, wenn ich die Wahl hätte, dort oben möchte ich mir eine Hütte bauen", fügte er hinzu.

„Du hast immer eine Wahl", meinte Fitzpatrick.

Die Shoshonen fanden zu ihrem täglichen Leben zurück, Sam Horn und Thomas Fitzpatrick aber setzten sich entspannt in die Sonne.

„Sie ist eine hübsche Frau", erwähnte Fitzpatrick wie nebenbei, während er ein Steinchen in die Luft warf und es wieder auffing.

„Ich habe keine Ahnung, von wem du sprichst", schmunzelte Horn.

„Dann musst du blind sein", lachte Fitzpatrick. „Sieht-den-Wind macht dir Avancen."

„Ich bin nicht blind", gab Horn nüchtern zurück. „Ich habe ihre Blicke sehr wohl bemerkt."

„Dann musst du dumm sein."

„Ach", winkte Horn ab. „In meinem Alter gewöhnt man sich an keine Frau mehr. Und was noch schlimmer ist, keine Frau wird sich an meine Unarten gewöhnen."

„Unarten? Wärst du ein so schlechter Mensch wie du dich jetzt darstellst, wäre ich nicht so lange Zeit bei dir geblieben."

„Für dich muss ich nicht sorgen, du versorgst dich selbst", widersetzte Horn. „Ich ziehe umher wie ein einsamer, von Unruhe getriebener Wolf. Eine Frau hat da keinen Platz."

Um zu verdeutlichen, dass er nicht weiter darüber sprechen wollte, schlug er vor, die Pferde zu satteln, um die Gegend zu erkunden. Vielleicht konnten sie ja einen Hirschen schießen, um sich so für die erwiesene Gastfreundschaft der Shoshonen dankbar zu erweisen. Sie waren gerade dabei, ihre Pferde zu holen, als der Knabe Dorn-im-Fuß ihnen mitteilte, der Heilige Mann des Stammes wünsche sie zu sprechen. Neugierig geworden, liefen sie zur Hütte des Medizinmannes.

An einem kleinen Feuer wartend, bat Zwei-weiße-Raben sie, sich neben ihn zu setzten. Der schwache Schein der Flammen huschte über Frosch- und Vogelbälge. Über ihnen baumelte ein gebleichter Bärenschädel. Seltsam geformte Steine, gefüllte Lederbeutel und Tierknochen lagen geordnet an der Rückwand der Hütte. Zwei-weiße-Raben war bis auf einen Lendenschurz unbekleidet. Langes, dünnes Haar hing ihm lose von dem schmalen Kopf, das Gesicht und der Körper waren vom Alter gezeichnet, die Augen wirkten müde.

Eine Weile saßen sie schweigend an dem Feuer, während sich Zwei-weiße-Raben mit einem Fächer aus Adlerfedern würzigen Rauch zuführte.

„Du hast Dorn-im-Fuß das Leben geschenkt", sprach er Horn schließlich an. Trotz seines schmächtigen Körpers war seine Stimme tief und voller Kraft.

Horn wollte etwas erwidern, Zwei-weiße-Raben aber machte mit einer Handbewegung deutlich, dass er noch nicht zu Ende gesprochen hatte.

„Es war gut, dass du im Lager warst. Zum Dank möchte ich dir etwas schenken. Von deinem Freund, der Fiss genannt wird, erfuhr ich von deiner Krankheit. Auch ein paar unserer Leute kennen diese bösen Geister."

„Böse Geister?"

„Sie sind der Grund für deine Schmerzen."

Er nahm einen kleinen Lederbeutel an sich, der neben ihm lag, und reichte ihn an Horn weiter.

„Nimm das als Dank."

„Was ist darin?"

„Bilsenkraut und Weidenrinde", antwortete der Heilige Mann. „Und andere Geheimnisse. Der Sud dieser Heilpflanzen wird die bösen Geister aus deinem Leib vertreiben."

Sam Horn dachte an das Mittel der Franziskaner, das ihm eine kurzzeitige Linderung geschenkt hatte. Die Schmerzen waren aber immer wieder gekehrt. Jetzt war er skeptisch. Er fragte sich, ob der Shoshone eine wirksamere Medizin kannte als die heilkundigen Mönche. Um den Heiligen Mann nicht zu kränken, nahm er den Beutel entgegen.

„Ich danke dir."

Zwei-weiße-Raben nickte. Wieder schwiegen sie und wieder fächerte er sich Rauch zu. Nach einer Weile sagte er: „Wie lange werden Büffel und Fiss bei uns bleiben?"

„Büffel?", wunderte sich Horn.

Worauf sich Zwei-weiße-Raben die Hände an die Schläfen hielt.

„Büffel."

Schmunzelnd erinnerte sich Horn an die erste Begegnung mit den drei Shoshonen. Um seinen Namen zu verdeutlichen, hatte er sich ebenso wie der Heilige Mann jetzt die Hände an den Kopf gehalten. Sie mussten das als Zeichen für Büffel gedeutet haben.

„Schon bald werden wir aufbrechen", antwortete er auf die Frage von Zwei-weiße-Raben.

Wieder nickte der alte Mann nur.

„Ich weiß von deiner Suche", sagt er dann. „Was wirst du tun, wenn du die Frau gefunden hast, die du suchst?"

„Ich werde sie mitnehmen", antwortete Horn und wunderte sich über die Frage des alten Shoshonen.

Zwei-weiße-Raben zögerte. Es war ihm anzumerken, dass ihm etwas auf dem Herzen lag. Doch er wollte nicht weiter darüber sprechen, stattdessen stand er auf. Auch Horn und Fitzpatrick erhoben sich und verließen die Hütte, nachdem sich Horn nochmals für die Medizin bedankte hatte. Allerdings wurde er das Gefühl nicht los, als hätte ihn der Heilige Mann nicht nur wegen der Medizin hierher gebeten.

Kapitel Neunzehn

In dieser Nacht wurde leise die Luke ihres Tipis aufgeschlagen. Sam Horn schreckte davon auf und wollte schon
zu seinem Messer greifen, als er die Frau erkannte. Es war
Sieht-den-Wind. Sie legte sich zu ihm und schlüpfte lautlos
unter seine Decke. Sie duftete nach frischen Kräutern, ihr
offenes Haar berührte streichelnd seine Brust. Sam Horn
schickte sie nicht weg.

Fitzpatrick wachte von gedämpften Geräuschen auf. Im
Halbdunkel des verglimmenden Feuers sah er die Frau, die
nackt auf Sam Horn lag. Er grinste und ging vor das Zelt,
wo er in eine Decke gehüllt die Nacht verbrachte.

Sieht-den-Wind blieb bis zum Morgengrauen. So leiden-
schaftlich und für Horn überraschend offenherzig sie sich
gezeigt hatte, jetzt lag sie neben ihm, die Decke bis über die
Brust gezogen, den Blick gesenkt. Sam Horn spürte, dass
sie etwas bedrückte.

„Warum bist du traurig?", fragte er.

„Du verlässt uns bald", sagte sie mit leiser Stimme.

„Ja", antwortete er nur. „Noch heute."

„Bleib!", hauchte sie.

Er schüttelte den Kopf. „Du bist eine wunderschöne Frau,
ich würde dir nur weh tun. Die Unruhe in mir würde mich
doch wieder bald von dir weg treiben. Im Osten gibt Menschen, die mich brauchen und die ich zu lange schon im
Stich ließ."

Sie erhob sich halb.

„Ich weiß", sagte sie. Und nach einer Weile: „Vor Jahren
kam eine Frau zu uns."

„Eine Frau? Eine weiße Frau?", fragte er erwartungsvoll.

Sie nickte.

„Wer war sie, wo ist sie? Ich konnte sie die ganze Zeit nicht im Lager sehen. Sag es mir bitte."

„Sie ist weg."

„Wohin? Sprich, bitte sprich!"

Sie wandte sich ihm ab. „Ich darf nicht sprechen."

„So sag mir doch, wo sie ist."

„Ich weiß es nicht", log sie.

Für einen kurzen Moment war Hoffnung in ihm aufgeflammt wie Stroh, das ins Feuer geworfen wird und ebenso rasch verbrennt. Zu oft schon war er von Hoffnung und Freude getragen einer Spur gefolgt, und jedes Mal war er enttäuscht worden. Er wollte sich nicht mehr an eine vage Ahnung klammern, weil die darauf folgende Enttäuschung zu schmerzhaft war. Und wenn Sieht-den-Wind nicht über diese Frau sprechen wollte, dann vielleicht deswegen, weil sie ihm eine weitere Enttäuschung ersparen wollte.

Sie kamen nicht weiter dazu darüber zu reden, weil Fitzpatrick zum Zelt herein spitzte. Ihn fror, und weil er Stimmen vernommen hatte, kam er herein, setzte sich schweigend, wobei er sich ein Grinsen nicht verkneifen konnte, und legte Holz nach.

Als sie sich wenig später im Fluss wuschen, begleitet von lachenden Kindern, da spürte Horn, dass die Zeit gekommen war zu gehen. Sein Entschluss stand fest. Fitzpatrick drängte jetzt auch nicht weiter auf ihn ein, so packten sie ihre Sachen und holten die Pferde.

Als Gebogene Weide von ihrer plötzlichen Abreise erfuhr, suchte er umgehend Zwei-weiße-Raben in seiner Hütte auf.

„Die beiden weißen Jäger verlassen uns", begann er. „Es ist möglich, dass Gefleckte Taube seine Tochter ist. Wir verschwiegen ihm Gefleckte Taube, weil wir fürchten, er wird sie uns rauben. Wir fürchten das, weil wir die Ge-

175

schichte der Sauks kennen. Wir sollten ihm aber jetzt vertrauen. Wir sollten ihm sagen, dass bei uns eine weiße Frau lebt."

Zwei-weiße-Raben sinnierte lange vor sich hin. Als er den Kopf hob, sagte er: „Uns ist nicht die Macht gegeben zu entscheiden. Du kannst nicht sagen: Nimm dir einen Stern vom Himmel, weil er dir gefällt. Die Macht zu entscheiden liegt bei dem Stern. Wenn er zur Erde will, dann fällt er nieder. So ist das auch mit Gefleckte Taube. Sie soll entscheiden, was zu tun ist."

„Aber dann ist es zu spät."

„Niemand von uns weiß, ob sie wirklich die Tochter von Büffel ist. Wenn beide Vater und Tochter sind, werden sie zueinander finden."

Zum Zeichen, dass alles gesagt war, setzte er sich an sein Feuer. Zwei-weiße-Raben wollte nicht weiter darüber sprechen.

So zogen Samuel Horn und Thomas Fitzpatrick von den Shoshonen weg. Sie ließen Menschen zurück, die sie lieb gewonnen hatten, und eine Frau, die still in ihrem Tipi trauerte.

Sie ritten den Berg hoch, vorbei an der verkrüppelten Kiefer Richtung Osten. Am Großen Horn Fluss trennten sich Samuel Horn und Thomas Fitzpatrick. Beide waren keine Freunde großer Abschiedsworte.

„Folge diesem Fluss", riet Sam Horn seinem jungen Freund. „Nach einigen Tagen wirst du auf den Gelben Stein Fluss treffen. Stromabwärts findest du das Fort, zu dem du schon so lange willst."

„Ich danke dir, Samuel."

Fitzpatrick drückte Horn herzlich die Hand.

„Auch ich danke dir, Thomas. Es tut mir leid, dass sich unsere Wege hier trennen."

Mehr wurde nicht gesprochen. Die kurze Zeit, die sie zusammen gewesen waren, hatte sie mit einem engen festen Band verknüpft. Sie hatten sich einander angepasst, der eine kannte den anderen so gut, dass es keiner weiteren Worte bedurfte. Ein Blick oder eine Geste genügte.

Sie löschten das Lagerfeuer. Nochmals schüttelten sie sich stumm die Hände. Thomas Fitzpatrick stieg auf sein Pferd, dann ritt er weg. Er blickte sich noch einmal kurz um, hob die Hand zum Gruß, dann verschwand er im Schatten der Bäume.

Samuel Emil Horn blieb allein zurück. Lange noch verharrte er regungslos neben dem Feuer, aus dem dünner Rauch still empor schwebte und sich in der Luft verflüchtigte. Schließlich raffte er sich müde auf, stieg auf seinen Braunen und ritt weiter.

Kapitel Zwanzig

Everett Hugh Lawyer war zutiefst gekränkt. Er war weder angeschossen noch geschlagen worden, er war bloßgestellt worden. Und das vor den Augen seiner Leute. Nichts hasste er mehr, als gedemütigt zu werden.

Pferde und Waffen fanden sich unversehrt an der Stelle, die Horn angegeben hatte. Und auch dessen Spur ließ sich noch etliche Meilen gut verfolgen. Sie endete in einem Wasserlauf. Vor Zorn färbte sich Lawyers Gesicht so rot wie sein Haar. Der geringste Anlass reizte ihn zu Gewalt. Schamlos tobte er sich an den Männern aus.

Ihm fiel ein, dass Horn vom Schlangen Fluss gesprochen hatte.

„Von dort aus wollte er nach Osten", sagte er zu Vaughn Miller.

„Als er mit uns ritt, wollte er das noch."

„Was meinst du?"

„Ich denke, ein Mann wie Samuel Horn lässt einen unerfahrenen Jüngling wie Fitzpatrick nicht allein durch die Wälder ziehen."

Lawyer dachte nach.

„Du hast recht, Miller. Und Fitzpatrick wollte rauf zum Fort Lisa. Wir sollten dieselbe Richtung einschlagen. Dort finden wir den Hund."

„Warum willst du das eigentlich?", fragte Miller. „Vorher hatten wir andere Pläne, wozu jetzt dieser Aufwand?"

„Lass das meine Sorge sein!", fuhr ihn Lawyer scharf an.

Zielstrebig ritten sie nach Nordosten. Sie ließen die dichten Mischwälder hinter sich und überquerten das Felsengebirge. Als sie die weite Steppe erreichten, zogen dunkle Wolken auf und es begann heftig zu regnen. Der Boden weichte auf und wurde zu matschigem Sumpf. Die Kleidung bis auf die Haut durchnässt, trieb Lawyer seine Leute rigoros an. Nachdem es zwei Tage ununterbrochen regnete, begannen die Männer zu murren und Lawyer sah ein, dass sie sich nur unnötig erschöpften. Er ließ Planen aufspannen, unter denen sie Schutz fanden. Ein Feuer zu entfachen, gelang ihnen nicht. Das wenige Holz, das sie finden konnten, war feucht und unbrauchbar.

Während sie die Tiere dem Wetter überließen, standen sie eng zusammen gepfercht unter den Planen, frierend und mürrisch wollten sie den Regen abwarten.

Dann sah es tatsächlich so aus, als ließe der Regen nach, doch bald schon setzte er wieder ein, gefolgt von heftigem Wind. Peitschend trieb er den Regen vor sich her, fuhr unter die Planen und hob sie wie riesige schwarze Segel hinweg. Eine der Planen sauste knatternd über die Köpfe der Maultiere und Pferde. In Panik geraten rissen sich vier Maultiere los und entkamen. Obwohl Lawyer sofort fünf Männer hinterher schickte, konnten sie nicht gefunden werden. Mit den Packtieren waren fast sämtliches Geschirr, fünf Wolldecken, zwei Gewehre und hundert gute Felle verloren. Lawyer schnaubte vor Wut. Mit seinem Gewehrkolben schlug er auf Francois Larrey ein, der die Maultiere angebunden hatte und den er deswegen für schuldig hielt. Miller hielt ihn davon ab, Larrey halb tot zu schlagen.

„Pass auf, was du tust. Mach weiter so und die Männer alle gegen dich."

Am Abend ließ der Sturm nach und mit ihm der Regen. Nur widerwillig sprach Lawyer ihnen für die Nacht eine Pause zu. Durchnässt, frierend und mit wachsendem Groll beseelt ritten sie am Morgen weiter. Einen Tag später verloren sie ein weiteres Maultier. Sie ritten eine Böschung hinunter, das Tier strauchelte auf dem glitschigen Boden, stürzte und brach sich ein Bein. Vaughn Miller erschoss es und erlöste es von seinen Leiden. Das Gepäck wurde auf andere Tiere verteilt.

Lawyer verfluchte die Welt. Sämtliche Mächte schienen sich gegen ihn verschworen zu haben. Hinzu kam, dass einige Männer husteten und jetzt offen darüber sprachen, die Truppe zu verlassen. Lawyer hatte Mühe, sie davon abzuhalten.

Noch immer war der Himmel von düsteren, tief hängenden Wolken verhangen. Kein Sonnenstrahl fand den Weg zu der erschöpften und demoralisierten Gruppe. Stoisch hielt sie die Nordostrichtung.

Weil sie sich in freiem Territorium bewegten, schien es Lawyer unerlässlich, Späher voraus zu schicken. Am frühen Nachmittag kehrte Jesse Summer frühzeitig von seiner Patrouille zurück und meldete: „Rothäute vor uns!"

„Wie viele?", fragte Lawyer.

„Vierzehn. Davon acht Männer."

„Sind sie bewaffnet?"

„Ich konnte nur Bogen und Pfeile sehen."

„Besitzen sie Pferde? Haben sie Waren bei sich, die wir gebrauchen können? Felle?"

„Sie haben Travois bei sich, auf denen zugedeckte Bündel liegen. Ich nehme an, da sind Waren darunter."

Ein verkniffenes Lächeln über das farblose Gesicht des Führers. Die Vorsehung schien ihn nicht vergessen zu haben. Endlich konnte er seine Verluste wettmachen.

„Eine weiße Frau ist unter ihnen", fügte Summer hinzu.

„Eine Weiße?"

„Etwa zwanzig Jahre alt. Sie hat ein Kind bei sich."

Lawyer grinste hämisch.

„Wenn da nicht der Teufel seine Hand im Spiel hat. Diese Rothäute kann uns nur der Teufel geschickt haben. Ist Horn bei ihnen, hat er seine Tochter gefunden?"

„Horn konnte ich nicht sehen. Auch keinen anderen Weißen", sagte Summer.

Lawyer wirkte enttäuschte.

„Horn kriegen wir noch. Vorerst besorgen wir es seiner Tochter, ich wette darauf, sie ist es. Dann schnappen wir uns diese Rothäute und füllen unsere Vorräte auf."

Die Aussicht auf gute Pferde, Waren und Frauen begeisterte nun auch die Männer und ließ sie die Ärgernisse der letzten Tage schnell vergessen. Unverzüglich brachen sie auf.

Kapitel Einundzwanzig

Die Gruppe Shoshonen kam schnell voran. Sie hatte offenes Gelände erreicht, nur im Süden begrenzte ein bewaldeter Hügel die Sicht. Seit einigen Tagen bewegten sie sich auf heimatlichem Boden, Der-Wolf-auf-dem-Berg verzichtete deswegen auf eine Vorhut.

Die Packpferde zogen mit Waren voll beladene Travois, ein paar der Frauen saßen auf ihnen, andere liefen zu Fuß, während die berittenen Männer die Flanken sicherten.

Sie freuten sich auf die Heimkehr und das Fest, das man ihnen zu ehren und wegen des erfolgreichen Handels veranstalten würde. Sie hofften, in zwei Tagen ihr Dorf zu erreichen.

Bei den Crows war auch eine Gruppe Bleichgesichter gewesen, die purpurne Decken, wunderschöne Glasperlen, stählerne Äxte und Messer, metallene Nadeln und Kämme bei sich hatten. Die Weißen hatten auch Gewehre bei sich, die Crows tauschten dagegen viele Felle, um in deren Besitz zu gelangen. Der-Wolf-auf-dem-Berg aber meinte, es gäbe wichtigere Sachen als Feuerwaffen zu erwerben. Seit vielen Sommern erlegten die Shoshonen das Wild erfolgreich mit Pfeil und Bogen, das Gewehr dagegen war unhandlich, es bedurfte längerer Zeit, um es zu laden, und der laute Knall vertrieb zudem die Jagdbeute. Außerdem wäre man wegen der Beschaffung von Pulver und Blei ständig von weißen Händlern abhängig. In seinen Augen gab also keinen Grund, Gewehre zu erwerben.

Kleiner Falke fühlte sich sichtlich wohl. Er hatte kräftig zugenommen. Wenn er lachte, quollen seine bauschigen Bäckchen stramm hervor. Aus seiner gefütterten Trage auf dem Rücken seiner Mutter winkte er den Nachfolgenden vergnügt zu. Sein helles, unartikuliertes Plappern klang wie der fröhliche Ruf der Otterjungen, die den Frühling begrüßen. Alle mochten ihn und hielten sich gern in seiner Nähe auf.

Gefleckte Taube schwärmte von einer Decke, die sie mit roten und blauen Perlen besticken wollte. Die wunderbaren metallenen Nadeln würden ihr die Arbeit sehr erleichtern.

„Ich werde eine Mütze für unseren Sohn nähen", erzählte sie lachend. „Bald kommt der Winter, Kleiner Falke soll nicht frieren."

Narbengesicht beugte sich zu ihr und streichelte ihr liebevoll über das blonde Haar.

„Unser Sohn kann sich keine besser Mutter wünschen als du es bist. Und ich keine bessere Frau. Die Crows haben viele schöne Frauen, dennoch beneideten sie mich um dich."

Verlegen sah Gefleckte Taube zu Boden. Für einen kurzen Moment wich ihr Lächeln einem nachdenklichen Sinnieren.

„Du bist ein wohlhabender Mann, Narbengesicht", sagte sie leise. „Du kannst viele Kinder ernähren und viele Frauen versorgen. Wirst du dir noch eine Frau nehmen? Ich allein kann dir so wenig geben."

Er warf ihr einen missbilligenden Blick zu.

„Du schenkst mir alles, was ich begehre. Du machst mich sehr stolz."

Dann schmunzelte er. „Aber wenn du einen anderen Mann anschaust, schneide ich dir die Nasenspitze ab und schicke dich fort."

„Das würde ich niemals tun. Ich sehe nur dich", antwortete sie lächelnd.

Roter Pfeil hatte mitbekommen, wie Narbengesicht seine Frau neckte. Er wusste, dass sein Sohn Gefleckte Taube über alles liebte, und dass er es nur im Scherz gesagt hatte, dennoch konnte er es sich nicht verkneifen, sich einzumischen.

Mit gespieltem Zorn fuhr er Narbengesicht an: „Wenn du meine Tochter wegschickst, werde ich ein Messer nehmen, deine Haare abschneiden und dein Pferd töten."

Die Drei lachten herzhaft. Und als hätte Kleiner Falke den Grund ihrer Fröhlichkeit begriffen, strampelte er vergnügt mit den Beinchen und krähte lustig.

Narbengesichts Vater hatte viele Pfeilspitzen aus Blech erhandelt. Unternehmungslustig erzählte er von den guten Pfeilen, die er damit fertigen wollte. Da das Metall leichter war als die herkömmlichen Spitzen aus Stein, würde er für den Vorderschaft Hartholz verwenden müssen, um das Gewicht auszugleichen. Auch die Kielfedern wollte er der neuen Errungenschaft anpassen.

„Der Stärling wird mir gute Federn schenken. Meine Pfeile werden so schnell sein wie der Wind und so sicher treffen wie der Falke seine Beute greift."

Der ansonsten eher schweigsame Mann saß bereits gedanklich mit dem Schnitzmesser in der Hand bei der Arbeit. Die Freude an der Herstellung der Pfeile klang aus jedem seiner Worte.

Ein Schuss unterbrach jäh seine Pläne. Lautlos stürzte Roter Pfeil von seinem Pferd. Die Kugel hinterließ ein hässliches Loch an seiner Schläfe. Er war sofort tot.

Fast gleichzeitig donnerten weitere Schüsse auf die kleine Gruppe nieder. Die Schüsse kamen vom Hügel. Ungesehen lauerten die Schützen im Wald, nur der Pulverdampf, der leicht und dünn in die feuchte Luft stieg, verriet ihre ungefähre Position.

Narbengesicht starrte seinen toten Vater entsetzt an. Als wäre plötzlich unter ihm der Boden aufgebrochen und er stürzte in ein schwarzes Loch, brauchte er ein Weile, um sich zu besinnen, um sich zu vergegenwärtigen, was geschehen war. Dann erwachte der Krieger in ihm.

„Legt euch ins Gras! Legt euch ins Gras!", rief er den Frauen zu. Gefleckte Taube befahl er: „Wenn sie uns töten, lauf mit unserem Sohn so schnell du kannst davon! Ihr dürft nicht sterben!"

Gefleckte Taube nickte verstört. Sie band die Trage vom Rücken, barg das Kind an ihrer Brust und warf sich ins Gras. Drei Schritte vor ihr lag Roter Pfeil, den sie Vater genannt hatte. Aufgerissene, leblose Augen starrten sie kalt an. Mit zitternder Stimme versuchte sie das weinende Kind zu beruhigen.

Die Angreifer hatten inzwischen nachgeladen. Eine zweite Salve streckte Der-Wolf-auf-dem-Berg und eine Frau nieder, sie hatte nicht schnell genug Deckung gefunden.

Sie waren jetzt noch sechs Krieger. Den Schüssen nach zu urteilen, waren die Feinde weit mehr.

„Wir müssen uns verteilen! Um den Hügel herum!", rief Elchzahn. Nervös bäumte sich sein Pferd auf.

„Nein!" schrie Narbengesicht. „Wir greifen sie direkt an! Wartet noch!"

Wieder krachten Schüsse aus dem Wald, ein Packpferd wurde getroffen, eine Kugel schlug in ein Travoi. Jetzt brauchten die verborgenen Schützen Zeit, um ihre Gewehre neu zu laden.

„Jetzt!", rief Narbengesicht.

Ohne Antwort abzuwarten, schlug er seiner Stute die Fersen in die Flanken und galoppierte dem Hügel zu. Den Kriegsruf ausstoßend, folgten die anderen. Sie erreichten den Wald, ohne von Neuem beschossen zu werden, und trafen hier auf Lawyer und seine Männer, die nervös mit dem Ladestock handierten und versuchten Pulver und Blei in den Lauf zu stopfen. Ein paar von ihnen flüchteten in Angst versetzt weiter zurück in den Wald.

Narbengesicht sah einen kleinen, rothaarigen Mann, der wütend versuchte, die Flüchtenden zurück zu rufen. Doch als die Shoshonen jetzt von ihren Pferden sprangen und sie mit Pfeilen beschossen, flüchtete auch er. Hinter einer schützenden Felsgruppe verbargen sie sich. Sie besaßen nur noch wenige Gewehre, in Panik geraten hatten viele ihre Waffen einfach zurück gelassen.

Narbengesicht mahnte jetzt zur Vorsicht. Die Bäume als Deckung nutzend, schlichen sie näher.

Eine unheimliche Stille umgab sie, gelegentlich durchfetzt von einem einzelnen Schuss. Die Weißen hinter den Felsen schossen nicht mehr alle auf einmal, wie sie es vorher getan hatten. Das musste einen Grund haben. Ein Schuss, dann Pause.

Narbengesicht dachte an seinen Vater. Nie wieder würde er vor dem Tipi sitzen, das Messer in der Hand und mit einem fröhlichen Lächeln Pfeile schnitzend. Nie wieder würde er seinem Enkel die Geschichte der Shoshonen erzählen. Nie wieder.

Tiefe Furchen gruben sich in Narbengesichts Stirn. Sein Herz dürstete nach Rache.

Die Schüsse erfolgten weiterhin mit erschreckender Regelmäßigkeit. Ein Schuss, eine Zeit lang Pause, wieder ein Schuss.

Mit fester Faust umklammerte Narbengesicht den Hornbogen. Er spannte einen Pfeil auf die Sehne, einen zweiten hielt er quer zwischen den Zähnen. Er wartete, bis geschossen wurde, sprang dann schnell hinter dem Baum hervor und rannte den Hügel hinauf den Felsen zu. Als er sie erreichte, fand er einen einzigen Mann. Vor Angst zitternd, hantierte dieser an seiner Waffe herum. Sein Fuß war an eine Wurzel gebunden. Entsetzt starrte er den Krieger an, dann riss er das Gewehr hoch. Im selben Moment bohrte sich Narbengesichts Pfeil in seine Brust. In blinder Wut fiel der Shoshone über den Weißen her und schnitt ihm den Skalp vom Kopf. Einen grellen Schrei ausstoßend, hielt er die blutende Kopfhaut seinen Freunden entgegen.

„Nur einer?", fragte Elchzahn überrascht.

„Die anderen sind geflohen", antwortete Narbengesicht verachtend.

Lawyer hatte schnell erkannt, dass keine Aussicht auf einen Sieg bestand. Der Überfall war misslungen und an Beute war nicht zu denken. Der einzige Ausweg lag in der Flucht. Wahllos bestimmte er ein Opfer, nahm ihm das Messer und ließ es zwischen den Felsen festbinden. Und während er und die Seinen ihre Haut retteten, hielt ihnen der arme Kerl in seiner Verzweiflung den Rücken frei.

Als sie zu ihren Frauen zurückkehrten, stimmten diese den Todesgesang an. Drei Männer und eine Frau waren getötet worden. Unter ihnen Narbengesichts Vater Roter Pfeil und der siebzigjährige Häuptling Der-Wolf-auf-dem-Berg.

Sie bahrten die Toten auf Travois und brachten sie unter Tränen heim. Die Trauer ergriff das ganze Dorf. Der Tradition folgend, begruben sie die Toten in Felsnischen und bedeckten sie mit schweren Steinen. Viele Tage verstummten die Klagelieder nicht.

Zum zweiten Mal verlor Gefleckte Taube einen Vater. Der plötzliche Verlust traf sie schmerzlich. Narbengesicht war ihr in den Tagen der Trauer wenig Trost. Seine Züge zu einer steinernen Maske verhärtet, suchte er die Einsamkeit der Berge. Im Gebet fand er Zuflucht.

Wie eine dunkle Wolke lag die Trauer schwer über dem Dorf. Dass zwei Weiße noch vor wenigen Tagen bei ihnen gelebt hatten, wurde lange nicht erwähnt. Niemand rühmte sich mehr, die Bekanntschaft von Weißen gemacht zu haben. Jetzt waren alle Weißen Verräter und Feinde. Gefleckte Taube war viel zu sehr eine Shoshonin geworden, um als Weiße zu gelten, sie traf der Zorn des Stammes nicht. Erst Wochen später erfuhr sie von einem älteren Trapper mit langen, schwarzen Haaren und bärtigem Gesicht, der Büffel genannt wurde, und von einem jüngeren, der Fiss genannt wurde. Doch weder diese Namen noch die Beschreibung der Männer ließ sie auf ihren Vater schließen.

Kapitel Zweiundzwanzig

Eisige Winde strichen über das Land, trieben fauchend Kälte und Schnee vor sich her. Der Boden wurde hart wie Stein, Flüsse und Seen erstarrten im frostigen Atem des Winters. Sam Horn öffnete den Fensterladen. Heulend rüttelte der Wind an den kahlen Ulmen. Ein schmaler Weg, den er erst kurz vorher von Schnee frei geschaufelt hatte, führte zu dem einstigen Warendepot, in einer Stunde würde der Weg zugeweht sein. An der Außenwand des Depots, in dem jetzt zwei Ziegen, eine Kuh, zwei Pferde und ein Dutzend Hühner untergebracht waren, türmte sich meterhoch der Schnee. Die Hütte für den Proviant und sogar die Palisade waren zerlegt und zu Brennholz verarbeitet worden. Nichts erinnerte mehr an das einst lebhafte Fort.

William James Ulke, der Chefhändler, und Slim V. Choate waren abgezogen worden und auch Phil Lorenz Booker war längst weg. Allein Nelly und Walter Morrison lebten noch hier. Sie kauften das Land der Regierung zu einem günstigen Preis ab. Beide waren über sechzig Jahre alt, Fort Osage sollte ihre letzte Heimstätte werden.

Horn sah Walter Morrison aus dem Stall kommen. Er hatte ihm angeboten, die Tiere zu versorgen, doch Morrison lehnte Hilfe stur ab. Vielleicht, weil er sich sein Alter nicht eingestehen und klein beigeben wollte, dachte Horn.

Fröstelnd, den Mantel tief in den Nacken gezogen, kam Morrison den Weg herüber zum Haus. Wortlos trat er in die geheizte Stube, legte den Mantel ab und setzte sich seufzend an den Tisch. Nelly legte zwei klobige Holzscheite in den eisernen Herd. In einem Topf kochte sie Haferbrei. Süßer Duft erfüllte den kleinen Raum.

Die Entbehrungen der letzten Jahre – die Ernte war schlechter ausgefallen als erhofft – hatten Nelly scheinbar nichts anhaben können. Ihr Haar war ergraut, aber noch immer hatte sie gesunde rote Backen und ein stetes gutmütiges Lächeln auf den Lippen. Die tägliche Arbeit ging sie nach wie vor mit Freude an. Und doch hatte Samuel Horn sie an manchen Abenden still im Stuhl lehnen sehen, die rissigen Hände um die abgegriffene Bibel geklammert und den matten Blick teilnahmslos ins Leere gerichtet.

Jetzt wischte sie die Finger an der abgewetzten Schürze sauber und setzte sich zu ihrem Mann an den Tisch.

Ohne den Kopf zu heben, sagte Walter Morrison mit tonloser Stimme: „Die Kuh ist tot. Erfroren."

Nelly legte ihre Hände auf die ihres Mannes. Sie zwang sich zu einem Lächeln.

„Ich weiß nicht, was du hast, Walt", sprach sie sanft. „Die Kuh war alt. Früher oder später musste sie ja sterben. Wir haben ja noch die Ziegen."

Samuel Horn schloss den Fensterladen. Seit seiner Rückkehr wirkte er erschöpft und älter. Das kurz geschnittene Haar zeigte erste graue Strähnen. Der frühere Glanz der Augen war verblasst, die Haut spröde geworden. Den ledernen Jagdanzug hatte er gegen schlichte Arbeitskleidung getauscht.

„Ich werde sie begraben", sagte er leise. „Im Stall ist der Boden noch nicht gefroren. Ich werde die Kuh im Stall begraben."

„Wie lange noch?", seufzte Walter.

„Nicht mehr lange", tröstete ihn Nelly. „Der Frühling ist noch jedes Jahr gekommen."

Sam Horn zog sich den Mantel und die Stiefel an. „Morgen werde ich mich daran machen, den Pflug zu reparieren.

Sobald der Schnee geschmolzen ist, werde ich das Feld pflügen."

„Du bist uns nichts schuldig", sagte Nelly. „Wir danken dir für das, was du uns hilfst. Aber du sollst wissen, dass du uns nichts schuldest. Es ist nur dieser harte Winter. Wenn der Winter vorüber ist, werden wir uns wieder selbst versorgen können."

Mit einem Augenwink wies sie auf Walter. Ausgemergelt saß der alte Mann über den Tisch gebeugt. Die Jahre hatten seine Kraft und seine Zuversicht zerfressen. Aber er hätte sich nie eingestanden, nicht mehr für sich und Nelly sorgen zu können.

„Ich weiß", sagte Sam Horn. Scherzend fügte er hinzu: „Und Walter werde ich vor den Pflug spannen."

Walter Morrison lächelte müde.

„Der junge Bursche hat recht", meinte er. „Wir werden eine gute Ernte haben."

Zwei Wochen später begann der Schnee zu schmelzen. Mit ungebundener Kraft erwärmte die Sonne das Land. Saftiges Grün und junge Triebe lockten Mensch und Tier aus ihren Winterquartieren hinaus in die frische Frühlingsluft.

Ein letztes Mal erlebte Walter Morrison die vom Schlaf erwachende Natur. Am 29. März 1823 starb er einen plötzlichen, sanften Tod.

Sam Horn begrub seinen Freund im Schatten einer Ulme. Hier, in Fort Osage, in dem weiten, unberührten Land, hier hatte er leben und sterben wollen.

„Das Land hat ihm Frieden gegeben", sagte Nelly am Grab. „Nun möge Gott ihm den ewigen Frieden geben."

Die erforderliche Arbeit schaffte Ablenkung. Lose Bohlen am Stall waren zu befestigen, Zäune zu ziehen, die Felder waren zu pflügen und Mais und Gerste zu säen. Und das Dach des Hauses musste unbedingt abgedichtet werden. Mit seiner ganzen Kraft stürzte sich Sam Horn in die Arbeit. Das Gliederreißen suchte ihn in unregelmäßigen Abständen heim, war aber dank der Medizin von Zwei-weiße-Raben nie mehr so schmerzhaft wie einst. Er hoffte sogar darauf, die Krankheit im Laufe der Zeit ganz zu verlieren. Eine andere, eine unheilbare Krankheit ergriff Nelly. Die gutmütige Frau aß und ruhte nur wenig. Bald waren ihre Wangen eingefallen, die einst fröhlichen Augen lagen matt in ihren dunklen Höhlen. Und obwohl Sam Horn es ihr verbot, ertappte er sie beim Schleppen schwerer Wassereimer oder anderen kräftezehrenden Arbeiten. Täglich sank sie weinend auf das Grab ihres Mannes nieder. Erschrocken und gleichsam hilflos musste Sam Horn ansehen, wie die lieb gewonnene Frau körperlich und seelisch verfiel. Mit ihrem Mann war ihr der Lebensinhalt genommen worden.

„Es gibt da eine neue Siedlung. Franklin heißt sie", sagte Nelly eines Abends. Sie saß in ihrem Stuhl am Herd und strickte.

„Das wusste ich nicht", sagte Horn.

„Und sie haben uns den Vereinigten Staaten angeschlossen. Missouri nennen sie unseren Staat. Wer denkt sich das bloß alles aus."

Sie legte die Stricknadeln beiseite.

„So vieles verändert sich."

„Vielleicht ist das gar nicht das Schlechteste", meinte Horn.

„Meine Aufgabe ist erfüllt", sagte sie nach einer Weile mit kraftloser Stimme. „Ich wünsche nichts mehr, als bei meinem Walt zu sein. Walt hat sich nie verändert. Er war immer ein herzensguter Mann."

„Ja", sagte Horn. „Das war er."

An einem sonnigen Junitag, nur zehn Wochen nach Walters Tod, sah er Nelly am Grab stehen. Die Hände gefaltet, murmelte sie ein leises Gebet. Sie richtete den Blick zum Himmel. Die Sonne schien weich auf ihr Gesicht. Dann blieben die Lippen bewegungslos, der Mund blieb offen, als wäre noch nicht alles gesagt. Dann fiel sie zu Boden.

Sofort eilte Sam zu ihr. Nelly lebte. Sie lächelte sanft. Ihre Lippen zitterten. Kaum hörbar flüsterte sie: „Sam ... vertraue auf Gott ... lies in der Bibel." Ihre Augen strahlten in friedlichem Glück. Sie schloss die Lider, als ob sie schlafen wollte. Leicht sank sie in Sams Arme.

Nelly war gestorben. Sie war jetzt bei ihrem Walt, wie sie es sich gewünscht hatte.

Sam Horn legte sie in das Grab neben ihren Mann. Sie waren wieder vereint. Als er das Grab mit Erde füllte, spürte er, wie einsam er war. Es gab niemanden, für den es sich lohnte zu leben. Gott hatte ihm seine Frau genommen und seine Tochter. Und jetzt waren zwei Menschen für immer gegangen, die wie Vater und Mutter gewesen waren.

Die Einsamkeit machte ihm zu schaffen. Selbst in der Wildnis hatte er sich nie so verloren gefühlt wie jetzt. Da standen ein kleines Haus, ein paar Bäume, die jetzt Blüten trugen, dort der Stall, den er repariert hatte. Ein Finkenpaar flog zwitschernd über ihn hinweg und setzte sich in den Zweigen einer Ulme nieder. Ringsherum ein grünendes Land. Im Westen die weite Grasebene, auf der vor Jahren Hunderte Tipis gestanden waren. Im Osten und Süden die Bergkette, im Norden der Missouri.

„Ein prächtiges Land", dachte Sam Horn. Aber es war nicht sein Land, kein Fleckchen davon gehörte ihm. Nicht einmal der Grund des ehemaligen Forts. Er musste sich Gedanken machen, wohin er sollte. Er dachte an eine Hütte in der Nähe der Shoshonen, die er bauen wollte. Vielleicht oben auf dem Hügel bei der knorrigen Kiefer. Dieser Platz hatte es ihm damals sehr angetan. Oder bei den Navajos, sie waren ihm stets zugetan gewesen. Dann dachte er wieder an seine Krankheit, die ein Leben allein nicht zuließ oder doch zumindest sehr erschwerte. War es also klüger, in den Osten zu ziehen und sich in einer Stadt eine Wohnung zu mieten? Er könnte sich Arbeit suchen und so zu einem geregelten Leben finden. Doch weder das eine noch das andere behagte ihm, so schob er die Entscheidung hinaus.

„Morgen ist auch noch ein Tag", dachte er.

Zuerst wollte er sich um das alte Fort kümmern und es so auf Vordermann bringen, dass Nelly und Walter Morrison ihre Freude daran gehabt hätten. So konnte er ihnen einen letzten Dank erweisen.

In der Küche stand eine Eichenkommode, die die Morrisons aus Boston mitgebracht hatten. Walter hatte sie mit eigenen Händen gefertigt und sie Nelly zu ihrem ersten Hochzeitstag geschenkt. Im Laufe der Jahre lockerten sich die Scharniere, mehrere Bretter zeigten klaffende Risse und eine Schublade ließ sich nicht mehr schließen. Mit der Kommode wollte Horn beginnen.

Sorgfältig nahm er Töpfe, Pfannen, Teller, ein geflochtenes Nähkörbchen und verschiedene andere Sachen heraus. Zum Schluss legte er die dicke Bibel heraus. Nelly hatte so oft in ihr gelesen.

Er legte Wert darauf, das Möbelstück detailgetreu zu erhalten. Einen halben Tag brauchte er, um eine geeignete Eiche im nahen Wald ausfindig zu machen, aus der er sich gute und der Kommode würdige Bretter erhoffte. Sein Brauner, der ihm seit vielen Jahren treu diente, schleifte den ausgeasteten Stamm zur Hütte. Sam sägte Bretter daraus und schliff sie mit einem groben Stein, da es keinen Hobel gab, bis sie glatt und glänzend waren. Einen Teil der Bretter verarbeitete er zu einer Schublade. Die Nut meißelte er mit einem Messer heraus. Das Endprodukt polierte er mit sandiger Erde, die er vom Fluss holte. Als er die Lade schließlich in die Kommode schob, lächelte er zufrieden. Wie mit der Schublade ging er auch mit den zu ersetzenden Brettern vor. Zum Schluss befestigte er die Scharniere.

Acht Tage hatte er für die Restaurierung der Kommode gebraucht, wobei er nebenher noch die Tiere zu versorgen hatte und sich um seine eigene Ernährung kümmern musste. Jetzt setzte er sich auf einen Stuhl und betrachtete stolz sein Werk.

„Nelly würde es gefallen", sagte er zu sich.

Als er die Sachen wieder in die Kommode räumte, fiel ihm auf, dass in der Bibel ein Brief steckte. Er nahm ihn an sich und öffnete ihn. Er war von Nelly. Sie hatte ihn am 5. Juni 1823 verfasst, also kurz vor ihrem Tod.

'Lieber Sam', schrieb sie. 'Mein geliebter Mann ist von mir gegangen und ich spüre, dass ich ihm bald folgen werde. Aber ich möchte nicht gehen, ohne Dir zu danken. Das Land, das Walter von der Regierung erwarb, es ist jetzt meines. Nun ist es an mir, es weiterzugeben. Es gibt keinen treueren Freund als Dich. Deshalb sollst Du das Land erhalten. Dies war auch Walters Wunsch. Pflege es wohl. Es ist gutes Land. Wir haben die schönsten Jahre unseres Lebens hier verbracht.

In ewigem Dank, Deine Dich liebende Nelly Morrison.`

Sam legte den Brief zur Seite. Lange Zeit saß er nachdenklich in der Stille des Zimmers. Er war ergriffen. Er hatte von den Morrisons nie Dank erhofft. Er hatte gar nicht gewusst, dass dieses Land ihnen gehörte. Und nun sollte es zu seinem Eigentum werden.

Dem Brief waren noch zwei Dokumente beigefügt. Diese waren der Trauschein der Morrisons und die amtlich beglaubigte Landzuteilung. Er verwahrte die Dokumente wieder in der Bibel.

Jetzt war alles anders, er brauchte sich keine Gedanken mehr zu machen, wohin es ihn in seinem Lebensabend verschlagen würde. Hier war sein Platz. Weder im Osten noch im Westen, hier wollte er leben und dereinst sterben.

Er setzte seine ganze Hoffnung auf die Ernte, von der sein zukünftiges Auskommen abhing. Das Getreide, das Nelly und er noch gemeinsam gesät hatten, wuchs kräftig heran. An den Ähren zeigten sich die ersten Körner, die jetzt noch blassgrün waren. Nicht mehr lange und sie lachten ihn goldgelb an, freute sich Sam Horn.

Um möglichst viel Getreide in die Stadt zu transportieren und dort verkaufen zu können, baute er den zweiachsigen Wagen aus. Er erhöhte die Bordwände und nagelte eine Wand zusammen, die er später wie eine Art Deckel auf den Wagen legen konnte, um die Ernte vor Regen und Tau zu schützen.

Der Juni war ein trockener Monat. Die kümmerlichen Schauer verdunsteten in der brennenden Sonne. Die verdurstete Erde blies der Wind in dichten Staubwolken davon. Zusehends verdrossener musste Sam Horn erkennen, wie abhängig er vom Wetter war. Anfang Juli zogen vielversprechende dunkle Wolken auf. Aber noch bevor sie sich ausschütten konnten, trieb der Wind sie hinweg. Es blieb trocken, die Erde brach auf und verkümmerte zu einer harten Kruste..

Verzweifelt machte sich Horn daran, den Fluss an einer flachen Uferstelle anzuzapfen. In der Kühle der Nacht hob er im Licht einer Talglampe Gräben aus. Doch der Boden war hart und steinig, er kam kaum vorwärts. Zudem würde er ein Hebewerk integrieren müssen, um das Wasser vom tiefer liegenden Fluss zu den Feldern zu transportieren. Er vergeudete nur seine Zeit, während die Halme ausgedörrten.

Spätestens jetzt sah er seine Hoffnung zerstört. Tagelang saß er auf einem Stuhl vor der Hütte und stierte vor sich hin. Endlich fasste er einen Entschluss.

Die Natur mag gewaltig sein, sagte er sich, aber sie schafft es nicht, einen Mann wie Samuel Horn klein zu kriegen. Er spannte die zwei Pferde vor den Wagen und lud Ziegen und Hühner auf die Ladefläche. Im Stall befand sich noch Futter. Er füllte es in einen Trog, goss Wasser in einen Behälter und stellte es zu den Tieren auf den Wagen. Den Trog und den Behälter band er fest, damit sie während der Fahrt nicht umkippten. Er besaß noch dreiundfünfzig Dollar Erspartes, das er aus dem Versteck unter dem Bett hervor holte. Auch die Landzuteilung, die Heiratsurkunde und Nellys Brief vergaß er nicht.

Als er die Pferde antrieb und sich auf den langen Weg nach St. Louis machte, dachte er über seinen Plan nach. Langsam formte sich in ihm das Bild einer schönen, blühenden Farm.

Zuerst wollte er Saatkörner kaufen, sie sollten den Grundstock für seinen Wohlstand bilden. Um der nächsten Dürre vorzubeugen, musste das Bewässerungssystem erweitert und verbessert werden. Dies würde er sofort nach seiner Rückkehr noch vor dem Winter in Angriff nehmen. Vielleicht fand sich in der Stadt ein williger und kräftiger Arbeiter, der bereit wäre, gegen Provision zu arbeiten. Nur der jährliche Transport zu den Händlern blieb ein Problem. Aber auch das, so hoffte Horn, würde sich in den nächsten Jahren wie von selbst ergeben. Vielleicht erwies sich ja einer der neuen Orte, von denen Nelly gesprochen hatte, als günstiger Markt.

In Sam Horns Kopf brachte sein Land schon goldene Gerste hervor und Sonnenblumenfelder säumten die ausgebauten Straßen. Sich selbst sah er in einer vornehmen Kutsche sitzend durch seine ausgedehnten Felder fahren und zufrieden die Arbeiter grüßend.

Noch zeigte sich kein Anzeichen für die Verwirklichung seines Traumes, noch lag seine Hütte einsam in einem abgelegenen Gebiet, in dem es nichts gab außer trockener Erde und einem endlosen Grasmeer. Eine neugierige Antilope, die sich dem Anwesen näherte, war oft über Monate hinweg die einzige Gesellschaft.

Kapitel Dreiundzwanzig

St. Louis war seit seinem letzten Besuch um das Vierfache auf etwa achthundert Häuser gewachsen. Eine bunte Menschenmenge, Reiter und Fuhrwerke füllten die breiten Straßen. Schöne, oft drei- und vierstöckige Gebäude reihten sich entlang der Hauptstraße, die zum Hafen führte. Aus New Orleans kamen schwer beladene Dampfschiffe herauf und ermöglichten einen blühenden Handel. Bäcker, Schlachter, Küster, Tischler, Böttcher, Krämer und weitere Geschäfte boten allerlei Waren feil, aus der Hufschmiede klang der metallene Schlag der Hämmer, im Sägewerke ratterten die von Wasser getriebenen Sägen und die Gasthäuser luden mit fröhlichem Klavierspiel zu einem kühlen Trunk.

Täglich strömten die seltsamsten Gestalten mit dem Schiff, dem Wagen oder zu Fuß aus allen Teilen der Vereinigten Staaten hierher nach St. Louis, um am Rande der Wildnis ihr Glück zu suchen. Unter ihnen fand sich der bettelnde Tagelöhner, der vornehme Kaufmann, der abenteuerlustige Fallensteller ebenso wie der treusorgende Familienvater, der hoffte, in der Nähe eine Farm zu erwerben oder in seinem Handwerksberuf Fuß zu fassen.

Sam Horn hielt mit seinem Wagen vor einem Geschäft für Gemischtwaren. Zu einem günstigen Preis erstand er zwei Säcke Gerstensaat und einen Sack Weizensaat, Mehl, Zucker, Salz, zwei Laib Brot, ein Pfund Nägel sowie andere Kleinigkeiten, die er benötigte. Weil er noch Geld übrig hatte, kaufte er einen halben Sack Saatkartoffeln, die ihm der Verkäufer, der graue Haare und ein kantiges Gesicht hatte und John Landseer hieß, ebenso redselig wie geschäftstüchtig empfahl.

„Wie pflanze ich sie an?", fragte Horn. Er kannte Kartoffeln aus seiner Kinderzeit in Deutschland, hatte aber nie gelernt sie anzupflanzen.

„Die Knollen werden im Frühling in die Erde gegraben", erklärte der Verkäufer freundlich. „Im Herbst erntet Ihr die Früchte. So einfach ist das."

Horn bezahlte und Landseer half ihm, die Waren auf den Wagen zu laden, die Horn mit Planen bedeckte und verschnürte.

„Was fahrt Ihr die Tiere spazieren?", fragte Landseer neugierig.

„Ich lebe allein auf meiner Farm", antwortete Horn. „Hätte ich sie zurück gelassen, sie wären verhungert."

Der Verkäufer lachte.

„Ihr solltet heiraten. Eine Frau ist nicht das Schlechteste. Auch wenn sie nicht viel taugt, so kann sie doch wenigstens die Tiere versorgen, während Ihr in die Stadt fahrt."

Horn bedankte sich und brachte den Wagen samt der Tiere in einen Pferdestall, ließ die Tiere versorgen und begab sich selbst auf den Weg zum Gerichtsgebäude.

Richter John B. Fellow, ein dickleibiger Mann mit kleinen runden Augen, bat ihn, im Vorzimmer Platz zu nehmen. Ein zankendes Ehepaar wartete dort auf die Schlichtung eines Streites. Der Mann hatte eine rote Nase und stank erbärmlich nach Alkohol. Die Frau, um die dreißig Jahre alt, war klein und schlank. Ein hellblauer Hut umrahmte ihr hübsches Gesicht. Ihren Händen war anzusehen, dass sie an harte Arbeit gewöhnt war. Während sie warteten, schimpften sie ununterbrochen gegenseitig auf sich ein. Und selbst, als der Richter das Paar in sein Amtszimmer bestellte, hörte Horn die beiden durch die geschlossene Tür zanken.

Zwei Stunden vergingen, während der die Stimmen im Büro nicht verstummten, sogar noch an Heftigkeit und Lautstärke zunahmen. Weil er nicht wusste, wie lange es noch dauern würde, bis es Richter Fellow gelang, den Streit der Eheleute zu schlichten, beschloss Horn, einstweilen weg zu gehen, um einen Bissen zu essen.

Über dem Eingang des Saloons war ein hölzernes Schild angebracht, auf dem handschriftlich geschrieben stand: Goldener Adler – Bestes Bier, edler Whisky, schöne Frauen, billige Zimmer. Die Luft in dem langen, schmalen Raum war rauchig, es roch nach kaltem Tabak und dem Schweiß der Männer. Sauber gekleidete Herren in adretten Anzügen und Zylindern auf den Köpfen saßen zusammen neben rüden Burschen mit wilden Bärten und zerrissenen Jacken an schmutzigen Tischen, spielten Karten, würfelten oder unterhielten sich bei einem Glas dünnem Bier oder Whisky.

Sam Horn erkundigte sich bei dem Wirt nach einer warmen Mahlzeit, der ihm Eier mit Speck oder Kartoffelsuppe empfahl. Ein weiteres Gericht gab es nicht. Horn hatte zum letzten Mal in seiner bayrischen Heimat Kartoffeln gegessen, deshalb bestellte er die Suppe. Sie schmeckte mehlig und salzig und Horn fragte sich, ob ihn der Verkäufer Landseer getäuscht hatte. Ein Geschäft war damit wohl nicht zu machen.

Ein alter Mann mit grauen Haaren und einer Kleidung, die einmal hell gewesen war, jetzt aber von Fettflecken übersät und mehrfach geflickt war, kroch auf den Knien den Boden entlang und säuberte die Spucknäpfe, die neben den Tischen standen. Wofür er am Abend vom Wirt mit einer kleinen Mahlzeit entlohnt wurde. An jedem Tisch sah er mit matten Augen empor und bettelte um einen Schluck

Whisky, bekam aber meistens nur abfällige Worte zu hören oder einen Tritt in den Hintern. Sam Horn gab ihm zwanzig Cent.

„Welchem Stamm gehörst du an?", fragte er.

„Keinem Stamm", kam es in schlechtem Englisch zur Antwort. „Leben in Stadt. Weißer Mann sagen, hier gut Leben ist. Pah!"

Der Alte richtete sich mühsam auf und schwankte zur Theke, an der er sich für die zwanzig Cent Whisky bestellte.

„Du bekommst hier nichts", entgegnete der Wirt grob. Und als es der Greis ein zweites Mal versuchte, bekam er vom Wirt einen Tritt und der Mann torkelte zu Boden. Horn half ihm auf die Beine und begleitete ihn vor die Tür.

„Geh lieber nicht wieder rein", sagte er zu dem Alten.

Der Mann nickte und ging weg. Horn sah wie er schnurstracks die Straße überquerte und den nächsten Saloon aufsuchte.

Nachdem er seinen Teller nun doch leer aß und satt war, lief er wieder zurück ins Gerichtsgebäude. Das zankende Ehepaar trat gerade aus dem Büro des Richters. Die Frau schwieg jetzt. Sie weinte.

Horn legte dem Richter die Dokumente vor, der sie eingehend prüfte. Fellow fragte nach Geburt und Herkunft, dann schrieb er etwas mit schwarzer Tinte auf einen Bogen Papier, wobei er gelegentlich zur Decke blickte, so, als suche er dort nach angemessenen Worten. Kraftvoll schlug er einen Stempel unter das Geschriebene und gab es Sam Horn zusammen mit den Dokumenten zurück.

„Das ist ein vorläufiges Dokument", bekundete er sachlich. „Ich werde Ihr Anliegen an die Behörden weiter leiten, von dort erhaltet Ihr ein offizielles Schreiben. Danach dürfte alles erledigt sein."

Er verlangte fünf Dollar und zwanzig Cent für seinen Dienst und entließ Horn.

Als er auf die Straße trat, hielt er eine Bescheinigung in der Hand, die ihn, Samuel Emil Horn, geboren am 20. Dezember 1779 in Augsburg, Deutschland, als stolzen Grundbesitzer auswies. 'Vierhundert Morgen Land, vierzig Meilen unterhalb der Kansasmündung am Missouri gelegen' nannte er nun sein Eigentum.

Er hatte alles zu seiner Zufriedenheit erledigt und wollte sich, weil es inzwischen Abend geworden war, einen Platz zum Schlafen suchen.

Nur noch wenige Menschen waren auf den Straßen unterwegs. Auf der gegenüberliegenden Seite saßen auf dem hölzernen Trottoir vier oder fünf obdachlose Vagabunden. Einer von ihnen spielte Mundharmonika.

Horn wandte sich dem Stadtrand zu, um dort die Nacht zu verbringen.

„He, du, Sam Horn!", rief ihm einer der Obdachlosen nach.

Ein dürrer Bursche mit schmutziger, viel zu enger Kleidung kam herüber gelaufen.

„Du bist doch Sam Horn oder irre ich mich? Erkennst du mich denn nicht?"

Horn musterte den Mann jetzt genauer. Er mochte Mitte Dreißig sein, das ließ sich wegen dem Schmutz und Staub, die das schmale Gesicht bedeckten, schlecht schätzen.

„Ich bin es!", rief der Mann voller Freude. „Slim. Slim V. Choate."

Jetzt erst erkannte ihn Horn. Es war tatsächlich sein früherer Gehilfe von Fort Osage. Fast acht Jahre hatten sie sich nicht gesehen. Zu dieser Zeit gab die Regierung das Fort auf, um an anderer Stelle ein neues zu erbauen.

„Ich hoffe doch, du hast deine Tochter gefunden?"

Horn schüttelte den Kopf.

Sie gingen beide vor die Stadt und setzten sich an den Stamm eines alten Ahornbaumes. Es tat Horn gut, den Kameraden von einst wiederzusehen. Unaufgefordert begann Slim V. Choate zu erzählen. Nachdem er Fort Osage verlassen musste, bekam er Arbeit in einer Salzsiederei in Franklin. Weil er aber kaum Geld für die Schufterei erhielt, zog er schon bald weiter. Glücklicherweise fand er auf einer Farm hier in der Nähe Arbeit und Unterkunft. Drei Jahre verrichtete er anständig seinen Dienst. Die Frau des Farmers hatte es auf ihn abgesehen, wie er behauptete.

„Mary-Sue, so hieß die Frau, eine wahrhaft hübsche Frau, sie wich einfach nicht von meiner Seite und machte mir schöne Augen. Na, ich wollte meine Arbeit nicht verlieren und achtete nicht auf sie. Aber Mary-Sue, sie gab einfach nicht auf, sie wollte mich unbedingt, das kann ich nur sagen. Na, bloß damit ich meine Ruhe hatte, folgte ich ihr in den Stall, wo wir es trieben, während ihr Mann in der Stadt war. Was soll ich viel sagen, es blieb nicht bei dem einen Mal, denn sie sah wirklich bezaubernd aus, ehrlich, und so kam ihr Mann, der Henry hieß, doch noch dahinter."

Um sich ins rechte Licht zu rücken, schob die Frau ihm sämtliche Schuld zu, erzählte Chaote eifrig weiter. Außerdem, so behauptete sie, habe er Geld aus der Kasse gestohlen.

„Was natürlich nicht wahr war, keinen Cent hab ich gestohlen, würde ich nie tun", beschwor Chaote. „Das hat das Miststück schon selber raus genommen. Jedenfalls jagte er mich daraufhin zum Teufel."

Seitdem schlage er sich als Tagelöhner hie und da durch und lebe ohne festes Dach über dem Kopf von der Hand in den Mund.

Sam Horn brauchte nicht lange zu überlegen.

„Wenn du willst, habe ich Arbeit für dich."

Auch er berichtete nun, wie es ihm die letzten Jahre ergangen war, dass Walter und Nelly Morrison kurz hintereinander starben, er auf diese Weise zu Grund und Boden kam und jetzt einen Arbeiter zur Unterstützung suchte.

„Wenn das kein Wort ist", freute sich Chaote und schlug sich mit der Hand aufs Knie. „Da sag mir noch einer, das Glück liegt nicht auf der Straße. Wenn Mary-Sue nicht so hinreißend gewesen wäre, säße ich noch immer auf der verdammten Farm fest."

„Naja, auf eine Farm kommst du ja jetzt auch", meinte Horn lachend. „Aber da ist keine Frau, die dir den Kopf verdreht."

Sie plauderten die ganze Nacht. Am Morgen machten sie sich auf zum Pferdestall und Sam Horn gab seinem neuen Gehilfen von dem Proviant, den er auf dem Wagen mitgenommen hatte, zu essen. Noch nie sah er jemanden soviel auf einmal hinunter schlingen. Der ausgehungerte Bursche vertilgte einen halben Laib Brot und dazu zwei große geräucherte Würste.

Horn hielt nichts mehr in der Stadt. Die sogenannte Zivilisation hatte für ihn jeden Reiz verloren. Auch Slim Choate empfand ähnlich, er besaß nichts, das er hätte in einen Koffer packen können, und war deshalb sofort reisefertig. Sie spannten die Pferde ein und wollten gerade auf den Wagen steigen, als eine junge Frau auf sie zu trat. Es war die hübsche Frau, die gestern im Gerichtsgebäude so heftig mit ihrem Mann gestritten hatte.

Ihr Hut hing ihr jetzt an einer Kordel auf den Rücken, auch ihr langes, blondes Haar, das gestern noch zu einem Dutt gebunden war, trug sie jetzt offen. Sie wirkte übernächtigt und ungepflegt.

„Entschuldigt bitte, mein Herr", wandte sie sich an Horn. Von ihrer gestrigen Aufmüpfigkeit war nichts mehr zu spüren. Sie sprach ruhig und ihre Stimme klang angenehm und vornehm.

„Mein Name ist Sarah Ann Duncan, Ihr seid gestern unfreiwilliger Zeuge eines unschönen Streits geworden, der vermutlich ein schlechtes Bild auf mich wirft. Dennoch möchte ich Euch um etwas bitten."

Sie zögerte.

„Sprecht nur, Madam", mischte sich Choate ein. „Herr Horn wird einer Dame bestimmt nichts abschlagen."

„Es ist mir etwas unangenehm", fuhr sie fort. „An meinem zerzausten Haar und meinem schmutzigen Kleid erkennt Ihr, dass ich die Nacht im Freien verbrachte. Wie Ihr sicherlich mitbekommen habt, steht es in meiner Ehe nicht zum Besten. Deshalb trennte ich mich von diesem faulen Kerl. Jetzt habe ich kein Anrecht mehr, in seinem Haus zu sein. Ich sehe keine Möglichkeit, in dieser Stadt Arbeit zu finden, es sei denn als Mädchen im Saloon. Sagt selbst, Herr Horn, sehe ich aus wie ein Saloonmädchen? Ich bin an Arbeit gewöhnt, das dürft Ihr mir glauben. Seht meine Hände an. Ich kann einen Haushalt versorgen, ich bewirtschafte die Felder und ich kann mit Tieren umgehen. Ich kann auch Ziegen melken."

„Niemand streitet das ab", meinte Horn.

„Ich dachte ... Es wäre ja immerhin möglich gewesen, dass Ihr eine Arbeitskraft auf Eurer Farm gebrauchen könnt."

„Woher wisst ihr denn, dass ich Farmer bin?"

„Ihr habt Weizen und Gerste auf dem Wagen."

„Das ist richtig, Madam. Wenn Ihr schon weg wollt, warum erkundigt Ihr Euch nicht bei einem Farmer hier in der Nähe?"

„Das ist so eine Sache. Ich gebe zu, dass mich ein gewisser Ruf in dieser Stadt begleitet. Alles übertrieben, aber Ihr wisst ja, wie die Leute schwätzen. Wo ich auch nach Arbeit frage, haben deren Ehefrauen Angst, ich würde ihnen den Mann weg nehmen."

„So, so", meinte Chaote.

„Ich verstehe schon", sagte Horn. „Aber wieso nehmt Ihr an, ich wäre unverheiratet?"

Die Frau schmunzelte. „Der Verkäufer, John Landseer, der Euch das Getreide verkaufte, er ist der Vetter meines geschiedenen Mannes. Ich klagte ihm mein Leid und er erzählte mir daraufhin von Euch. Ich würde ja wieder zurück nach Boston reisen, dafür fehlt mir aber das Geld. Ihr braucht mir auch nicht viel zu bezahlen, Herr Horn, aber wenn ich zwei oder drei Jahre bei Euch arbeiten dürfte, würde es für die Reise an die Ostküste und die erste Zeit dort reichen."

„Wisst Ihr überhaupt, wo sich meine Farm befindet? Etwa vierzig Meilen vor der Kansasmündung in den Missouri."

„Das sagt mir gar nichts", meinte sie. „Wenn es nur weit genug weg ist von dieser Stadt und diesen lästerhaften Leuten."

„Außer jede Menge trockenes Gras und harter Arbeit gibt es da fast nichts."

„Ja, soll ich denn wirklich im Saloon arbeiten? Wollt Ihr das, Herr Horn? Ich kann arbeiten, hart sogar. Ihr braucht doch Hilfe oder etwa nicht?"

Sam Horn kratzte sich nachdenklich am Bart. Gegen eine zusätzliche Arbeitskraft war tatsächlich nichts einzuwenden. Während er und Slim auf den Feldern wären, könnte sie kochen, putzen und waschen. Trotzdem hatte er Bedenken.

„Die Farm ist erst seit gestern mein Eigentum. Ich weiß nicht, ob sie für mich und zwei Arbeitskräfte genügend einbringt."

„Wir werden sehen", meinte sie munter. „Was habe ich denn schon zu verlieren? Und was habt Ihr zu verlieren, Herr Horn? Ich esse wie ein Spatz und stelle keine Ansprüche. Ein Versuch ist es doch wert, meint Ihr nicht auch, Herr Horn?"

Chaote stieß Horn in die Seite. „Ich würde es versuchen", meinte er.

Was kann es schaden, dachte Horn. Wenn ich im nächsten Jahr die Ernte abliefere, kann ich sie zurückbringen, wenn es nötig sein sollte.

Sich die Hände schüttelnd, einigten sie sich auf ein Jahr Probezeit. Die nächste Ernte sollte dann entscheiden.

„Ihr werdet es bestimmt nicht bereuen", rief sie glücklich.

Sie lief schnell weg, verschwand hinter einer Scheune und kam kurz darauf wieder hervor, in jedem Arm eine Kiste tragend. Charmant eilte ihr Choate entgegen und nahm ihre eine der Kisten ab.

„Herr Horn, würdet Ihr bitte die Truhe holen? Sie steht noch hinter der Scheune."

„Was nehmt Ihr denn alles mit, um Gottes Willen!"

„Meinen Haushalt. Denkt Ihr, ich überlasse ihn meinem Mann? Er warf mich aus dem Haus, dafür nahm ich mit, was ich tragen konnte."

Nachdem die Truhe und die zwei Kisten auf der Ladefläche neben den Waren und den Tieren verstaut war, saßen sie auf und Horn trieb die Pferde an. Langsam setzte sich der Wagen in Bewegung.

Ihre Eltern stammten aus Schottland, begann Sarah Ann Duncan freimütig zu erzählen. Nachdem sie ausgewandert waren, wurde sie in Boston geboren. Dort lernte sie als junges Mädchen Granville Duncan kennen, den sie 1817 heiratete.

„Granville war ein lieber Mann, der mir jeden Wunsch von den Augen ablas", erzählte sie wehmütig, als sie die Stadt hinter sich ließen und hinaus in die im Morgenlicht schimmernde Prärie fuhren. „Er war Zimmermann, wir hatten ein hartes, aber schönes Leben. Ein Jahr nach unserer Hochzeit reiste er allein nach St.Louis. Sein Traum war immer schon eine eigene Zimmerei gewesen. In St.Louis wollte er seinen Traum verwirklichen, sagte er mir. Bis alles im Lot sei, sollte ich in Boston bleiben. Von Kind auf an harte Arbeit gewöhnt, verdingte ich mich als Kellnerin, als Wäscherin und als Kindermädchen. Es war eine schwere Zeit, das könnt Ihr mir glauben. Täglich wartete ich auf Nachricht von Granville und hoffte inständig, er würde mich bald nachholen. Ich wartete vier Jahre, ohne von ihm zu hören. Natürlich machte ich mir Sorgen, vielleicht lebte er nicht mehr, dachte ich mir. Die Ungewissheit ließ mir keine Ruhe. Meine Eltern hatten sich ein kleines Geschäft aufgebaut und steuerten etwas für die Reise dazu. Als ich in St.Louis eintraf und meinen Mann endlich wieder sah, erschrak ich. Er war verwahrlost und zum Säufer geworden.

Sein Traum von der eigenen Zimmerei war gescheitert. Er hatte es zu einer windschiefen Hütte am Stadtrand gebracht, das war alles. 'Jetzt, wo du da bist, werde ich es schaffen', versprach er mir immer wieder. Und ich blieb bei ihm, weil ich ihm vertraute. Granville aber zeigte keinerlei Versuche, Geld zu verdienen. Stattdessen brachte er mein Geld durch, das mir meine Eltern zur Reserve mitgegeben hatten. Er soff und vergnügte sich mit Saloonmädchen. Und wenn er nachts betrunken nach Hause kam, schimpfte er mich eine Schlampe und schlug mich. Wen wundert es da, wenn ich netten Worten von anderen Männern zugetan war. So kam eines zum anderen. Den Rest kennt Ihr ja."

Sie unterbrach ihren Wortschwall plötzlich, forderte Horn auf anzuhalten und sprang schon vom Wagen, noch bevor der zum Stehen kam.

„Ich muss mal", rief sie, zog sich das lange Kleid bis über die Knöchel hoch und eilte hinter einen Busch.

„Hast du schon mal so eine verrückte Frau gesehen?", lachte Chaote. „Da hast du ja einen schönen Fang gemacht. Aber hübsch ist sie, das muss ich sagen."

Kapitel Vierundzwanzig

Sarah Ann Duncan war zufrieden mit ihrer neuen Arbeitsstelle. Sie kam mit Wenigem aus und lachte gern. Schon bald fand Sam Horn Gefallen an der tüchtigen Frau. Auch er war zufrieden mit ihrem Arrangement, und so manches Mal ertappte er sich dabei, dass er in der Arbeit an dem Hebewerk inne hielt und verträumt auf den Schaufelstiel gelehnt hinüber schaute zu Sarah, wenn sie elegant dahin schlenderte und ihre Röcke hin und her wedelten. Er sah es gern, wie sie lachte, wie sie mit spitzen Lippen eine Melodie pfiff oder wie sie sinnierend im Schaukelstuhl vor der Hütte saß und strickte und der Sonnenuntergang ihr hübsches Gesicht bemalte. Auch Sarah empfand für Sam Horn bald mehr als nur Dankbarkeit.

Slim V. Choate nahm die Gefühle der beiden zueinander neidisch zur Kenntnis. Sam Horn aber in die Quere zu kommen, dachte er nicht im Traum daran. Dazu stand er viel zu tief in dessen Schuld. Aber oft schien ihm das Herz zu zerbrechen.

Den Herbst über suchte er Trost in der Arbeit. Morgens war er der Erste draußen und nachts schlich er nach einem kurzen Abendessen schnell in sein Bett. Den Winter wurde es schlimm. Die meiste Zeit saßen sie in der geheizten Stube zusammen, reparierten Werkzeuge oder spielten Mühle. Sam Horn zeigte seine Gefühle jetzt offen. Und wenn er sich liebäugelnd neben Sarah setzte, die Arme um sie legte oder ihre Hand streichelte, dann ging Slim V. Choate hinaus in die Winterluft, um sich abzukühlen.

Zu dieser Zeit teilten sich die Männer eine Schlafkammer. In einer Januarnacht hörte Choate Horn leise vom Bett aufstehen und über die knarrenden Dielen aus dem Zimmer schleichen. Kurz darauf vernahm er das leise Klopfen an Sarahs Tür und wie ihre sanfte Stimme den Freund herein bat.

Chaote zog sich die Decke über den Kopf und versuchte zu schlafen. Seine Gedanken ließen ihn lange nicht zur Ruhe kommen. Er hatte Sarah nie unbekleidet gesehen, seine lebhafte Fantasie aber gaukelte ihm unzüchtige Bilder vor, und mehr denn je quälte ihn die Einsamkeit und die Eifersucht.

Von diesem Tag an schlief Slim V. Chaote allein in der Kammer, während sich Horn ein Zimmer mit Sarah teilte.

Als endlich der Frühling kam, stürzte sich Chaote wieder in seine Arbeit, die ihm zu einer willkommenen Ablenkung wurden.

Ende März teilte ihm Horn freudestrahlend mit, dass Sarah schwanger war und dass er sie im Herbst nach der Ernte heiraten wollte. Slim Chaote schüttelte Horn die Hand und gratulierte fröhlich. Ihm kam es aber vor, als habe ihm jemand die Kehle zugeschnürt.

Sie legten drei Felder an. Zwei große mit Weizen und Gerste und ein kleines mit Kartoffeln. Im Fluss stellten sie das Schaufelrad fertig, welches das Wasser hob und in die Gräben beförderte, die sie mit Schleusen gegen Überflutung absicherten. Die Hühner vermehrten sich und legten so viele Eier, dass Sarah oft nicht wusste, wohin damit. Für ausreichend Milch sorgten die Ziegen, es gab deshalb jeden Sonntag leckere Kuchen. Antilopen und Büffel grasten beinahe vor ihrer Haustür, zusätzlich ergänzten sie ihre Nahrung mit wilden Rüben, Kirschen, Stachelbeeren und Birnen, die Sarah noch im Herbst in der näheren Umgebung gesammelt und konserviert hatte.

Sam Horn war zufrieden mit seinem Leben. Es gab Tage, an denen er vor Glück hätte jauchzen mögen. Wenn er in Sarahs strahlende Augen blickte oder wenn er sah, wie die Saat auf den Feldern heranwuchs, dann war ihm das eine große Freude. Doch dann quälten ihn wieder die Erinnerungen an seine Tochter Elisabeth und die Vorwürfe, die er sich machte, weil er nicht weiter nach ihr suchte. Hinzu kamen die Schmerzen in seinen Gliedern. Chaote musste jetzt vermehrt seine Arbeiten übernehmen, weil Horn oft tagelang seine Finger nicht bewegen konnte.

„Ich will nicht, dass Sarah davon erfährt", bat er Chaote. „Sie soll sich keine Sorgen machen."

„Von mir erfährt sie nichts", versprach Chaote. „Aber wie willst du weiterhin die Farm führen? Die Arbeit wird nicht weniger und dir fällt es jetzt schon schwer, mit der Schaufel einen Graben zu ziehen."

Horn senkte betrübt den Kopf. „Das weiß ich. Ich weiß auch, dass die meiste Arbeit an dir hängen bleibt. Slim, du bist jung und gesund, und dennoch ist es viel verlangt von mir. Wenn du weg gehst, dann müsste ich die Farm aufgeben."

Slim V. Chaote brauchte nicht lange zu überlegen.

„Ich habe nicht vor, weg zu gehen. Und Sarah wird von mir nichts erfahren. Auf Dauer wirst du es ihr aber nicht verheimlichen können. Jetzt aber setz dich erst mal in den Schatten und ruh dich aus."

Anfang April näherte sich ein Reiter der Farm. Horn nahm sein geladenes Gewehr zur Hand und befahl Sarah, im Haus zu bleiben, während er und Chaote, der sich mit einer Axt bewaffnete, den Reiter erwarteten. Erst als er nahe genug war, erkannte ihn Horn.

„Fitz , alter Junge!", rief er vor Freude und eilte dem Freund entgegen.

Der junge Ire schwang sich vom Pferd und die beiden Männer umarmten sich glücklich. Horn überschüttete Fitzpatrick geradezu mit Fragen, seine Wiedersehensfreude kannte keine Grenzen. Frohgelaunt stellte er Sarah und Slim Chaote vor und zeigte stolz die Felder.

„Bist ein Farmer geworden" , neckte ihn Thomas Fitzpatrick.

Er hatte sich all die Jahre nicht verändert. Er sprach nur das Nötigste und das wohl überlegt und knapp. Er war rasiert, gekämmt und gewaschen, und sein wildlederner Anzug war so sauber als wäre er erst am Tag vorher angefertigt worden. Dennoch wirkte Fitzpatrick irgendwie unruhig. Seit Tagen trug er eine freudige Nachricht mit sich herum, die er unbedingt los werden wollte. Er wartete nur noch auf einen günstigen Moment.

„Wo sind die alten Leute, von denen du immer gesprochen hast?"

Horn führte ihn an das Grab, in dem Walter und Nelly miteinander ruhten.

„Tut mir leid", sagte Fitzpatrick.

„Letztes Jahr", sagte Horn. „Aber jetzt komm endlich rein, Fitz, du wirst hungrig sein."

Sarah briet ihnen saftige Steaks, zu denen sie frisch gebackenes Brot reichte. Horn gab Chaote für den Tag frei, so sehr freute er sich über den seltenen Besuch. Während sie aßen, erzählte er begeistert davon, wie er und Fitzpatrick die Lawyer Bande übertölpelt hatten und von der aufregenden Flucht. Jetzt freilich lachte er darüber, die Erinnerung verharmloste das einst gefährliche Abenteuer. Mit gläsernen Augen schwärmte er von den grandiosen Schauplätzen, die sie gesehen hatten, von der unendlichen Weite, den uralten Wäldern und den klaren Bächen. Lange hatte er diese Eindrücke mit niemandem teilen können, jetzt sprudelten sie aus ihm hervor wie eine frische Quelle.

Fitzpatrick stimmte lächelnd zu. Nur hin und wieder schob er eine kurze Bemerkung ein.

Seine Rede schließlich selbst unterbrechend, stellte sich Sam Horn hinter Sarah und legte ihr sacht die Hände auf die Schulter.

„Weißt du, Fitz, das Leben, so hart es manchmal sein mag, es kehrt sich doch immer zum Guten. Der Zufall, ja, ein glücklicher Zufall brachte Sarah zu mir. Ich wollte sie zuerst nicht haben" - er lachte heiter - „und jetzt, jetzt gebe ich sie nicht mehr her. Sarah erwartet ein Kind von mir. Im Oktober wird es zur Welt kommen. Wir werden dann in St.Louis sein, um die Ernte zu verkaufen, dort werden wir dann auch heiraten. Schau zu, alter Junge, dass du kommen kannst. Du bist zur Hochzeit und zur Taufe herzlich eingeladen."

„Das gilt auch von mir", fügte Sarah herzlich hinzu. „Ich sah Sam noch nie so glücklich. Zum ersten Mal fühle ich, was ihm die Wälder bedeuten. Und auch Ihr, Herr Fitzpatrick, müsst ihm viel bedeuten."

„Ich danke für die Einladung", erwiderte Fitzpatrick knapp.

Die Nachricht, die er dauernd vor sich her schob, sollte eigentlich mit Begeisterung aufgenommen werden. Jetzt war er sich nicht mehr so sicher. Zumindest, was Sarah Ann Duncan betraf. Die junge Frau war offenbar zu einem sehr wichtigen Teil in Horns Leben geworden. Auf ihr baute er sein Glück auf, ihn jetzt aus diesem neuen Leben zu reißen, hieße vielleicht, mehr Unruhe als Freude stiften.

„Nun zu dir", drängte Sam Horn seinen Freund. „Erzähl, Fitz, wie ist es dir ergangen?"

„Nicht so schlimm", begann der Ire zögernd. „Nachdem wir uns getrennt hatten, schloss ich mich William Ashley und seinen Fallenstellern an. Am Missouri überfielen uns die Arikaras. Gott sei dank kam ich heil davon. Noch im Herbst zog ich mit Jedediah Smith und neun anderen ins Land der Crows, um Fallen zu legen. Wir hatten reichlich Erfolg. Im Winter kamen wir ins Land der Shoshonen. Wir mussten uns verstecken, weil die Shoshonen zur Zeit jeden Weißen töten, den sie erwischen. Weiß auch nicht, weshalb sie das tun. Erinnerst du dich an Gebogene Weide und Zwei-weiße-Raben? Ich wollte die Freunde besuchen, aber nach allem, was wir hörten, war es ratsam, von ihnen nicht gesehen zu werden. Obwohl wir es also nicht vorhatten, gelangten wir zufällig in die Nähe ihres Lagers."

Fitzpatrick machte eine Pause. Forschend sah er Horn von der Seite an. Dann sah er Sarah an.

„Erzähl weiter, Fitz", forderte Horn ihn auf.

„Es war natürlich gefährlich für uns in der Nähe ihres Lagers", erzählte Fitzpatrick weiter. „Und wir machten, dass wir fort kamen. Trotzdem lohnte sich der kurze Einblick. Glaube ich."

Wieder unterbrach er sich selbst und schwieg.

„Was für ein Einblick?"

„Nun, im Lager sah ich eine weiße Frau."

Unwillkürlich fuhr Horn hoch.

„Du sagst mir das doch nicht, weil du denkst ..."

„Sie ist etwa zwanzig Jahre alt", sagte Fitzpatrick. „Sie hat blondes Haar. Soviel ich sehen konnte, ist sie wohl aufgenommen. Anscheinend lebt sie schon mehrere Jahre bei ihnen."

Sam Horn stierte vor sich hin. Die Nachricht traf ihn wie ein Schlag. Schon manches Mal war er falschen Auskünften gefolgt, die Enttäuschungen danach hatten ihn zermürbt. An den Worten des jungen Iren hegte er aber keinen Moment Zweifel.

Als ob er in Gedanken weit entfernt weilte, murmelte er: „Vierzehn Jahre. Vierzehn lange Jahre. Bei Gott, ich hatte keine Hoffnung mehr."

Mit einem Ruck rüttelte er sich wach. „Wir waren doch bei den Shoshonen. Sie versicherten uns, dass keine Weiße bei ihnen lebt."

„Aus Furcht", erklärte Fitzpatrick. „Sie ist eine von ihnen geworden und du hättest sie ihnen weg genommen."

„Ich hätte sie doch nicht weg genommen. Sehen wollte ich sie. Ich wollte mich überzeugen, ob es ihr gut geht. Wir waren eine Woche dort, Fitz. Die verdammten Brüder müssen sie die ganze Zeit versteckt haben."

„Vermutlich war sie derzeit bei den Crows. Du erinnerst dich doch: Eine Gruppe war unterwegs, um bei den Crows Handel zu treiben."

Sein Bericht rief unterschiedliche Eindrücke hervor. Die Nachricht von Elisabeths Verbleib kam plötzlich und unerwartet. Von einem Moment auf den anderen sah sich Sam Horn kurz vor der Erfüllung seiner Sehnsucht. Es brauchte eine gewisse Zeit, um das neue Wissen aufzunehmen und sich seiner vollen Tragweite bewusst zu werden. Die Hoffnung, seine Tochter doch noch zu finden, war nach dem Besuch bei den Shoshonen verkümmert wie eine welke Blume. Die Ernüchterung, die darauf folgte, schnürte ihm das Herz zu wie ein zu enges Korsett. Jetzt löste sich dieses Korsett auf wunderbare Weise und befreite ihn. Jetzt pochte sein Herz in wilder Erregung.

Er richtete sich entschlossen auf.

„Morgen reite ich", verkündete er.

Natürlich wusste Sarah von der verschollenen Tochter ihres Geliebten. Sie hatte mit ihm seinen Schmerz geteilt, als er ihr davon erzählte, und ihn zu trösten versucht. Anfangs hatte sie für Sam Horn wirklich nur arbeiten wollen, jetzt aber liebte sie ihn. Mit dem Kind, das sie in sich trug, schien ihr Glück vollkommen. Und nun sollte plötzlich alles anders sein. Fitzpatricks Nachricht schenkte Sam Horn Freude und Glück, während ihres im selben Augenblick zu zerbrechen schien.

Ihr Antwort kam schnell und unerwartet.

„Du willst uns im Stich lassen? Mich und das Kind und auch Slim und die Farm?"

Überrascht horchte Horn auf. Diese Reaktion hatte er nicht erwartet.

„Ich werde in zwei, spätestens in drei Monaten zurück sein", versprach er. „Slim wird sich um die Farm kümmern und dich mit frischem Fleisch versorgen, falls es nötig ist. Sollte es nicht regnen, öffnet ihr die Schleusen. Die Felder sind bestellt, ihr werdet mich nicht vermissen."

„Wir werden dich nicht vermissen?" Sarah lachte bitter. „Glaubst du das denn wirklich, dass ich dich nicht vermissen werde? Endlich fand ich jemanden, dem ich vertrauen darf, jetzt gehst auch du weg. Wie Fitzpatrick sagte, töten diese Shoshonen jeden Weißen. Was ist, wenn sie auch dich töten? Was soll aus mir und unserem Kind werden?"

„Verstehst du denn nicht? Ich muss gehen! Ich muss einfach gehen!"

„Zwei Monate sind schnell vorüber", gab Slim Choate zu bedenken. „Du hast dein halbes Leben mit der Suche nach deiner Tochter verbracht, dass sie jetzt gefunden wurde, sehe ich als gutes Zeichen."

„Noch ist nicht sicher, ob es tatsächlich Elisabeth ist", rief Sarah aufgebracht. „Wenn es irgendeine andere weiße Frau mit blonden Haaren ist? Was, wenn es wieder nur eine weitere schmerzhafte Enttäuschung ist, derentwegen du dich in so große Gefahr begibst?"

Sam Horn sprach es jetzt deutlich aus: „Elisabeth ist meine Tochter. Und wenn ich noch hundert Enttäuschungen ertragen muss, ich kann und darf diese Chance nicht ungenutzt lassen. Wenn du das nicht verstehst, Sarah ..."

Er stockte und starrte sie mit feuchten Augen an.

„Ich kann nicht mit einer Frau zusammenleben, die gegen meine eigene Tochter ist."

Das war unmissverständlich. Noch immer versetzte ihn die Nachricht in eine Art Tagtraum, der ihn zu Worten verleitete, die er unter anderen Umständen so nicht gesagt hätte.

Sarah musste einsehen, dass sie in ihrer einnehmenden Liebe zu weit gegangen war. Im Grunde ging es ihr weniger um Elisabeth als um die Erkenntnis, wieder allein sein zu müssen. Drei Monate würde sie überstehen, was aber würde sein, wenn der geliebte Mann nicht wieder käme?

„Es tut mir leid, Sam", lenkte sie sanft ein. „Ich habe nur so schreckliche Angst um dich."

Sam küsste sie auf die Stirn.

„Ich werde wiederkommen. Und wenn Elisabeth es will, werde ich sie hier her bringen und sie dir vorstellen."

Sarah nickte stumm. Sie weinte.

Den restlichen Tag und lange in die Nacht hinein redeten sie. Horn blieb bei seinem Entschluss, und auch Sarah wurde bewusst, dass sie ihm seine Entscheidung nicht schwer machen durfte.

Sam Horn suchte noch in der Nacht seinen ledernen Anzug und die Jagdausrüstung hervor. Nachdenklich blickte er auf das in Leinen verpackte Bündel. Seltsam, dachte er, er hob es die ganze Zeit auf. Insgeheim hatte er also stets auf eine so glückselige Nachricht gehofft, auch wenn ihm das nicht bewusst gewesen war.

Als er den Anzug anprobierte, musste er erkennen, dass er in den eineinhalb Jahren zugenommen hatte. Die Hose zwickte an den Hüften und das Hemd am Bauch. Einer ruckartigen Bewegung würden die Nähte nicht standhalten. Schmunzelnd nahm ihm Sarah die Kleidung ab, setzte sich in Nellys Schaukelstuhl und begann zu nähen. Aus einem Stück Kaninchenleder schnitt sie passende Stücke und setzte sie gekonnt in Hose und Hemd ein. Während sie die halbe Nacht daran arbeitete, sprach sie kaum ein Wort. Auch am Morgen, als sie alle vier noch vor Sonnenaufgang am Tisch saßen und frühstückten, beteiligte sie sich nicht am Gespräch der Männer. Sie versuchte, tapfer zu lächeln, was ihr nicht immer gelang. Sie hatte furchtbare Angst um Sam, und sie sorgte sich auch um sich selbst und ihr Ungeborenes.

Während Sarah Proviant in eine Ledertasche packte, sattelten Horn und Fitzpatrick ihre Pferde.

Sam tätschelte sanft den Hals seines treuen Tieres. „Na, mein guter Brauner, jetzt geht es nochmal in den Westen. Hätten wir beide nicht gedacht, was."

„Sei vorsichtig, Sam." Fitzpatrick sah ihn besorgt an. Es tat ihm leid, dass er anderweitigen Verpflichtungen zugesagt hatte und Horn deswegen nicht begleiten konnte. „Die Shoshonen sind wirklich gefährlich. Sie sind gefährlicher als ich vor Sarah zugab. Bill Stryk, ein erfahrener Fallensteller, sagte mir, dass sie mindestens sechs Weiße getötet haben. Viele meiden jetzt das Gebiet der Shoshonen."

Sam lachte unbeschwert. „Glaubst du wirklich, Samuel Emil Horn lässt sich so einfach den Skalp nehmen?", entgegnete er mit fester, von Euphorie getragener Stimme.

Ohne viel Worte verabschiedete sich Horn. Sarah hätte gern etwas gesagt, hätte sagen wollen, dass sie ihn sehnlichst zurück erwarte und ihr Kind einen Vater brauchte. Ihre Kehle aber blieb von Tränen wie zugeschnürt. Leise sagte sie nur: „Ich werde auf dich warten, Sam."

Ein letztes Mal sah Horn zur Hütte zurück. Davor standen winkend Sarah und Slim Chaote. Sarah trug ein langes, hellblaues Kleid, ihr blondes Haar fiel ihr weich auf die schmalen Schultern. Weit im Osten ging die Sonne auf, ihre ersten Strahlen an diesem kühlen Morgen hüllten die Frau in einen hellen, goldenen Kranz. So behielt Sam Horn sie in Erinnerung. Während seiner Reise war ihm dieses Bild tröstende Hoffnung und Halt.

Etliche Meilen ritten Sam Horn und Thomas Fitzpatrick stumm dahin. Horn wusste aus eigener Erfahrung um die Gefahren der Wildnis, egal wie viele Jahre man ihr unbeschadet abgetrotzt hatte, sie lauerten überall und zu jeder Zeit. Die gesammelten Erkenntnisse mochten in mancher gefährlichen Situation hilfreich sein, sie waren aber kein Garant fürs Überleben.

Lange drückte ihn die Wahl der richtigen Worte. Schließlich sprach er schlicht aus, was ihn quälte. „Schau auf der Farm hin und wieder nach dem Rechten."

Fitzpatrick wusste, was Sam meinte. Er nickte.

Dann trennten sich ihre Wege. Sie schüttelten sich herzlich die Hände, sagten 'Lebewohl' und ritten in verschiedenen Richtungen weiter.

Kapitel Fünfundzwanzig

Von vielen Ausflügen kannte Horn die weite Prärie, kannte das breite, flache Bett des Platte, und auch der Anblick der in der Ferne liegenden schneebedeckten Gipfel des Felsengebirges war ihm vertraut. Und doch schien ihm alles auf eine befremdende Weise anders zu sein. Der wolkenlose, tiefblaue Himmel schien näher als sonst und das Bellen der Präriehunde, dem er früher neugierig gelauscht hatte, klang jetzt schrill und lästig in seinen Ohren. Ein seltsames, unbehagliches Gefühl begleitete den einsamen Reiter.

Zwei Tage lang ritten acht Cheyennekrieger in einem Abstand von etwa einer Meile neben ihm her. Sie kamen nicht näher und es gab keine Anzeichen für einen Angriff, trotzdem spürte Horn Furcht und hielt sein Gewehr bereit. Erst als die Cheyenne so plötzlich abzogen wie sie aufgetaucht waren, steckte er es wieder in die Lederhülle zurück.

Am Biber Fluss zwang ihn ein heftiger Sturm in den Schutz der Berge. Der Wind rüttelte an den Kiefern und beugte ihre Wipfel unter seiner Gewalt tief zur Erde. Sam verkroch sich unter den Überhang eines kahlen Felsens. Den unruhig schnaubenden Braunen band er daneben an die Äste eines Busches. Hier wollte Horn warten, bis sich der Sturm legte.

Nach einer Stunde flaute der Wind ab. Noch immer war der Himmel dunkel und unheilvoll. Horn wusste, was das zu bedeuten hatte und wartete ab. Seine Erfahrung täuschte ihn nicht, denn bald schon brauste der Sturm von Neuem los. Heftiger und tobender als vorher. Gewaltige Schauer peitschten nieder und grelle Blitze erhellten den zur Nacht verdunkelten Wald.

Der Braune wurde unruhig. Sein panisches Wiehern ging unter im Heulen des Windes. In der Nähe barst krachend der Stamm einer Tanne, brach nieder und schlug dumpf auf die Erde. Der Braune riss sich mit einem energischen Ruck frei und galoppierte in panischer Angst davon.

Langsam schwanden die Kräfte des Windes. Der Regen ließ nach und das Heulen verklang zu einem leisen Säuseln. Der letzte Hauch trieb die Wolken mit sich und entblößte eine glühende Sonne. Vorwitzige Eichhörnchen wagten sich aus ihren Schlupfwinkeln und fröhlicher Vogelgesang begrüßte den neugeborenen Tag.

Sein Pferd kehrte nicht zurück. Besorgt machte sich Sam Horn auf die Suche. Eine halbe Meile westlich fand er es. Von einem fallenden Baum nieder geworfen, war ihm der Leib von einem gesplitterten Ast durchbohrt worden. Kleinere Äste hatten die Bauchdecke aufgerissen. In keuchenden Schüben atmete es.

Sam Horn hatte den noch jungen Hengst in Cincinnati gekauft, das war vor fünfzehn Jahren gewesen. In dieser Zeit war er täglich mit dem Braunen, wie er ihn liebevoll nannte, zusammen gewesen. So manches Abenteuer hatten sie gemeinsam überstanden, und oft, wenn Horn sich einsam fühlte, hatte er dem treuen Weggefährten seine Sorgen anvertraut.

Horn nahm das Gewehr. Er zögerte. Gleichzeitig wusste er, er musste es tun. Er hatte keine andere Möglichkeit. Diesen letzten Freundschaftsdienst war er seinem langjährigen Begleiter schuldig. Ein einziger Schuss in den Kopf befreite den Braunen von seinen Qualen.

Sam Horn nahm ihm den Sattel und das Gepäck ab, dann schlug er Äste von dem Baum, bedeckte damit den Leichnam des toten Tieres und legte eine Schicht Steine darauf.

Sein Gliederreißen quälte ihn, die Arbeit fiel ihm deshalb schwer, seinem Braunen zuliebe biss er aber die Zähne zusammen. Das treue Pferd hatte im Leben viel durchgemacht, im Tode sollte es Frieden finden. Kein Wolf und kein Kojote würde es unter den Steinen anrühren können.

Einen halben Tag blieb Sam Horn noch bei seinem Braunen und trauerte um den liebgewonnen Freund, der ihm jetzt für immer genommen war. Schließlich erhob er sich, versteckte den schweren Sattel unter den Felsen und lief zu Fuß weiter. Lediglich die Provianttasche, die Waffen samt Pulverhorn und Blei nahm er mit sich.

Sein Weg führte ihn durch die Berge. Die Anstrengung nagte an seiner Kraft. Doch jeder Berg, den er schnaufend bestieg, und jedes Tal, das er durchwanderte, brachte ihn den Shoshonen näher. Nicht mehr lange und er würde Elisabeth in die Arme nehmen dürfen. Mit jedem Schritt stieg seine Zuversicht. Nein, Thomas Fitzpatrick hätte ihm nicht von einem weißen Mädchen erzählt, wäre er sich nicht ganz sicher gewesen, es handle sich dabei um Elisabeth. Wie sie jetzt wohl aussah, fragte sich Horn. Hatte sie sich im Stamm behaupten können und ihren Platz gefunden? War sie inzwischen verheiratet, hatte sie vielleicht schon Kinder?

Dann waren es nur noch wenige Tage und er würde sein Ziel erreichen. Horn wusste nicht genau, wo die Shoshonen in diesem Jahr lagerten, das war bei einem Nomadenvolk, das dem Wild folgte, vorher schwer zu bestimmen. Er nahm aber an, dass sie einen Platz gewählt hatten, der in der Nähe ihres Sommerlagers war, in dem er sie vor zwei Jahren angetroffen hatte. Vielleicht war er ihnen näher als er vermutete.

Um nicht ausgelaugt und erschöpft wie ein verwahrloster Vagabund vor seine Tochter treten zu müssen, beschloss er, noch eine kräftigende Nahrung zu sich zu nehmen. In der Tasche waren noch etwas geräuchertes Fleisch und getrocknete Beeren, Sarah hatte ihm in ihrer Fürsorge mehr als reichlich eingepackt, doch wollte er das für den Notfall sparen. Schon bald kam ihm ein Opossum vor den Büchsenlauf. Er legte an und schoss. Der Schuss hallte weit in die Ferne. Erschrocken aber unverletzt sprang das Opossum schnell davon und verschwand in den Büschen.

Sam Horn fluchte leise vor sich hin und dachte schon daran, nun doch auf den Proviant zurück greifen zu müssen. Doch schon kurz darauf stieß er auf einen Biberbau in einem schmalen Bach. Vier oder fünf erwachsene Tiere schwammen durch das Wasser, in den Mäulern dünne Zweige, mit denen sie geschickt und eifrig ihren Bau erweiterten und verfestigten.

Dieses Mal wollte Horn vorsichtiger sein. Das feuchte Laub am Boden dämpfte seine Schritte, so konnte er sich unbemerkt nahe an die emsigen Tiere heran bringen. Keine dreißig Meter vor ihm nagte eines von ihnen am Stamm einer jungen Birke. Ein sorgsam gezielter Schuss streckte den Biber nieder, während die anderen im Wasser untertauchten und verschwanden.

Der zufriedene Jäger schlug die Beute aus der Decke, zerlegte das Fleisch in Portionen und richtete sich, da es zu dämmern begann, an Ort und Stelle für die Nacht ein. Bald schon stieg von einem kleinen Feuer der markante Duft gebratenen Fleisches empor, das für mehrere Mahlzeiten reichen würde. Den Rest wollte er sich als Reserve mitnehmen.

Als er sich den Magen voll gestopft hatte und satt war, überkam ihn bleierne Müdigkeit. Schläfrig saß er an dem wärmenden Feuer und sah träumend zu dem Bach. Blätter und Zweige schwammen träge auf dem angestauten Wasser, in dem der Mond schaukelte. Die Biber wagten sich nicht mehr aus ihrem Bau, Vögel, die noch vor kurzem ihre Abendlieder gezwitschert hatten, waren inzwischen verstummt und ruhten irgendwo im dichten Laubwerk. Nur ein Fisch, der nach einer Mücke schnellte und klatschend ins Wasser zurück fiel, durchbrach sachte die Stille.

Nichts sonst rührte sich.

Diese Stille war unnatürlich. Ansonsten wäre sie für den erfahrenen Waldläufer ein Zeichen der Gefahr gewesen, an diesem Abend aber lag ihm der Schlaf schwer auf den Lidern. Obendrein wähnte er sich im Gebiet seiner Freunde, der Shoshonen, und damit in Sicherheit. Die einzigen Gedanken, denen er sinnierend nach hing, galten seiner Tochter, die er hoffte, schon bald in die Arme schließen zu können.

Ich werde mich rasieren müssen, dachte er. Womöglich erkennt mich Elisabeth mit Bart nicht. Auch die Haare werde ich schneiden. Gleich morgen früh werde ich mich ordentlich machen.

Zufrieden legte er sich auf sein Bett aus Fichtenzweigen, rollte sich in die Decke und war schon wenige Minuten später eingeschlafen.

Ein schriller Schrei ließ ihn hoch schrecken.

Nur ungenau erkannte er im fahlen Nachtlicht eine heranstürmende Gestalt. Hinter ihr drei weitere. Noch bevor er sein Gewehr an sich reißen konnte, bohrte sich ein Pfeil in seine rechte Schulter.

Im nächsten Moment war die Gestalt bei ihm, ein hochgewachsener, kräftiger Krieger. Adlerfedern steckten in seinem Haar, die untere Gesichtshälfte war blutrot bemalt, der Mund aufgerissen zu einem gellenden Schrei. In der erhobenen Hand eine mit Klingen besetzte Keule. Schützend warf Horn die Arme vor seinen Kopf, im gleichen Augenblick schlug die Keule nieder. Messerscharf krallte sie sich in seinen linken Oberarm.

Inzwischen waren die anderen Krieger zur Stelle. Einer von ihnen rief etwas, das den ersten veranlasste, seinen Angriff zu stoppen.

Der Pfeil war Sam schräg durch die Schulter gedrungen. Die metallene Spitze ragte auf dem Rücken heraus. Die Keule hatte von seinem Oberarm ein faustgroßes Stück Fleisch heraus gerissen. Beide Wunden bluteten stark.

Horn starrte vor Schwäche zitternd in vier dunkle Augenpaare. Zwei der Männer, ein älterer und ein jüngerer, waren ihm bekannt. Diese Männer waren Gebogene Weide und Der-vom-Hügel-kommt. Mein Gott, schoss es Horn durch den Sinn, das sind Shoshonen!

Der Blutverlust riss ihn dahin. Die Gesichter vor ihm verblassten zu dunklen Flecken. Kraftlos sank er in sich zusammen.

Kapitel Sechsundzwanzig

Roter Pfeil war tot und Der-Wolf-auf-dem-Berg war tot. Auch Bärenklaue und Die-ihr-Kleid-rot-färbt waren tot. Sie waren nicht durch die Hände ihrer Feinde der Sioux, der Araphao oder der Cheyenne im offenen Kampf gefallen, sie waren von heimtückischen Weißen aus dem Hinterhalt getötet worden. Umso schwerer war es für die Shoshonen, das feige Morden zu begreifen.

Als die Tage der Trauer vorüber waren, erklärten sie jeden weißen Mann zum Feind. Sie schämten sich sogar, ihre Feinde beherbergt zu haben. Lange Zeit wurden die zwei fremden Fallensteller, die über eine Woche bei ihnen gelebt hatten, nicht erwähnt.

Der Tod des Häuptlings Der-Wolf-auf-dem-Berg traf den Stamm besonders hart. Seiner weisen Führung vertrauten sie, sein Wort hatte großes Gewicht im Rat gehabt. Sein Streben hatte stets dem Frieden gegolten, und über viele Jahre hinweg war es ihm durch seine Entscheidungen möglich gewesen, den Stamm vor Hunger, Durst und Armut zu bewahren.

Viele Tage beriet der Rat über einen geeigneten Nachfolger. Zwei-weiße-Raben galt wegen seiner Klugheit am geeignetsten. Er war erfahren und weise genug, den Stamm zu führen. Doch der Heilige Mann lehnte zum Erstaunen aller ab.

„Meine Brüder"", richtete er das Wort an die Versammlung. „Dunkle Wolken werfen finstere Schatten auf das Volk der Newe. Die Sonne, die uns noch vor wenigen Wintern Freude spendete, sie ist verschwunden. Der Große Geist schickte mir Visionen, in denen unsere Zelte mit Blut beschmiert sind, in denen unsere Frauen weinen und unsere

Kinder hungern. Meine Brüder, die Winter und Sommer, die vor uns liegen, werden traurig sein. Das Lachen an den Feuern wird verstummen.

Meine Brüder, ich bin kein Krieger. Ich bin müde. Die Newe brauchen einen Häuptling, der unsere tapferen Männer durch diese schwere Zeit führt. Die Newe brauchen einen Häuptling, dem die Furcht vor dem Feind fremd ist, dem aber die Furcht vor dem Untergang im Herzen steckt. Die Newe brauchen einen Häuptling, der unser Volk zurück auf den Pfad der Freude führt. Und der einen Platz findet, den die Sonne beleuchtet und an dem unsere Herzen wieder lachen dürfen. Meine Brüder, hört meine Worte. Der Häuptling der Newe soll Narbengesicht sein!"

Niemand zeigte sich mehr überrascht über den Vorschlag des Heiligen Mannes als Narbengesicht selbst. Die Ratsmitglieder stimmten Zwei-weiße-Raben zu und sprachen Narbengesicht große Verdienste zum Wohle seines Volkes zu. Dennoch stieß der Vorschlag auf Gegenstimmen. Weitere Verhandlungen schlossen sich an, andere Kandidaten wurden in Erwägung gezogen und ihre Eignung diskutiert. Schließlich aber wünschte sich der gesamte Rat nur einen als Häuptling – Narbengesicht.

Das ehrenvolle Amt erfüllte Narbengesicht mit Stolz. Aber die Verantwortung, die er von nun an zu tragen hatte, lastete schwer auf ihm. In seiner Zeit als Krieger hatte er sich von persönlichen Gefühlen leiten lassen, was ihm oft zum Vorwurf gemacht worden war. Sein lebhaftes, oft impulsives Wesen jetzt abzulegen, fiel ihm nicht leicht. Der plötzliche Tod seines Vaters riss eine schmerzhafte, tiefe Wunde, zu gerne wäre er dem Ruf der Krieger gefolgt, sie im Kampf gegen die weißen Eindringlinge zu führen. Doch es war nicht seine Aufgabe, Rache zu üben. Seine erste

Aufgabe galt der Sorge um den Stamm, diesen vor Unheil zu bewahren und nicht Unheil herauf zu berufen. Doch so sehr er sich auch bemühte, hin und wieder wallte in ihm das Blut des Kriegers. In solchen Momenten loderte in ihm die Leidenschaft. Dann tat er das, was ihm die Alten vorwarfen: Er folgte der Stimme seiner Jugend. Er sattelte seine Appaloosastute, scharte Krieger um sich und zog mit ihnen in den Kampf.

Vor sechs Tagen war Narbengesicht mit Gebogene Weide, Der-vom-Hügel-kommt und Elchzahn aufgebrochen. Als er sich die untere Hälfte seines Gesichtes mit roter Farbe bemalt und sich auf seine Stute geschwungen hatte, kroch in Gefleckte Taube die Angst. Eine Angst, die sie nicht erklären konnte. Eine Angst, die sie in diesem Ausmaß noch nie gespürt hatte.

Mehr als sonst suchte sie die Gesellschaft von Die-ihr-Haar-bedeckt. Die beiden Frauen saßen dann lange vor dem Tipi in der Sonne und achteten auf Kleiner Falke. Der Junge war inzwischen zwei Jahre alt. Neugierig erkundete er die nähere Umgebung. Mit einem Stöckchen bewaffnet, verjagte er mutig schnüffelnde Hunde, die nach einem Stück weg geworfenen Fleisches suchten. Oder er spielte mit den stumpfen, rot bemalten Pfeilen und dem kleinen Bogen, die ihm sein Großvater geschenkt hatte. Am liebsten aber saß er auf dem Schoß seiner Mutter und lauschte den Geschichten, die sie ihm erzählte.

Gefleckte Taube hatte für Narbengesicht ein Hemd aus weichem Hirschleder genäht, das sie jetzt an den Nähten mit Pferdehaaren verzierte. Die Arbeit erforderte ihre ganze Aufmerksamkeit, sie bemerkte die Reiter deshalb erst, als diese das Dorf erreichten. Ihr Mann war wieder zurück.

Als sie Narbengesicht wohlbehalten und unverletzt auf seiner Stute ins Dorf reiten sah, da fiel die Sorge um ihn mit einem Mal von ihr ab. Sie legte ihre Arbeit sofort zur Seite, nahm ihren Sohn auf den Arm und eilte Narbengesicht entgegen.

Die heimgekehrten Krieger verhielten sich ruhig. Sie hatten also keine Skalps erbeutet. Eines ihrer Pferde schleppte ein Travois mit, auf dem ein längliches Bündel lag. Erst bei näherem Hinsehen erkannte sie einen in Decken gehüllten Fremden.

Neugierig musterten die Shoshonen den Weißen, der schlief und krank aussah. Eine alte Frau rief aufgebracht: „Was bringt ihr einen Weißen hierher?"

Sieht-den-Wind erkannte ihn als Erste.

„Das ist Büffel!", rief sie erfreut und gleichzeitig besorgt wegen seines Zustandes.

„Er ist verletzt", sagte Narbengesicht. Er fügte hinzu: „Ich wollte ihn töten."

Er schwang sich von seiner Stute, trat zu seiner Frau und sagte: „Gebogene Weide sagte mir, dieser Mann wird Büffel genannt, er ist unser Freund. Vor zwei Sommern lebten er und ein anderer Weißer in unserem Stamm, während wir bei den Crows waren."

Gefleckte Taube wunderte sich, weshalb ihr Mann ihr das jetzt mitteilte.

Narbengesicht fügte nach einer Weile hinzu: „Dieser Mann suchte ein weißes Mädchen."

Hatte Gefleckte Taube vorher nur einen flüchtigen Blick auf den verletzten Mann geworfen, so betrachtete sie ihn jetzt genauer. Sie sah einen gealterten Mann mit langen, schwarzen Haaren, die erste graue Strähnen zeigten und die jetzt ungepflegt und schmutzig waren. Der Bart, zottelig und wild, verdeckte Mund und Kinn, auf den Wangen klebte verkrustetes Blut. Auf der fahlen Haut perlten Schweißtropfen, die Augen in Bewusstlosigkeit geschlossen.

„Erkennst du ihn?", fragte Narbengesicht seine Frau. Den ganzen Weg zurück ins Dorf hatte ihn nur diese eine Frage beschäftigt. Sollte dieser Fremde tatsächlich der Vater seiner Frau sein, so hatte er großes Unrecht getan, indem er ihn verletzte. Und wenn er seinen Verletzungen erlag, würde Narbengesicht schuld am Tod jenes Mannes sein, der vielleicht der Vater seiner Frau war.

Gefleckte Taube schüttelte traurig den Kopf.

„Nein", antwortete sie.

Viele Jahre hatte sie auf ihren Vater gewartet, hatte gehofft, er würde sie finden. Mit den Jahren war die Erinnerung an ihn verblasst. Jetzt war für einen Augenblick alles wie damals gewesen. Sie hatte sich als Kind gesehen und die innige Zuneigung zu ihrem Vater war spürbar lebendig geworden. Einen Augenblick später war dort, wo Hoffen und Bangen gepocht hatten, nur noch ein schmerzendes Loch. Nein, dieser langhaarige, bärtige Mann, der wie ein Trapper gekleidet war, er konnte nicht ihr Vater sein.

Gebogene Weide und Elchzahn brachten den Verletzten in die Hütte von Zwei-weiße-Raben. Sieht-den-Wind begleitete sie. Der Heilige Mann besah sich die Wunden, die notdürftig mit zerkauter Schafgarbe versorgt worden waren. Seiner Ansicht nach bestand wenig Hoffnung. Ein böser Dämon hatte Besitz von Büffel ergriffen und als Vorboten des Todes den Todesschlaf gesandt, um ihm so wenigstens die Schmerzen zu nehmen.

„Es bedarf großer Anstrengung, den Dämon zu besiegen", sagte Zwei-weiße-Raben. „Vielleicht ist es möglich. Ich weiß es nicht."

Im Laufe des Tages legten mehrere Shoshonen, die den Weißen ins Herz geschlossen hatten, Geschenke vor die Hütte des Heiligen Mannes. Zwei-weiße-Raben nahm sie an sich und begann mit der Heilungszeremonie.

Nachdem Narbengesicht seine Stute versorgt hatte, begab er sich in sein Tipi. Gefleckte Taube, Kleiner Falke und Die-ihr-Haar-bedeckt warteten auf ihn und seine Geschichte. Narbengesicht setzte sich, nahm von dem gebratenen Fleisch, das seine Frau ihm anbot, und während er aß, erzählte er.

Sie waren erst einen Tag unterwegs gewesen, als sie einen Schuss hörten. Sie ritten in diese Richtung, fanden aber niemanden. Dann hörten sie einen zweiten Schuss, wieder folgten sie dem Hall, weil sie sich vergewissern wollten, wer sich in ihrem Gebiet aufhielt. Sie sahen ein Feuer zwischen den Bäumen schimmern, an dem ein Mann schlief. Ein weißer Mann. Sie warteten ab, bis er eingeschlafen war, dann griffen sie an.

„Ich hätte ihn beinahe getötet", schloss Narbengesicht seine Erzählung. „Gebogene Weide hielt mich zurück. Er erkannte den Mann, der in unserem Dorf als Freund gelebt hatte."

Er legte das Stück Fleisch in eine hölzerne Schale.

„Es ist Zeit, die Kriegszüge zu beenden", sagte er nach einer Weile. „Wir haben viele Bleichgesichter getötet. Es ist genug. Der Weiße Mann meidet unser Land, der Tod unserer Brüder und unserer Schwestern ist gesühnt. Ich habe erkannt, das Volk der Weißen ist nicht wie unser Volk. Wenn ich einen Cheyenne sehe, weiß ich, er ist mein Feind. Wenn ich einen Crow oder einen Bannack treffe, treffe ich auf einen Freund. Bei den Bleichgesichtern ist das anders. Nicht jeder Weiße ist ein Feind. Erst heute erfuhr ich, dass der Mann, den meine Brüder Büffel nennen, Dorn-im-Fuß das Leben rettete. Ich habe beinahe einen Freund getötet. Ich werde Büffel willkommen heißen, sobald er wieder gesund ist."

„Das ist gut", sagte seine Mutter. „Der Große Geist hat dich sehen gelehrt. Du wirst unserem Volk ein guter Häuptling sein."

Gefleckte Taube hatte still zugehört. Die Sorge um den geliebten Mann war mit dessen Rückkehr gewichen. Dass er sich jetzt vornahm, weniger oft in den Kampf zu ziehen, begrüßte sie im Stillen. Um ihre Erleichterung zu zeigen, schenkte sie ihm das Hemd, das sie für ihn genäht hatte.

Er hielt es in den ausgestreckten Händen und betrachtete es genau. Die Nähte waren fein und kaum sichtbar, die Pferdehaare waren einzeln zu einem endlosen Band verflochten. Es war das Haar der Appaloosastute, das sie, ohne es Narbengesicht merken zu lassen, aus dem Schweif gezupft hatte. Gefleckte Taube musste sehr lange an dem Hemd gearbeitet haben und zeigte die Mühe und Aufmerksamkeit, die darin steckte. Er war sehr stolz auf seine geschickte Frau.

„Zieh es an!", bat sie ihn ungeduldig.

Er zog das alte Hemd aus und das neue an. Das weiche Leder berührte angenehm kühl seine Haut.

„Gut", sagte er.

Er nahm seinen Sohn in den Arm. „Gefällt es dir auch?", fragte er schmunzelnd.

Der Junge zupfte vergnügt an dem Hemdärmel und lachte fröhlich.

„Ein Krieger gilt in seinem Volk als tapfer, wenn er viele Feinde hat. Sie bringen seinem Namen Ruhm", sagte Narbengesicht nachdenklich. „Ich habe einen solchen Namen.

An den Feuern vieler Stämme wird er mit Ehrfurcht ausgesprochen. Jetzt bin ich auf dem Weg, um ein guter Häuptling zu werden, der die Angst und die Not aus den Gesichtern der Kinder und Frauen vertreibt. Ich will ein guter Häuptling sein, das aber liegt nicht in meinem Ermessen. Erst wenn andere mich einen guten Häuptling nennen, ist es wahr. Und ich will ein guter Vater sein. Mein Sohn wird immer zu essen haben, er wird nie frieren, er wird fröhlich sein und nie sein Lachen verlieren. Ich werde dafür sorgen, ich werde ein guter Vater sein. Doch erst wenn er sagt, ich bin ein guter Vater, dann ist es wahr. Und dir, Mutter, will ich ein guter Sohn sein."

„Das bist du schon immer", antwortete Die-ihr-Haarbedeckt gerührt.

Narbengesicht wandte sich an Gefleckte Taube. „Dir werde ich ein guter Mann sein."

Sie lächelte dankbar. „Das bist du."

Mit den Fingern strich sie sich eine Strähne ihres blonden Haares aus der Stirn. Stolz erhob sie ihr Haupt.

„Es ist gut, weil der Mann, den sie Büffel nennen, nicht dein Vater ist", sagte er leise. „Würdest du mit deinem Vater gehen? Zurück zu deinem Volk?"

„Wir beide haben schon darüber gesprochen", erwiderte sie. „Ich habe Sehnsucht nach den Menschen von damals. Eines Tages möchte ich sie besuchen. Aber mein Volk ist jetzt das Volk meines Mannes und meines Sohnes. Mein Volk sind die Newe. Ich werde mein Volk nicht auf Dauer verlassen."

Sam Horns Zustand verschlechterte sich. Zwar waren die Wunden sauber und eiterten nicht, aber das Fieber stieg. Schreckliche Alpträume quälten ihn. Zwischendurch erwachte er für wenige Minuten und murmelte unverständliche Worte.

Zwei-weiße-Raben tat alles, was in seiner Macht stand. Ständig brannte ein kleines Feuer, in das er getrocknete Tabakblätter legte. Der narkotisierende Rauch verdunkelte die geräumige Hütte. Mit heiligem Gesang rief er die Geister um Hilfe. Den Dämon, der durch das offene Fleisch in Horn gefahren war, versuchte er mit Tinkturen aus Weidenrinde, Schafgarbe und den Blattknospen der Pappel zu vertreiben.

Häufig suchten Gefleckte Taube, Narbengesicht, Siehtden-Wind und Dorn-im-Fuß die Hütte des Medizinmannes auf. Doch der verweigerte den Zutritt. Die Geister durften während der Heilung nicht gestört werden.

Am vierten Tag stellte sich Besserung ein. Das Fieber wich zurück und die Zeiten des Wachseins verlängerten sich. Zum Sprechen war Horn noch zu matt.

Narbengesicht hätte sich gern bei dem Weißen entschuldigt, und Gefleckte Taube wollte aus einem unbestimmbaren Grund in der Nähe des Verletzten sein. Sie war noch immer überzeugt, das Bleichgesicht sei nicht ihr Vater, aber ein starker, unerklärlicher Drang zog sie täglich zu der Hütte hin.

Am sechsten Tag erlaubte der Heilige Mann Sieht-den-Wind den Eintritt, während er selbst wegging. Horn lag wach und erkannte die junge Frau. Mit einem Lächeln begrüßte er sie. So saßen sie lange Zeit still nebeneinander. Schließlich sank er wieder matt in den Schlaf. Sieht-den-Wind nahm Horns Hand und hielt sie eine Weile fest. Sie stand auf und schlich leise nach draußen.

Gefleckte Taube saß vor ihrem Tipi und sah die Frau heraus kommen. Entschlossen eilte sie zu ihr.

„Ich will ihn sehen", forderte sie mit fester Stimme .

„Zwei-weiße-Raben erlaubt das nicht", widersprach Sieht-den-Wind.

„Ich will mit dem weißen Mann sprechen", beharrte Gefleckte Taube.

„Er schläft. Du kannst nicht zu ihm."

„Weshalb darfst du dann zu ihm?", fragte Gefleckte Taube.

Sieht-den-Wind blickte verlegen zu Boden .

„Er wird mich zu seiner Frau nehmen, sobald er gesund ist", behauptete sie.

„Ich habe einen Mann, ich nehme ihn dir nicht weg", sagte Gefleckte Taube laut. „Ich will nur mit Büffel sprechen, mehr nicht."

Ohne eine Antwort abzuwarten, schob sich Gefleckte Taube an der Frau vorbei in die Hütte.

Es brauchte einen Moment, bis sich ihre Augen an den dünnen Rauch gewöhnten. Ein schmaler Lichtkegel, der schräg durch eine winzige Öffnung in der Decke fiel, erhellte den Raum nur wenig.

Leise trat sie einen Schritt näher, um den Mann besser sehen zu können. Näher durfte sie nicht. Sie war unerlaubt eingetreten und es konnte sein, dass sie dadurch die Geister verärgerte.

Der Mann lag auf einer niedrigen Holzpritsche. Eine Büffelrobe bedeckte seinen lang gewachsenen Körper. Nur das von der Krankheit gezeichnete, bärtige Gesicht und die Hand schauten unter dem Fell hervor.

Gefleckte Taube hoffte, er möge die Augen öffnen und mit ihr sprechen. Aber der Kranke schlief fest. Es war zwecklos und vielleicht auch falsch, länger zu warten. Enttäuscht wandte sie sich um. In diesem Moment trat Zwei-weiße-Raben ein. Eifersüchtig geworden, hatte ihn Sieht-den-Wind geholt.

„Es ist nicht gut, dass du die Geister störst", fuhr er sie barsch an.

Gefleckte Taube nickte. Eingeschüchtert warf sie einen letzten Blick auf den Kranken. Und jetzt erst bemerkte sie es. Wie gelähmt starrte sie zu dem Weißen. Ihre Gedanken rasten. Zwei-weiße-Raben schob sie nach draußen vor die Hütte.

Gefleckte Taube begann zu rennen. Sie rannte durch das Dorf in den Wald. Dort sank sie erschöpft nieder.

Sie weinte.

Narbengesicht, der mit Freunden zusammen war und sie beobachtet hatte, eilte sofort zu ihr.

„Was ist geschehen?", fragte er besorgt.

Gefleckte Taube hob langsam den Kopf, Tränen rannen ihr über die Wangen. Dennoch lächelte sie. Glücklich warf sie sich ihrem Mann an den Hals.

„Die verstümmelte Hand", rief sie erregt. „Es ist mein Vater!"

Kapitel Siebenundzwanzig

Im Nachhinein erschien ihr alles wie ein böser Scherz der Geister. Die Verwirrung der Dinge spiegelte sich in der Laune des Schicksals.

Ihr Vater war vor zwei Jahren hier gewesen, er war gerade zu dem Zeitpunkt hier bei den Shoshonen gewesen, als sie selbst bei den Crows war. Auch als sie zurück kam, erfuhr sie nicht gleich von seinem Besuch. Wegen des Überfalls sprach niemand von den zwei Weißen. Und als man schließlich darüber sprach, wurde die verstümmelte Hand, das eindeutige Erkennungszeichen ihres Vaters, nicht erwähnt. Der Grund dafür lag darin, weil die Shoshonen ein Körpermakel als besonderes Zeichen der Geister ansahen. Es war tabu, darüber zu sprechen.

Und doch, trotz der vielen Widerstände, hatte Gefleckte Taube ihren Vater wieder. Vierzehn lange Jahre waren vergangen. Vierzehn Jahre, die beide in verschiedenen Welten gelebt hatten.

Als Sam Horn die Augen aufschlug und seine Tochter wartend neben dem Bett sah, erkannte er sie sofort. Zuerst traute er seinen Sinnen nicht, glaubte an Wahnvorstellungen, die ihm das Fieber vorgaukelte. Dann begriff er schnell, und die Freude über das lang ersehnte Wiedersehen vertrieb die Krankheit aus ihm, und innerhalb von nur zwei Tagen war er wieder auf den Beinen. Von nun an verbrachten Vater und Tochter jede Minute miteinander. Die Sehnsucht, sich mitzuteilen, weckte Elisabeths Erinnerung an ihre Muttersprache, inzwischen verstand sich aber auch Horn im Dialekt der Shoshonen gut auszudrücken.

Es gab viel zu erzählen. Trauriges und Erfreuliches. Aber eigentlich brauchten sie keine Worte. Oft saßen sie nur so da, saßen schweigend beieinander und waren glücklich. Sie hatten sich wieder. Mehr verlangten sie nicht.

Jeder von ihnen hoffte, nie wieder vom anderen getrennt sein zu müssen. Aber sie sahen auch die Gründe ein, die einen Abschied erforderten. Elisabeth hatte hier in den Bergen eine liebe Familie gefunden, sie verbrachte jetzt mehr als zwei Drittel ihres Lebens bei den Shoshonen. In ihrem Herzen war sie eine von ihnen geworden. Sie kleidete sich wie eine Shoshonin, dachte und handelte wie eine Shoshonin. Und selbst die Liebe zu ihrem Vater brächte es nicht fertig, das Dorf, die Freunde und besonders Narbengesicht und ihren Sohn zu verlassen.

Sam Horn nahm ihre Entscheidung zur Kenntnis und akzeptierte sie. Und auch Elisabeth akzeptierte, dass ihr Vater zurück in den Osten wollte.

Sie hatte von Nellys und Walters Tod erfahren und davon, dass das Land um das Fort jetzt ihrem Vater gehörte. Natürlich musste er zurück, um die Felder zu bestellen. Sarah Duncan und das zu erwartende Kind erwähnte Horn vorläufig noch nicht.

Sam Horn reagierte sehr erfreut, als ihm Elisabeth mitteilte, sie werde ihn auf seinem Rückweg begleiten. Der Abschied verlor dadurch seinen Schrecken, er rückte in unwirkliche Ferne.

Kleiner Falke gewöhnte sich schnell an den Gast, der jetzt das Tipi mit ihnen teilte. Nur zu gern ließ er sich von seinem Großvater auf die Schultern heben und johlend durchs Dorf tragen. Besonders interessierte er sich für den dichten Bart, den Horn zwar regelmäßig stutzte, aber nie ganz abnahm, und zupfte vergnügt mit seinen kleinen Fingern daran.

Narbengesicht ließ es sich nicht nehmen, den Heiligen Mann für seine Dienste mit einem jungen Pferd zu entlohnen.

Wann immer es möglich war, verbrachte Sam Horn die Zeit mit seiner Tochter allein. Einer ihrer Spaziergänge führte sie auf einen nahen Berg.

Ein steter Wind schien den Platz von lästigen Mücken und anderem Ungeziefer freizuhalten. Mächtige, von Flechten bewachsene Felsen bedeckten ihn. Nur eine einzelne, gekrümmte Kiefer behauptete seit vielen Jahrzehnten ein Anrecht auf diesen wundervollen Platz.

Vater und Tochter blickten in weites, unberührtes Land. Lange Zeit ergaben sie sich stumm der atemberaubenden Ausschau.

„Es gibt wohl kein schöneres Land als dieses", schwärmte Sam Horn. „Vor zwei Jahren stand ich schon einmal hier und war wie verzaubert. Der Wind lässt einen spüren, dass man Teil dieses Landes ist. Wenn es mir möglich wäre, möchte ich für immer hier bleiben. Hier auf diesem Berg, im Schatten dieser alten Kiefer würde ich meine Hütte errichten."

„Warum ist es dir nicht möglich?", fragte Gefleckte Taube.

Er sah sie lange an.

„Ich war zwölf Jahre unterwegs", begann er schließlich zu erzählen. „Zwölf Jahre, die ich vergeblich nach dir suchte. Und zuletzt hatte ich keine Hoffnung mehr. Hinzu kam, dass mich eine Krankheit zwang, das unstete Leben in der Wildnis aufzugeben. Als ich in den Osten zurück kehrte, starben kurz darauf Walter und Nelly. Von ihnen erbte ich die Farm. Aber ich war jetzt allein, denn ich glaubte, dich nie wieder zu sehen. Den Gedanken, du könntest tot sein, schob ich weit von mir, aber das war immerhin möglich. Ich war allein und einsam. Ein glücklicher Zufall schenkte mir eine Frau und ich nahm sie mit auf die Farm. Die Frau heißt Sarah Ann Duncan. Sie erwartet ein Kind von mir."

„Deshalb willst du zurück", schlussfolgerte Gefleckte Taube.

„Ja."

Sie liebte ihren Vater. Weil er sich eine neue Frau genommen hatte, deswegen zürnte sie ihm nicht. Sie freute sich mit ihm.

„Ist sie eine gute Frau?", fragte sie.

„Das ist sie", antwortete er mit einem strahlenden Lächeln.

„Warum erzählst du mir erst jetzt von ihr?"

„Ich dachte, ich würde dich dadurch kränken."

„Und ich dachte", sagte Gefleckte Taube lachend, „ich kränke dich, weil ich nicht auf deiner Farm bleiben kann. Wie ähnlich wir uns doch sind. Du gehörst zu deiner Frau und ich zu meinem Mann und meinem Kind. Anfangs wollte ich immer zurück in den Osten. Jetzt kann ich nicht mehr weg von hier. Zu viel von mir ist in diesem Land. Und in diesen Menschen. Ich bin ein Teil dieses Volkes. Ich bin froh, dass du mich nicht zwingst, dir in den Osten zu folgen."

Gefleckte Taube lächelte mild. Mit einer sanften Handbewegung strich sie sich eine Strähne aus ihrem Gesicht.

Wie erwachsen sie ist, dachte Sam Horn. Und sie ist so schön wie ihre Mutter.

Einem plötzlichen heftigen Gefühl folgend, fielen sich beide in die Arme. Die lange Zeit der Trennung hatte sie beinahe wie Fremde werden lassen. Jetzt fühlten sie sich wieder vereint. All die vielen vergangenen Jahre hatten ihrer Liebe zueinander nichts anhaben können.

Sieht-den-Wind schämte sich ihrer Eifersucht, weil sie Gefleckte Taube für eine Rivalin gehalten hatte. Umso mehr wollte sie Horn jetzt ihre Zuneigung zeigen. Sie suchte seine Nähe, schmeichelte ihm und lächelte ihn an und hoffte so, an das anknüpfen zu können, das sie einmal verbunden hatte. Der Geliebte von einst aber verhielt sich ungewohnt abweisend ihr gegenüber. Horn war deswegen nicht barsch oder unhöflich zu ihr, machte aber deutlich, dass er keine Nähe mehr wünschte. Weil sie es sich nicht anders erklären konnte, als dass Horn sich jetzt vor allem seiner Tochter widmen wollte, respektierte sie seinen Willen und hielt sich zurück, ließ es sich aber nicht nehmen, ihm weiterhin schöne Augen zu machen.

Das gesamte Dorf nahm regen Anteil an dem freudigen Wiederfinden von Vater und Tochter. Sam Horn wurde dadurch zu einem von ihnen, das Vertrauen in ihn war groß. Die Ratsversammlung lud ihn ein und befragte ihn nach dem Volk der Weißen, seine Meinung war ihnen wichtig geworden. Horn gab bereitwillig Auskunft. Er verschwieg auch nicht, dass die Bleichgesichter so zahlreich wie die Sterne an einem klaren Nachthimmel waren. Viele von ihnen lebten in Städten in Häusern aus Steinen eng zusammen, doch wurden es immer mehr, die das Land der indigenen Völker beanspruchten, um Felder anzulegen und Weiden für ihr Vieh absteckten. Noch lagen ihre verstreuten Siedlungen weit vom Land der Shoshonen entfernt, meinte Horn. Es gäbe also noch keinen Grund, sich deswegen Sorgen zu machen.

Sam Horn erwähnte aber auch den ausgeprägtem Gerechtigkeitssinn seines Volkes.

„Die Gesetze sind in Büchern niedergeschrieben, sie gelten für alle Menschen gleichermaßen. Jeder Einzelne hat sich danach zu richten und wird nach ihnen gerichtet. Ein Verbrechen, etwa ein Mord, wird in den großen Städten genauso hart bestraft wie hier in der Abgeschiedenheit des Westens. Die Gesetze sind allgemeingültig und jeder hat sich danach zu richten."

„Dann verlangen die Bleichgesichter, dass auch wir uns an diese Gesetze halten?", fragte Gebogene Weide.

„Ja", sagte Horn. „Sie gelten für alle Menschen."

„Wer hat diese Gesetze beschlossen und in die Bücher geschrieben?", fragte Gebogene Weide weiter.

„Erfahrene und gebildete Männer haben sie in Versammlungen besprochen und beschlossen, ähnlich wie ihr in der Ratsversammlung Beschlüsse fasst."

„Als eure Gesetze beschlossen wurden, waren da die Sioux dabei oder die Crows oder die Comanchen?", fragte Zwei-weiße-Raben.

„Nein", musste Horn eingestehen.

„Auch die Shoshonen waren nicht dabei. Niemand von uns war dabei, und doch sollen sie auch für uns gelten."

Ihrem Verständnis nach existierten ausschließlich jene Gesetze der ewigen Welt. Sie bestimmten den Stand der Sonne, die Jahreszeiten und das Zusammenleben aller Wesen. Der Fuchs war genauso an sie gebunden wie der Wind und der Boden und alle Menschen. Keine Versammlung von Männern hatte sie beschlossen, sie waren seit ewigen Zeiten da, und seit ewigen Zeiten orientierten sich die Shoshonen an diesen Gesetzen, die in keinem Buch festgehalten waren.

Sam Horn dachte viel darüber nach. Doch so wenig die Shoshonen das Denken und das Handeln der Bleichgesichter begreifen konnten, so fremd waren ihm in manchen Augenblicken die Spiritualität und die Denkweise der Shoshonen. Er war einer von ihnen geworden und war es doch nicht mit ganzem Herzen.

Und gerade deswegen, weil er aus einer anderen, einer fremden Welt zu kommen schien, sprach ihn zwei Tage später ein junger Mann an und suchte seinen Rat. Eisernes Messer war Mitte Zwanzig, er war nicht besonders groß, sein Haar war zu einem Zopf gebunden, die Lippen voll und geschwungen. Äußerlich war er so ganz anders als die Krieger, die Horn bisher kennengelernt hatte. Sein Körper war weder sehnig noch muskulös, sein Haar ungeschmückt und seine Kleidung schlicht und bescheiden. Er wurde nie eingeladen, wenn es galt, bei den Cheyenne oder den Arapaho Pferde zu stehlen, und nahm nur selten an den großen Jagden teil. Und doch hatte er seinen Platz in der Gesellschaft der Shoshonen gefunden. Er wurde respektiert so wie er war, auch wenn er es vorzog, allein umher zu streifen und sich bei Feierlichkeiten und Festen lieber abseits hielt.

Eisernes Messer hatte sich noch keine Frau genommen, doch es quälte ihn, seine gebrechlichen Eltern in Armut zu wissen. Und er gab sich die Schuld daran, weil er allein sie nicht in dem Maße versorgen konnte, wie er es gerne gewünscht hätte. All das bereitete ihm Sorgen, und er fragte sich, warum er so anders war als die meisten jungen Männer seines Dorfes. In Sam Horn glaubte er nun einen Menschen gefunden zu haben, dem er vertrauen durfte und von dem er sich eine andere Sicht auf das Leben erhoffte, als er sie bei einem seines Stammes erwarten konnte. Dennoch fiel ihm das Reden schwer, und so saßen sie eine ganze Weile in dem schmucklosen Tipi und sprachen kein Wort.

Das Zelt war karg und entsprach so ganz dem schlichten Wesen von Eisernes Messer. Ein alter Mann mit faltigem, dürren Gesicht und dünnem Haar saß zusammen gekauert neben dem Feuer, über dem eine Frau, der die oberen Schneidzähne fehlten, ein Kaninchen röstete. Horn wurde zum Essen eingeladen, auch hier sprachen sie kaum. Erst danach ging Eisernes Messer mit Horn nach draußen, wo sie sich vor dem Tipi in den Schatten setzten. Schließlich fragte er: „Sind in deinem Volk alle Männer Krieger?"

Horn ahnte wohl, was den jungen Mann bedrückte und weswegen er ihn sprechen wollte.

„Nur wenige Männer meines Volkes sind Krieger", antwortete er. „Viele bepflanzen das Land und versorgen so ihre Familien. Sie sind sehr wichtig für unser Volk. Andere verstehen sich darauf, Häuser zu bauen, Kranke zu heilen oder Werkzeuge herzustellen. So hat jeder seine Aufgabe und jeder dient seinem Volk in seiner Weise."

Eisernes Messer begann nun mit leiser Stimme von sich zu erzählen. Vor langer Zeit waren sie vier Brüder gewesen. Bewundernd sah er, wie seine älteren Brüder, die er sehr liebte, in den Kampf zogen, und er wünschte nichts sehnlicher, als sie eines Tages begleiten zu dürfen. Dann blieb sein erster Bruder auf dem Schlachtfeld. Seine Eltern und er trauerten viele Tage. Dann blieb der zweite Bruder auf dem Schlachtfeld, und wieder weinten sie. Nur ein Jahr später wurde der dritte Bruder im Kampf schwer verletzt. Seine Kameraden brachten ihn heim. Aber es wäre besser gewesen, der Feind hätte ihn getötet. Fünf lange Tage starb er einen qualvollen Tod.

„Ich werde die Augen meines Bruders nicht vergessen", sagte Eisernes Messer. „Deshalb werde ich nie kämpfen."

„Ich verstehe dich", antwortete Horn. „Du hast deine Brüder im Kampf verloren, und doch sehnst du dich nach Anerkennung und dass an den Feuern deines Volkes Loblieder über dich gesungen werden. Auch ich war nie ein Krieger. Es gab Menschen, die nicht verstanden, was mich dazu bewog, allein in der Wildnis zu leben. Doch es war mein Entschluss. Ich wollte so leben. Und ich war immer stolz darauf, es getan zu haben. Die Erwartungen der anderen sind nicht immer die gleichen, die wir von uns selbst haben. Es gehört mehr Mut dazu, nicht dem Ruf der Krieger zu gehorchen, wichtiger ist vielmehr, dem eigenen Herzen zu folgen."

Es schien, als ob der Ältere genau das aussprach, das Eisernes Messer so lange belastet hatte. Ein sanftes, kaum bemerkbares Lächeln huschte über seine vollen Lippen.

„Ich hörte, vor Jahren wurde das Dorf von Cheyenne überfallen", sagte Horn. „Hast du da zu den Waffen gegriffen?"

„Ja", antwortete Eisernes Messer.

„Dann hast du geholfen, die Feinde zu vertreiben und deinen Stamm zu beschützen?"

„Ja", antwortete Eisernes Messer wieder. „Meine Eltern und alle meine Brüder und Schwestern unseres Dorfes waren in Gefahr. Ich musste kämpfen."

„Du hast gekämpft, weil du in dem Moment dem Ruf deines Herzens gefolgt bist", sagte Horn.

Eisernes Messer nickte.

Zum ersten Mal dachte Sam Horn über den Sinn und Unsinn des Krieges nach. Bei seinem eigenen Volk wurde Krieg aus Geltungssucht, Habgier oder Machtgier geführt, doch traf das auch auf die Shoshonen zu? War Krieg ein notwendiges Übel, hier wie da? Er fand keine Antwort.

„Deine Eltern sind alt, du bist der einzige Sohn, der ihnen geblieben ist", sagte Sam Horn. „Du jagst den Hirschen, den Waschbären und die Fische des Flusses. Die Leute deines Dorfes sagen, du bist ein guter Jäger. Auf diese Weise erhältst du deiner Familie das Leben. Das ist alles, was ein Mann tun kann."

Wieder nickte Eisernes Messer nur. Doch schien er jetzt befreiter und auch erleichterter als vorher.

„Du bist ein weiser Mann", sagte der junge Shoshone.

Sam Horn lächelte. „Das bin ich wohl nicht. Ich weiß nicht, ob meine Worte gut sind oder schlecht."

„Worte sind gut, wenn sie Gutes bewirken", sagte Eisernes Messer. „Es ist gut, deine Worte gehört zu haben. Ich werde sie in meinem Herzen bewahren."

Sie saßen noch eine Weile vor dem Tipi im Schatten und plauderten über dieses und jenes. Später kamen seine alten Eltern heraus, brachten die Reste des Kaninchens, das Horn nicht ablehnen durfte, und gesellten sich zu den beiden. Sam Horn blieb noch bei ihnen, bis der Abend dämmerte.

Als er sich schließlich satt und zufrieden auf den Heimweg machte, begegnete ihm Sieht-den-Wind. Ein verlegenes Lächeln grub amüsante Grübchen in ihre runden Backen, der Mond schimmerte in ihren dunklen, fröhlichen Augen. In der Hand hielt sie ein Paar schöner Mokassins.

„Die sind für dich", begann sie leise zu sprechen. „Wirst du sie tragen?"

Es waren wirklich schöne Schuhe, die Sam Horn in den Händen hielt. Sie waren mit blau gefärbten Stachelschweinborsten verziert, und aus kleinen, weißen Perlen war darauf ein Adler gezeichnet.

„Ich kann sie nicht annehmen", sagte Horn ebenso leise.

„Warum nicht? Gefallen sie dir nicht?"

„Es wäre falsch", sagte er. „Weil du damit Hoffnungen verbindest, die ich nicht erfüllen kann. Als ich das letzte Mal hier war, war ich ohne Frau. Jetzt ist das anders. In meinem Haus wartet eine Frau auf mich, wir erwarten bald ein Kind."

„Viele Männer haben zwei oder mehr Frauen", antwortete sie unbeirrt. „Ich werde dir keine Sorgen bereiten."

Am liebsten hätte er sie in den Arm genommen und getröstet. Sie trug ein schönes Kleid, ihre Haare waren ordentlich, munter lächelte sie ihn an.

„Mein Gott erlaubt keine zwei Frauen für einen Mann", sagte er.

„Warum nicht?"

„Ich weiß es nicht", gestand Horn ehrlich. „Er verbietet es und ich gehorche ihm. Vielleicht, weil eine Frau zu wertvoll ist, um sie zu teilen."

Sie senkte betrübt den Kopf.

„Du gehst bald weg. Wirst du je wieder kommen?"

„Ich werde kommen, so oft es mir möglich ist."

„Gut", sagte sie. Und nach einer Weile: „Wirst du dann die Mokassins tragen?"

„Ja, das werde ich", sagte er jetzt.

„Das ist gut", sagte sie. Sie wandte sich um und eilte weg.

Die Lederschuhe in den Händen haltend, blieb Sam Horn zurück. Er fühlte sich miserabel. Aber er konnte und durfte nicht anders handeln.

Als er Sieht-den-Wind am nächsten Tag sah, lächelte sie. Sam Horn war erleichtert, denn er wollte ihr nicht wehtun. Überhaupt, und das wurde ihm erst jetzt richtig bewusst, wollte er niemandem im Stamm wehtun. Sie alle waren ihm ans Herz gewachsen. Die Shoshonen waren mehr als Freunde geworden. Sie waren zu Brüdern und Schwestern geworden. Er fühlte eine stärkere Beziehung zu ihnen als zu den meisten seines Volkes.

Inzwischen kannte er fast jeden von ihnen beim Namen. Da waren Eisernes Messer und die verliebte, herzensgute Sieht-den-Wind. Der gutmütige und ruhige Gebogene Weide war ein Mann, den man sich zum Freund wünschte. Elchzahn zeigte sich gern protzig und war immer vergnügt, seine imposante Erscheinung zog die Blicke der Mädchen auf sich. Und da war Der vom Hügel kommt, Narbengesichts Bruder, ein tapferer und großzügiger Mann, der gern und viel lachte. Die-ihr-Haar-bedeckt kannte viele Geschichten, die sie mit weicher, melodischer Stimme vortrug. Und der strenge Zwei-weiße-Raben, dessen Weisheit alle schätzten und der ihm seine Schmerzen genommen hatte. Wegen seiner Neugierde und seines fröhlichen Lachens war Dorn-im-Fuß bekannt. Nicht zu vergessen Narbengesicht, der ihn Vater nannte. Sam Horn bedauerte, dass es ihm nicht möglich war, die Bekanntschaft dieses großartigen Mannes länger zu genießen. Ja, und schließlich Gefleckte Taube, seine geliebte Tochter, die hier sehr glücklich war, und Kleiner Falke, sein erster und einziger Enkel. Und die vielen anderen. Alle waren sie verschieden, doch jeder war auf seine ganz besondere Art liebenswert. Sie alle würde Samuel Horn nie vergessen. Der Abschied rückte täglich näher. Der Abschied würde ihm sehr schwer ankommen.

Kapitel Achtundzwanzig

Aus einem unbestimmten Gefühl heraus verspürte Sam Horn das Bedürfnis, vor dem Aufbruch mit Narbengesicht zur Jagd zu gehen, weshalb er den jungen Häuptling bat, ihn zu begleiten.

Im Morgengrauen ritten sie weg. Sam Horn hatte von seinem Schwiegersohn eine Pintostute geschenkt bekommen, die er liebevoll 'Taube' nannte.

Sie hielten sich in südlicher Richtung. Mehr als sonst achtete Horn die Schönheit der Natur. Diese Unberührtheit und diese Wildheit faszinierte ihn jedes Mal aufs Neue. Vielleicht spürte er auch, dass es ihm nicht mehr lange gegeben sein würde, seinen Blick über zerklüftete Berge, endlose Wälder und saftige Wiesen schweifen zu lassen. Er würde ein schönes Leben führen auf seiner Farm und er würde dort glücklich sein, aber er würde nie wieder so frei sein wie im Land der Shoshonen.

Narbengesicht war ein ausgezeichneter Fährtensucher. Anhand von Eindrücken im Gras bestimmte er, welches Tier sie wann hinterlassen hatte, ob es auf Futtersuche oder auf der Flucht gewesen war. Der Duft eines geknickten Zweiges verriet ihm, dass ihn ein Puma gestreift hatte, an dem Verhalten der Präriehunde erkannte er, ob mit einem milden oder strengen Winter zu rechnen war.

Sam Horn hatte sich stets für einen erfahrenen Mann der Berge gehalten, die Kenntnisse seines jungen Freundes aber erstaunten ihn. Nichts entging dessen aufmerksamem Blick. Er las in den ziehenden Wolken, im Rascheln der Blätter und in den verschiedenen Variationen des Windes wie in einem offenen Buch. Was war gegen diese Schule das Erlernte der Weißen. Der zivilisierte Weiße trachtete danach, sich die Erde und die Menschen untertan zu machen. Er trachtete danach, sich zu vermehren und besser und länger zu leben. Sein ganzes, arbeitsreiches Dasein, seine Suche nach Erkenntnis, widmete er dem Wunsch, bequem zu leben. Dieser Sucht nach Bequemlichkeit ordnete er alles andere unter, ihr fielen ganze Landschaften, Tiere und Menschen zum Opfer. Der Weiße sah sich als Auserwählter Gottes, als Krönung der Schöpfung. Aufgrund dieser Maxime handelte und dachte er. Gott schuf die Welt nach seinem Gutdünken, der Weiße fühlte sich bestimmt, sie seinen eigenen Bedürfnissen anzupassen.

Davon unterschied sich die Lebensauffassung der Shoshonen. Auch sie kannten eine gottähnliche Instanz, eine allumfassende Kraft, die alles Leben, alles Wirken und Denken beeinflusste. Sie selbst sahen sich als Teil dieser Kraft, die sie respektvoll Großer Geist nannten. Das Leben genauso wie der Tod, Trauer wie Freude, Überfluss wie Entbehrungen, Wind, Wasser, Pflanze, Tier und Mensch waren darin mit einem imaginären Band verwoben. Gleichzeitig war alles zusammen zu der großen Kraft verbunden. Gebete und Rituale halfen, dieses Band zu stärken, denn nichts war selbstverständlich. Für eine reichliche Jagdbeute, die Heilung einer Krankheit oder einen überstandenen harten Winter wurde ein Opfer dargebracht und so Dankbarkeit gezeigt. Undank, Arroganz, das nicht Einhalten der Rituale oder Frevel an der Natur, etwa wenn Wild nur aus Spaß getötet wurde, bedeutete, sich der Gemeinschaft und somit der großen Kraft zu entfernen.

Sam Horn erinnerte sich an die Zeit, als er bei den Navajos lebte. Er und Feder begleiteten einen Mann zur Jagd. Sie sahen, wie mexikanische Spanier ganze Wälder niedergeschlagen hatten, um ihre Silberminen in die Erde zu hauen. Fassungslos hatte er auf das zerstörte Land gestarrt und hatte nicht begreifen können. Und er weinte. Er war ein guter Jäger und ein tapferer Krieger und er weinte.

Je mehr Samuel Horn von der auf die Natur bezogenen Philosophie begriff, desto fremder und grotesker erschien ihm die Lebensauffassung seines eigenen Volkes. Oder war das nur jetzt so, weil er hier mit Shoshonen lebte? Würde er vielleicht, wieder zurück auf seiner Farm, schon bald deren Denkweise verachten? Würde er versessen sein, den Boden zu bearbeiten und zu verändern, schädliches Wild auszurotten, den Lauf von Flüssen zu verändern, alles nur, um kurzfristig das eigene Überleben zu sichern? Und während er darüber nachdachte, wurde ihm bewusst, dass er längst damit begonnen hatte.

Noch vor Mitte des Tages sichteten sie einen Elch. Ahnungslos knabberte das kapitale Tier an den Zweigen einer jungen Birke. Der Wind stand gut. Im Schutze niederer Büsche kamen die Jäger zu Fuß bis auf hundert Schritte heran. Der Elch war müde und alt. Trotzig schnaubend zupfte er an den Trieben. Hin und wieder hob er den wuchtigen Kopf und sog prüfend Luft in die Nüstern. Die Jäger standen gegen den Wind und blieben unentdeckt.

Eine Weile beobachteten sie das Wild. Dann schlichen sie in stillem Einvernehmen zu ihren Pferden zurück. Sie wollten ein Tier jagen, das beide satt machte, mehr aber auch nicht. Den Elch zu töten wäre Verschwendung gewesen, weil sie keine Packpferde mit sich führten, um das viele Fleisch zu transportieren.

Später schoss Sam Horn in einem windgeschützten Tal eine Ente, die sie an Ort und Stelle rupften, ausnahmen und über einem kleinen Feuer brieten.

Der Lagerplatz befand sich an einem ruhigen See. Birken und Buchen umstanden ihn wie stille Wächter. Der Schuss hatte für kurze Zeit das geräuschvolle Leben vertrieben, jetzt kehrte fröhlicher Vogelgesang zurück, ein Marder balancierte geschwind auf den Zweigen. Am gegenüber liegenden Ufer trat scheu ein Hirsch ans Wasser, löschte seinen Durst und sprang dann flink zurück in den Wald. Durch die schaukelnden Äste blinzelte die hoch stehende Sonne, während die beiden Jäger ihr üppiges Mahl genossen. Tiefer Frieden umgab sie.

Sie lehnten sich müde zurück und ruhten sich aus.

„Noch vor einem Jahr", begann Horn nachdenklich zu sprechen, „hätte ich keinen Augenblick gezögert, hier zu bleiben. Jetzt ist das anders. Das Schicksal wählt oft sonderbare Wege und bleibt doch unergründlich. Schon einmal war ich in eurem Land und konnte meine Tochter nicht finden. Und jetzt, jetzt fand ich sie, kann aber nicht bleiben."

„Ein Mann sollte frei sein", entgegnete Narbengesicht.

Von seiner Frau hatte er von Sarah, dem zu erwartenden Kind und von der Farm erfahren. Dennoch war es für ihn nur schwer vorstellbar, dass sich ein Mann binden ließ.

„Eine Frau lebt dort, wo der Mann sein Lager aufschlägt."

Horn lächelte traurig.

„Elisabeths Mutter wäre mitgekommen. Sarah ist anders. Sie kann hart arbeiten, ja, das kann sie bestimmt. Aber sie ist in einer Stadt groß geworden. Hier in den Bergen würde sie sich nicht wohl fühlen. Ich darf sie auf der Farm nicht allein lassen."

Narbengesicht nickte.

„Dann komm uns besuchen, so oft du willst", sagte er mit fester Stimme. „Du und deine Familie seid uns immer willkommen."

„Ich danke dir, mein Freund. Es ist gut zu wissen, dass meine Tochter versorgt ist. Pass gut auf sie auf, Narbengesicht."

„Ihr wird nichts geschehen", versicherte der junge Häuptling. „Sie ist ein Teil des Stammes. Jeder Krieger wird sie mit dem Leben beschützen. Einst gab sie der Große Geist an meine Seite und machte sie zu einem Teil von mir. So wie der Adler um seine Jungen kämpft, werde ich um Gefleckte Taube kämpfen."

Obwohl er den jungen Häuptling erst kurze Zeit kannte, vertraute Horn ihm. Er hielt ihn für einen großen Krieger, das hatte er am eigenen Leib zu spüren bekommen, er schätzte aber auch dessen Klugheit und seine Besonnenheit, wenn es um die wichtigen Dinge des Lebens ging.

„Das beruhigt mich", sagte Sam Horn.

Es war inzwischen spät geworden. Sie rüsteten sich deshalb für die Nacht, die sie an dem See verbrachten.

Die Jagd war nicht der eigentliche Grund gewesen, weshalb Horn seinen Freund gebeten hatte, ihn zu begleiten. Er wollte seinen Schwiegersohn besser kennen lernen und sich überzeugen, dass es seiner Tochter bei ihm an nichts fehlte. Vielleicht spürte er auch, dass ihnen für Gemeinsamkeiten nicht mehr viel Zeit blieb, denn der Tag der Abreise stand bald bevor.

Kapitel Neunundzwanzig

Mit den ersten Sonnenstrahlen brachen sie auf. Sie waren nur kurz geritten, als Narbengesicht plötzlich anhielt. Das Land vor ihnen fiel schräg ab und verlief sich in eine baumlose Ebene. Nur eine Viertelmeile vor ihnen bewegten sich elf Reiter in südliche Richtung. Sie schienen es nicht eilig zu haben, auch sorgten sie sich wenig um ihre Sicherheit. Sie unterhielten sich so laut, dass der Wind den Klang ihrer Stimmen bis zu den heimlichen Beobachtern trug.

Horn erkannte den kleinen schmächtigen Mann an der Spitze sofort. Es war Lawyer. Der Schurke trieb sich also noch immer herum, vermutlich noch aus demselben Grund, der ihn schon vor Jahren veranlasste, kleinere, weniger wehrhafte Gruppen zu überfallen und auszuplündern, um so an ihre Pelze und andere wertvolle Waren zu gelangen.

Unweigerlich musste Horn grinsen. Wenn Lawyer wüsste, dass sich derjenige ganz in der Nähe befand, der ihn vor zwei Jahren so gedemütigt hatte, würde sein Gesicht vor Wut noch röter als sonst werden.

Vermutlich sann er noch immer auf Rache, dachte Horn. Es war besser, der Bande aus dem Weg zu gehen. Er war kein Mann, der vor einem ehrlichen Kampf kniff, aber bei einem Zusammentreffen mit Lawyer würde es keinen ehrlichen Kampf geben.

Auch Narbengesicht erkannte den rothaarigen Führer.

„Das ist der Hund", raunte er grimmig. „Diese Männer waren es, die uns feige überfielen."

Als Horn von dem Überfall erfahren hatte, hatte er geahnt, dass Lawyer dahinter steckte. Jetzt bestätigte sich seine Vermutung. Lawyer also war es zuzuschreiben, dass viele unschuldige Trapper dem berechtigten Zorn der Shoshonen zum Opfer gefallen waren. In diesem Moment bedauerten Narbengesicht und Samuel Horn zutiefst, dass der wahre Schuldige heil davongekommen war und es ihm so ermöglicht wurde, weiterhin neue Opfer zu suchen.

Horn wäre nicht verwundert gewesen, hätte Narbengesicht geplant, Lawyer eine Kriegerschar auf die Fersen zu hetzen. Stattdessen sagte der Häuptling: „Reiten wir heim." Er sagte es ohne Bitterkeit und ohne Hochmut.

Seine Reaktion überraschte Horn. Doch erinnerte er sich jetzt an das Gespräch während der Ratsversammlung. Die Gesetze der Bleichgesichter waren unwiderruflich und statisch in einem Buch nieder geschrieben, sie bestraften den Täter, und wenn das bedeutete, ihn über lange Zeit hinweg ausfindig zu machen und zu bestrafen. Die Shoshonen sühnten das Verbrechen selbst. Die Toten waren gerächt, es war genug Blut geflossen.

Allerdings gestand ihm Narbengesicht während ihres Heimweges, dass er doch nicht so ganz frei von dem Gedanken war, den Mann zu töten, der soviel Leid über sein Volk gebracht hatte. Und wäre er allein gewesen, er hätte vermutlich ganz anders gehandelt. Jetzt aber war der Vater seiner Frau bei ihm, ihn wollte er nicht in Gefahr bringen, zumal er sich von seinen Verletzungen noch nicht vollständig erholt hatte. In diesem Moment wusste Horn, er konnte sich keinen verantwortungsbewussteren Mann an der Seite seiner Tochter wünschen als Narbengesicht.

Dann war es soweit. An einem milden Augustmorgen bereiteten sie sich für den Aufbruch vor. Narbengesicht suchte aus seiner Herde ein Pferd für Gefleckte Taube und Kleiner Falke aus, er selbst zäumte seine Appaloosastute. Dass sich Der-vom-Hügel-kommt, Elchzahn, Krähe und Gebogene

Weide anschlossen, nahm die kleine Gruppe gern an. Der Weg würde sie durch das Land der Cheyenne und Araphao führen, jeder zusätzliche Mann war deshalb willkommen. Für ausreichend Proviant, Decken und Geschirr war gesorgt, das von sechs Packpferden getragen wurde.

Kurz vor Aufbruch schlossen sich Sieht-den-Wind und Eisernes Messer der Gruppe an. Sieht-den-Wind besaß kein eigenes Pferd, sie versprach deshalb, den Weg zu Fuß zurückzulegen. Das wiederum wollte Sam Horn nicht. Eine Strecke von ein oder zwei Wochen lag vor ihnen. So wurden die Lasten der Packpferde umgelagert und ihr eines davon zugewiesen. Der Grund, warum ihn Sieht-den-Wind begleiten wollte, erahnte Horn mit einem Schmunzeln. Sie wollte ihm so lange wie möglich nahe sein. Vielleicht war es die letzte Gelegenheit und sie würden sich nie wieder sehen. Doch fragte er sich, was Eisernes Messer dazu bewog. Er wandte sich deshalb an den jungen Shoshonen.

„Ich freue mich über deine Begleitung", sagte er ihm. „Doch es wird ein langer und schwieriger Weg werden."

„Ich dachte lange über das nach, was du mir sagtest", antwortete Eisernes Messer. „Du hast klug gesprochen, es liegt viel Wahrheit in deinen Worten. Du sagtest, es sei nicht notwendig, dass ein Mann kämpft. Aber du sagtest auch, ein Mann sollte die Menschen beschützen, die ihm am Herzen liegen. Du bist ein Freund der Shoshonen und du bist mein Freund. Deshalb komme ich mit."

Viele der Shoshonen versammelten sich um die Reisegruppe und brachten Geschenke. Ein Messer, verzierte Muscheln, eine Pfeife und Federschmuck. Zwei-weiße-Raben überreichte Horn einen Lederbeutel mit Medizin. Das Gliederreißen war seit Monaten ausgeblieben, aber es war gut, Vorsorge zu treffen. Die-ihr-Haar-bedeckt brachte dem Jäger eine reich verzierte Büffelrobe. Eine besonders wertvolle Gabe. Sie hatte mehrere Wochen daran gearbeitet und hatte sie anfangs Narbengesicht zugedacht.

„Meinem Sohn werde ich bei seiner Rückkehr eine neue schenken", meinte sie lächelnd, und Sam Horn wäre die Robe in einem fernen, kalten Land sicher nützlich.

Dorn-im-Fuß, der Knabe, den Horn aus dem Fluss gerettet hatte, schenkte dem väterlichen Freund ein Büffelhorn, das er selbst in der Prärie gefunden und mit roten und gelben Kreisen bemalt hatte. Er drückte damit nicht nur seinen Dank, sondern auch seine Verbundenheit aus.

Die Übergabe der Geschenke schob den Aufbruch lange hinaus, und als die Gruppe unter den Glückwünschen der Zurückgebliebenen schließlich weg ritt, stand die Sonne bereits hoch am Himmel.

Horns freundliches und ruhiges Wesen und nicht zuletzt die Verwandtschaft zu Gefleckte Taube trugen viel dazu bei, die Weißen nicht mehr mit Rachegedanken und Hass in Verbindung zu bringen. Sam Horn war zu einem treuen Freund geworden, an den die meisten von ihnen noch lange denken würden. Es war möglich, dass er nie wieder den Weg zu ihnen fand.

Ein letztes Mal wandte sich Sam Horn um. Sein trauriger Blick schweifte über ein friedliches Dorf. Einige der Frauen winkten. Er sah Menschen, die ihm ans Herz gewachsen waren, die anmutig, klug und gefühlvoll waren. Menschen, die ganz anders waren als sie im Osten beschrieben wurden. Er sah Menschen, deren Freundschaft ihm viel bedeutete und die er jetzt mit Wehmut verließ.

Er sah auch die Rohlederzelte und die rauchlosen Feuer, im Hintergrund die bewaldeten Berge, die bizarren Felsformationen, der wilde Fluss, an dessen Ufer die Pferde weideten, und ein wolkenloser, tiefblauer Himmel. Ein malerisches Bild, an das sich starke Gefühle knüpften. Ein Bild, das er hoffte, in seinem Gedächtnis zu verankern. Würde er je wiederkommen, fragte er sich in diesem Moment.

Kapitel Dreißig

Everett Lawyer wollte nach Mexiko. Seine Beute in den Vereinigten Staaten abzusetzen, war in den letzten Jahren immer schwieriger geworden. In den meisten Handelszentren hing sein Steckbrief. Einzelne Trappergruppen schlossen sich zusammen und veranstalteten regelrecht Jagd auf ihn. Einmal hätten sie ihn am Arkansas beinahe erwischt, doch seine Spur verlor sich immer wieder in den Weiten des Westens. So verschlagen und brutal Lawyer auch war, jetzt wurde ihm der Boden allmählich doch zu heiß.

Vier Jahre vorher hatte Mexiko seine Unabhängigkeit erkämpft. Dort kannte ihn niemand und er erhoffte sich einen Platz, an dem er sich zurückziehen und seine Pläne neu überdenken konnte. Seine Raubzüge hatten ihm eine beträchtliche Summe an Bargeld und Wertsachen eingebracht, die ihm für eine gewisse Zeit ein sorgenloses Leben ermöglichen würden. In seine Pläne bezog er seine Männer nicht mit ein, in Mexiko würde er sie nicht mehr brauchen. Sobald sie die Grenze erreichten, wollte er sie loswerden.

Nach wie vor führte Lawyer ein eisernes Regiment. Das Murren seiner Männer schlug er mit gewohnter Härte nieder. Sich geschlossen gegen Lawyer zu stellen, wagten sie noch nicht, zumal niemand genau wusste, wer auf welcher Seite stand. Sich abzusondern und zu beraten, war schwierig, denn Lawyer achtete darauf, sie zusammen zu halten. Auch Vaughn Miller, der bisher treu zu seinem Anführer gestanden hatte, dachte jetzt über einen Ausstieg nach.

„Wir knöpfen ihn am nächsten Baum auf, so einfach ist das", sagte Jesse Summer. „Wir müssen nur zusammenhalten."

Sie hatten in der Nähe des Pulver Flusses ihr Nachtlager aufgeschlagen. Summer, Ben Wyler und Vaughn Miller gaben vor, die Pferde zu versorgen, während der Rest der Männer mit Lawyer zusammen am Feuer saß.

„Das ist Mord", widersprach Miller. „Damit will ich nichts zu tun haben."

„Du hast doch nicht etwa Skrupel bei dem Mistkerl?", fragte Ben Wyler barsch. „Dann solltest du zu ihm und ihm den Arsch kraulen."

„Ich bin für euch", erwiderte Miller ruhig. „Bevor wir uns nicht einig sind und einer gegen den anderen hetzt, brauchen wir erst gar nicht darüber reden."

„Vaughn hat Recht", sagte Summer. „Was schlägst du also vor?"

„Wir setzen ihn aus. Wir geben ihm Proviant für zwei, drei Tage, ein Messer vielleicht noch und lassen ihn einfach zurück."

„So einen Blödsinn habe ich noch nie gehört", versetzte Wyler. „Der hat uns doch die ganze Zeit wie Hunde behandelt, jetzt soll er selbst wie ein Hund sterben. Mit Knüppeln erschlagen wir ihn, weil noch jede Kugel zu schade ist für diesen Halunken."

„Na, bei den Überfällen warst du auch nicht gerade zimperlich. Und die Beute, die wir machten, hast du ja auch gerne genommen."

„Und? Hab ich davon schon was in meiner Tasche? Lawyer behält das Meiste doch für sich, uns speist er mit einer Handvoll Dollar ab. Immer nur verspricht er uns, uns auszubezahlen. Ich frage mich, wann das sein soll und ob er das überhaupt vorhat. Ich habe seine leeren Versprechungen satt."

„Das können wir alles noch regeln", beruhigte ihn Miller. „Wenn es soweit ist, nehmen wir uns unsere Anteile, mehr auch nicht."

„Du willst ihm seinen Anteil lassen?", zischte Wyler.

„Das sehe ich auch nicht ein", meinte Summer. „Sein Leben meinetwegen, aber er soll für seine Grausamkeit nicht auch noch belohnt werden."

„Ich habe nur etwas dagegen, so zu werden wie er", versetzte Miller. „Dann sind wir nicht besser. Ich will wie ihr aus der Sache raus, aber ich will es mit einem reinen Gewissen tun."

Sie kamen nicht dazu, weiter zu reden. Das ungewohnt lange Ausbleiben der drei Männer ließ Lawyer misstrauisch werden, er rief nach ihnen. So sattelten sie rasch die Pferde ab und setzten sich wieder ans Feuer.

Lawyer blieben die heimlichen Besprechungen nicht verborgen, er ahnte wohl, dass sich seine Männer gegen ihn verschworen. Um so mehr achtete er darauf, sie nicht mehr unbeobachtet zu lassen und hoffte, sie noch bis zur Grenze ruhig halten zu können. Solange hier noch Gruppen umher streiften, die ihn suchten und am liebsten gelyncht hätten, boten ihm seine Leute Schutz, den er nicht aufgeben wollte. Aber er wusste auch, dass er sie bis dahin noch bei Laune halten musste.

Zwei Tage später, er saß während einer Rast auf einem kleinen Hügel und blickte durchs Fernrohr in das weite Land vor ihm, als er südlich von ihnen eine kleine Gruppe Shoshonen entdeckte. Bei ihnen befand sich ein weißer Mann und eine weiße Frau. Lawyers Augen begannen zu leuchten.

„Wenn das nicht Samuel Horn ist", murmelte er grinsend.

Die Demütigung, die Horn ihm beigebracht hatte, lag nun zwei Jahre zurück. Und doch schwebte sie wie ein lebhaftes, alptraumartiges Gespinst vor seinen Augen. Nein, Lawyer hatte sie nicht vergessen. Tag um Tag hatte er gehofft, Genugtuung zu finden. Er hatte schon Männer wegen geringerer Anlässe getötet. Jetzt beschenkte ihn das Schicksal, denn nicht nur Horn galt sein Hass, sondern auch den Shoshonen, die vier seiner Männer töteten.

Lawyer rief Vaughn Miller zu sich.

„Heute ist unser Glückstag. Schau mal da runter."

Er reichte ihm das Fernrohr.

„Sind das Shoshonen?", fragte Miller.

„Es sind Shoshonen, verflucht nochmal! Endlich können wir uns an ihnen rächen. Aber es kommt noch besser. Horn ist bei ihnen. Samuel Horn, der verdammte Hund."

„Sehe ich da nicht eine weiße Frau, Everett?"

„Horn scheint seine Tochter gefunden zu haben. Sie hat ein Kind bei sich. Ein netter Familienausflug. Rührend."

„Und da sage noch einer, das Glück sei uns nicht hold. Die ganze Mannschaft wie auf dem Präsentierteller", grinste Miller. Auch er hatte die erlittene Schmach nicht vergessen. „Ich zähle nur sieben Krieger, wenn ich Horn dazu rechne. Ein Spaziergang wird das, die Männer werden sich freuen. Brechen wir sofort auf?"

„Nur immer langsam." Lawyer hatte es auf einmal nicht mehr eilig. „Die laufen uns nicht davon. Zur Jagd sind sie jedenfalls nicht unterwegs und auch nicht auf Beutezug, sonst hätten sie die Frauen und das Kind nicht dabei. Ich nehme an, sie begleiten Horn. Wenn ich mit Horn und den Hunden von Shoshonen abrechne, dann gründlich. Wir lassen uns Zeit. Wir warten eine günstige Gelegenheit ab, dann löschen wir sie aus. Alle. Auch den kleinen Bastard."

Kapitel Einunddreißig

So schwer Samuel Horn der Abschied von den Shoshonen gefallen war, so sehr genoss er jetzt die Reise. Er verbrachte noch eine schöne Zeit mit seiner Tochter, auf der Farm wartete Sarah auf ihn und bald würde er ein zweites Kind haben. Elisabeth würde er deswegen nie vergessen. Er wusste sie gesund und im Dorf der Shoshonen gut aufgenommen, das allein ließ ihn die Strapazen seiner langjährigen Suche vergessen. Es gab für Sam Horn also ausreichend Grund zur Freude. Er fühlte sich als glücklicher Mann.

Die Gruppe kam schnell voran. Jede Meile ließ das Gebirge hinter ihnen kleiner und unscheinbarer werden. Und jede Meile, die sie sich dem Ziel näherten, machte die Farm für Horn greifbarer. Er fragte sich, ob Slim V. Choate seinen Dienst ordnungsgemäß verrichtete. Wie wohl das neue Bewässerungssystem funktionierte? Wenn sie weiter so gut vorwärts kamen, würde er noch rechtzeitig zum Einbringen der Ente eintreffen. Er hoffte, sie würde besser ausfallen als letztes Jahr. Von dem Erlös wollte er zuerst ein hübsches Kleid für Sarah besorgen.

Narbengesicht wählte einen Weg am Fluss des Süßen Wassers entlang. So vermied er, das felsige sogenannte Schlechte Land zu durchqueren. Die Route am Fluss sicherte zudem frisches Wasser und ausreichend Wild.

Elchzahn bestand darauf, die Aufgabe des Jägers zu übernehmen. Die Männer trugen schlichte Alltagskleidung, Narbengesicht und Gebogene Weide nur Lendenschurz und Mokassins. Elchzahn dagegen protzte sich wie immer heraus. Und wenn er versuchte, damit Eindruck zu schinden, dann war sein Streben meistens mit Erfolg belohnt. Ein Präriehuhn, das er erlegte, genügte ihm, um daraus ein Schauspiel zu inszenieren. Wie ein wilder Fürstensohn kam er auf seinem Rappen angeprescht und schrie so gellend, dass Kleiner Falke erschrocken im Arm seiner Mutter zusammen zuckte. Das lange Haar wehte wie eine flatternde Fahne im gestreckten Galopp, der polierte Brustschmuck schimmerte in der Sonne, und der scharlachrote Haarkamm wippte. So, sich seiner Eleganz voll bewusst, sprengte er dicht an die Reisegruppe heran, brachte den Hengst wiehernd auf die Hinterhand und schwang stolz die erjagte Beute.

Es war stets eine spektakuläre Vorstellung, die Samuel Horn jedes Mal von Neuem faszinierte. Aber auch den Frauen imponierte sie. Besonders Sieht-den-Wind fand offensichtlich Gefallen daran. Eisernes Messer dagegen gab sich gleichgültig, erhoffte aber insgeheim, eines Tages mit ebensolchem Schauspiel eine eigene tollkühne Tat hervorheben zu können und Bewunderung damit zu erhaschen.

Dann erreichten sie den Platte. Sie streiften hier das Gebiet der Cheyenne, Narbengesicht legte jetzt größeren Wert auf Sicherheit. Er unterband Elchzahns Eskapaden und schickte Späher voraus. Das Land war wellig und mit kurzem, dürrem Gras bewachsen. Die Erdwellen boten einem Feind gute Deckung, es hieß also, Augen und Ohren offen zu halten. Jede verdächtige Spur wurde gründlich untersucht. Wer einen möglichen Feind zuerst wahrnahm, war im Vorteil und konnte angemessen darauf reagieren.

Die Kundschafter wechselten täglich. Sie zogen am Morgen aus, ritten der Gruppe voraus und kehrten am Abend zum Lagerfeuer zurück. Als Gebogene Weide und Krähe eingeteilt waren, entdeckten sie eine große Herde Büffel. Die Shoshonen waren ein Volk der Berge, die sich nur selten hinaus auf die Prärie wagten, um den Büffel zu jagen.

Eine große Herde wie diese hatten die beiden Späher noch nie gesehen.

Gespannt blieben sie im Gras verborgen liegen und konnten ihren Blick nicht wenden von diesem malerischen Schauspiel. Sie lagen auch noch dort, als die anderen aufschlossen, sich ebenfalls ins Gras legten und hinab sahen auf das Land, das dunkel war von Büffeln.

Ein majestätisches Bild von Wildheit und Freiheit, von Ursprünglichkeit und Lebendigkeit bot sich ihnen. Ein Bild grandioser und purer Natur. Der milde Wind trug den weichen, markanten Geruch der Tier und das leise Schnauben bis zu ihnen herauf. Ungestört zog die Herde südwestlich, Kälber sprangen dazwischen herum und gewaltige Leiber wälzten sich auf der harten Erde. Nichts Falsches lag darin, nichts Böses, die schier unendlich Masse an Tieren schien im Einklang, in Harmonie vereint, wie ein einziges, riesiges Wesen. Tiefer Frieden ruhte auf dem Land.

Ergriffen und gleichzeitig fasziniert lagen die zehn Menschen im Gras und fühlten sich verbunden mit diesen herrlichen Tieren. Sie fühlten das pulsierende Leben in sich pochen und die grenzenlose Freiheit, die alles ermöglichte.

„Ich werde das sehr vermissen", sagte Horn leise.

„Bist du denn nicht glücklich auf deiner Farm?", fragte Gefleckte Taube, die neben ihm mit Kleiner Falke im Gras lag.

„Ich bin zufrieden", antwortete er. „Deine Mutter und ich wollten immer eine Farm besitzen. Weit weg von den großen Städten. Das war unser Traum gewesen. Sarah ist eine wundervolle Frau und Slim ein tüchtiger Arbeiter. Ja, ich denke, ich bin zufrieden."

„Und doch bedrückt dich etwas, Vater."

„Ich werde alt", antwortete er. „Die Farm wird mich sehr beanspruchen, so vieles ist noch zu tun. Ich weiß nicht, ob ich jemals wieder die Kraft finde, hinaus in dieses großartige Land zu reisen, um all die Schönheit zu erleben. Aber ich werde die Erinnerung daran mitnehmen. Und wenn ich so manchen Abend auf der Veranda sitze, werde ich daran denken, wie frei ich mich einmal fühlte."

„Ja, Vater", sagte sie. „Ich verstehe dich. Ich bin sehr glücklich bei den Shoshonen, mein Mann beschützt mich, ich brauche mich nicht zu sorgen. Und ich habe ein Kind, das ich liebe. Ich lebe das Leben, das du Freiheit nennst."

Er nahm ihre Hand und lächelte sie an. Er fühlte sich verstanden.

„Elisabeth, ich weiß dich in guten Händen und in Sicherheit. Narbengesicht wird nie zulassen, dass dir etwas geschieht. Du hast gefragt, ob ich glücklich bin. Dein Glück, das ist es, was mich glücklich macht."

Fast den ganzen Tag verbrachten sie auf dem Bergkamm. Erst am späten Nachmittag ritten sie weiter.

Kapitel Zweiunddreißig

Everett Lawyer verfolgte die kleine Gruppe wie ein hungriger Wolf. Jeder Tag ließ seinen Blutdurst wachsen. Aber noch wartete er. Er hatte jetzt viel Zeit.

Aus sicherer Entfernung beobachtete er die Reisenden durch das Fernrohr, wie diese den Platte erreichten und ihm folgten. Er beobachtete den täglichen Wechsel der Späher, die Jagdausritte und die Gewohnheiten jeder einzelnen Person. Tag um Tag wartete er auf eine günstige Gelegenheit. Dann endlich schien dieser Tag gekommen.

„Das Gelände ist wie für unsere Zwecke geschaffen", sagte er zu Miller. „Morgen werden wir sie angreifen."

Er sah zu seinen Männern, die ein paar Schritte entfernt im Gras hockten und auf seine Befehle warteten. Leise, damit sie ihn nicht hören konnten, sagte Lawyer zu Miller: „Sie denken daran, mich loszuwerden. Wenn sie den Mut hätten, würden sie mich töten. Aber ich werde ihnen zuvorkommen und mich absetzen. Dich betrifft das nicht, wenn du willst, dann schließ` dich mir an. Du sollst deinen gerechten Teil bekommen. Jetzt aber brauche ich die Männer noch. Werden sie morgen hinter mir stehen?"

Miller zögerte. Er dachte an das Gespräch mit Jesse Summer und Ben Wyler, er wusste aber auch, dass die Männer die Schmach durch Sam Horn und die Shoshonen nicht vergessen hatten. Der Hass auf sie und die Gedanken an Rache waren vermutlich noch größer als der Groll auf Lawyer. Zumindest vorläufig.

„Das werden sie", sagte Miller deshalb.

Lawyer nickte zufrieden. „Gut. Halt sie bei Laune."

Ein Gewaltritt brachte die Bande in einem Bogen vor die Shoshonen. Hinter einem Hügel verbargen sie sich. Der

Hügel lag unweit des Flusses, die Shoshonen würden am nächsten Morgen zwischen dem Hügel und dem Fluss hindurch müssen.

„Zum Nachladen fehlt uns die Zeit", wies Lawyer seine Männer an. „Es dürfen deshalb immer nur fünf von uns schießen, während die anderen nachladen. Diese roten Teufel sind verdammt schnell mit ihren Pfeilen, darum muss jede Kugel von uns treffen. Wir lassen die Späher an uns vorbei, dann bleiben nur noch fünf Krieger. Wenn sie nahe vor uns sind, knallen wir sie ab. Aber sie müssen erst ganz nahe sein. Nichts darf uns verraten. Kein Kopf, der aus dem Gras hervor spitzt, kein Geräusch und kein Gewehr, in dem die Sonne blinkt. Demjenigen, der uns verrät, werde ich eigenhändig die Kehle durchschneiden. In dem flachen Gelände werden die Hunde keine Deckung finden, um sich zu verkriechen. Wir werden ein leichtes Spiel mit ihnen haben. Die Späher, falls sie den Mut finden zurückzukehren, werden uns später keine Mühe machen."

„Und die Frauen und das Kind? Was geschieht mit ihnen?"

„Wir brauchen sie nicht. Wir brauchen keinen dieser Ratten. Sie sollen verrecken. Sie sollen alle verrecken!"

Tiefer Hass sprach aus ihm.

Lawyer stand auf dem Hügel und blickte nach Westen in die Abenddämmerung. Irgendwo dort lagerten die Shoshonen. Bei ihnen war Samuel Horn.

„Morgen gehörst du mir, Horn", knurrte Lawyer verbissen. Er kicherte irre. Elegisch fuhr er sich mit den dürren Fingern durch das rote Haar.

„Morgen wird abgerechnet, Sam Horn."

Kapitel Dreiunddreißig

An jenem Morgen des 5. September 1824, einem Sonntag, meldete sich Eisernes Messer freiwillig als Kundschafter. Er hatte lange darüber nachgedacht und fand es nun an der Zeit, aktiv am Gruppengeschehen teilzuhaben. Horn begrüßte das, auch die anderen fanden dagegen nichts einzuwenden. Und mit Elchzahn wussten sie einen erfahrenen Mann an seiner Seite. Sie befanden sich jetzt im Grenzland zwischen den Gebieten der Teton im Norden und der Cheyenne im Süden, diese Zone wurde von beiden Stämmen respektiert, sie hielten sich deshalb für relativ sicher. Auf Eisernes Messer würden also keine gefährlichen Aufgaben warten. Der Spähritt würde aber viel zum Selbstvertrauen des jungen, unerfahrenen Kriegers beitragen.

Am frühen Vormittag ritten Eisernes Messer und Elchzahn weg. Die übrigen bauten das Lager ab, verwischten ihre Spuren, dann brachen auch sie auf.

Die Sonne stand schräg am wolkenlosen Himmel, ein lauer Wind strich sanft über das Gras. Es versprach ein klarer und warmer Tag zu werden.

Sie folgten noch immer dem Nördlichen Platte, der jetzt ungewöhnlich schmal war und sich tief in die sandige Erde grub. Saftiges, hohes Gras bedeckte das weite, flache Land, aus dem kleine Erhebungen ragten wie riesige, grüne Ameisenhügel.

Um sich die Zeit zu vertreiben, hatte Der-vom-Hügel-kommt drei verschiedenfarbige Steinchen gesammelt, die er benutzte, um Narbengesicht und Krähe zum Spiel zu verleiten. Er verbarg beide Hände mit den Steinchen hinter seinem Rücken und ließ eines der Steinchen unbemerkt zu Boden gleiten. Dann streckte er die verschlossene rechte

Hand nach vorne. Die anderen beiden mussten jetzt erraten, wie viele Steinchen er in ihr hielt und welcher Farbe sie waren.

Gebogene Weide reizte diese Art Spiel nicht. Allein ritt er der Gruppe vornweg, während Horn mit Gefleckte Taube, Kleiner Falke und Sieht-den-Wind die Nachhut der Gruppe bildeten. Es gab noch immer viele Erlebnisse aus der Vergangenheit auszutauschen, die der eine nicht vom anderen wusste.

„Als ich zu den Shoshonen kam, wurde mir verboten, Englisch zu sprechen", erzählte Gefleckte Taube. „Ich durfte auch meinen Namen nicht nennen. Von anderen wurde ich damals nur Die Bleiche genannt. Sie gaben mich zu einer alten Frau, die Der-Vogel-im-seichten-Wasser hieß. Ich bekam kaum zu essen von ihr und wurde oft geschlagen, wenn ich meine Aufgaben nicht so erledigte, wie sie es wünschte, oder wenn ich aufmüpfig war. Manchmal schlug sie mich auch einfach so."

„Ich erinnere mich an sie", sagte Sieht-den-Wind. „Sie war böse und alle fürchteten sich vor ihr, auch die Männer gingen ihr aus dem Weg. Sie starb in jenem Winter, als der Bär ins Dorf kam und ein Kind tötete."

„Die Zeit bei der Frau war sehr schlimm für mich", fuhr Gefleckte Taube fort. „Oft weinte ich und dachte daran, davon zu laufen. Aber ich wusste nicht, wie ich allein in den Bergen überleben konnte."

„Gab es denn niemanden, der zu dir gehalten hat?", fragte der Vater sie.

„Es gab Menschen, die mir heimlich ein Stück Fleisch zuschoben oder mir Trost zusprachen. Aber ich gehörte der alten Frau, ich musste bei ihr bleiben. So litt ich still weiter. Eines Tages hatte ich genug, lieber wollte ich sterben. Als sie wieder den Stock gegen mich erhob, stand ich auf, riss ihr den Stock aus der Hand, zerbrach ihn und warf ihn ins Feuer. Sie sah mich böse an, doch seit diesem Tag respektierte sie mich und hat mich nie wieder geschlagen."

Gefleckte Taube sprach ohne Bitterkeit. Sie lächelte stolz, als sie hinzu fügte: „An jenem Tag beobachtete mich Narbengesicht. Ich sah ihn vorher schon oft durchs Dorf reiten, er war ein großer Krieger, den alle bewunderten und den sich die Frauen als Mann wünschten. Doch er hatte sich noch nicht entschieden. Auch ich bewunderte ihn im Stillen, wagte aber nicht darauf zu hoffen, dass dieser große Krieger auch nur einen Blick in meine Richtung warf. Als er beobachtete, wie ich gegen die alte Frau auftrat, imponierte ihm das. Und da entschied er sich für mich. Den ganzen Winter über brachte er Der-Vogel-im-seichten-Wasser Geschenke und gab ihr von seiner Jagdbeute ab. Schließlich willigte sie ein und Narbengesicht holte mich in sein Tipi. Er hat mich immer gut behandelt, und auch die alte Frau versorgte er weiterhin. Sie veränderte sich daraufhin, sie war nicht mehr so garstig. Kurz vor ihrem Tod schenkte sie mir einen Beutel mit Geheimnissen darin, die sie von ihrer Mutter hatte. Das hat mir sehr viel bedeutet und ich bewahre den Beutel heute noch auf."

Es war inzwischen Mittag geworden, die Sonne gewann an Kraft und sie dachten daran, sich an einem schattigen Ort auszuruhen.

Kleiner Falke saß geborgen im Sattel seiner Mutter. Ständig entdeckte er etwas, das sein Interesse weckte. Einmal war es eine Schar Raben, die krächzend über sie hinweg flog, dann interessierten ihn die Schatten, die Mensch und Tier grotesk auf dem wogenden Gras spiegelten. Oder ihn wunderte die enorme Sprungkraft der Gabelböcke, die in der Ferne in weiten Sätzen davon jagten. Und als er zwei Reiter einige Meilen vor ihnen erblickte, musste ihm sein Großvater erklären, dass dies Eisernes Messer und Elchzahn waren und warum sie jetzt aus der Entfernung so winzig wirkten.

Sie näherten sich einem mit Gras und einzelnen Sträuchern bewachsenen Hügel. Sanfter Ostwind erfrischte ihre erhitzten Gesichter. Rhythmisch schwankten die Gräser hin und her wie ungezählte kleine Lanzen. Unweit kroch murmelnd der Platte dahin, schälte sich in seinem engen, tiefen Bett stetig ostwärts.

Es war still. Lautlos schwebte ein Habicht über ihnen. Aber nicht die Stille beunruhigte Gebogene Weide. Prüfend sog er die Luft ein. Seine erfahrenen Sinne verrieten ihm den Geruch von Pferden. Das war nicht der Geruch der eigenen Pferde, er wurde von vorne durch den Wind zu ihm getragen.

Er hielt an, richtete sich im Sattel auf und beobachtete aufmerksam die Umgebung. Sie waren noch etwa hundert Schritte vom Hügel entfernt. Nichts Ungewöhnliches war zu erkennen.

Jetzt spürten auch Narbengesicht und Horn eine Gefahr, die sie sich nicht erklären konnten. Noch war es nur ein Gefühl, eine Ahnung.

Im selben Moment donnerten die Büchsen. Krähe war sofort tot. Sam Horn stürzte getroffen zu Boden. Besorgt hatte er sich nach seiner Tochter umgedreht, als ihm eine Kugel von hinten das Becken zerschlug.

Die Shoshonen reagierten sofort. Sie zwangen ihre Pferde zu Boden und verschanzten sich hinter deren Leibern. Anzugreifen war zu gefährlich, zumal niemand genau wusste, wie viele Feinde sich hinter dem Hügel verbargen. Sie wussten aber auch, dass sie so nicht standhalten konnten.

Die Schüsse folgten in regelmäßigen Abständen. Sie waren nicht besonders treffsicher, aber niemand wagte sich aus der Deckung hervor. Die beiden Frauen blieben ungewöhnlich besonnen. Geduckt im Gras versorgten sie Sam Horn, den es schlimm erwischt hatte, und beruhigten den weinenden Jungen.

Obwohl Narbengesicht das Risiko eines Angriffs kannte - sie waren nur noch drei wehrfähige Männer - sah er darin die einzige Chance: Sie mussten das feindliche Lager stürmen. Gebogene Weide nickte stumm.

Gerade, als sie aus ihren Verstecken hervor springen wollten, trat etwas ein, das die Lage zu ihren Gunsten veränderte: Eisernes Messer und Elchzahn galoppierten dem Hügel zu.

Die ersten Schüsse alarmierten sie und sie kehrten sofort zurück. Das kam so schnell, dass Eisernes Messer keine Zeit fand nachzudenken. Einen schrillen Schrei ausstoßend, stürmten beide den Hügel von hinten. In schneller Folge schwirrten die Pfeile von ihren Bögen. Die unerwartete Wendung verwirrte die Feinde. Sie sahen sich plötzlich in die Zange genommen.

Narbengesicht, Gebogene Weide und Der-vom-Hügel-kommt sprangen auf und rannten dem Feind zu. Eine Kugel zerschmetterte Gebogene Weides linke Hand. Das Messer in der rechten rannte er kühn weiter.

Als die beiden Späher die Feinde erreichten, wurde Elchzahn tödlich getroffen. Mit gestreckten Armen stürzte er vom Pferd und schlug hart auf den Boden. Die Wucht des Aufpralls riss ihm den Haarkamm vom Kopf.

Eisernes Messer kämpfte, wie ihn noch niemand hatte kämpfen sehen. Sein Instinkt war geweckt, wütend bohrte er seine Klinge in den Leib des Feindes. Er sah in aufgerissene, verblassende Augen, warmes Blut bespritzte seine Hände. Er nahm all das nicht wahr. Auch als er am Oberschenkel verletzt wurde, kämpfte er wie besinnungslos weiter. Er wusste, dass er es tun musste, und er wusste, dass es gut war.

Die Frauen brachten Sam Horn und den Jungen hinter der Uferböschung in Sicherheit. Sam Horn hatte große Schmerzen.

Fünf von Lawyers Männern waren bereits tot. Die Shoshonen auf offenem Feld abzuschießen, das war ihre Sache gewesen. Jetzt, wo es galt, Mann gegen Mann zu kämpfen, waren sie den erfahrenen Kriegern weit unterlegen.

Zum zweiten Mal sah Everett Lawyer seinen Angriff gegen die Shoshonen vereitelt. Dennoch war er nicht bereit aufzugeben. Es gab noch andere Möglichkeiten, den Kampf zu seinen Gunsten zu entscheiden. Er musste nur das Kind haben und es als Geisel verwenden. Dann wäre der Kampf entschieden.

Er schrie Vauhn Miller und Jesse Summer zu sich, sie schwangen sich auf ihre Pferde und ritten hinunter zum Fluss.

Sam Horn sah die Reiter kommen. Mit schmerzverzerrtem Gesicht versuchte er, nach seinem Gewehr zu greifen. Flach lag er auf dem Rücken, jeder Bewegung unfähig.

Die Männer waren schnell heran und sprangen von ihren Pferden.

„Jetzt rechnen wir ab, Sam Horn'", rief Lawyer spöttisch. Er hob sein leer geschossenes Gewehr, um Horn damit zu erschlagen.

Mutig sprang Gefleckte Taube auf Lawyer und warf ihn nieder. Vauhn Miller riss sie weg und schlug ihr mit der Faust ins Gesicht. Ohnmächtig blieb sie liegen.

Währenddessen versuchte Summer, der verzweifelt um sich schlagenden Sieht-den-Wind das Kind zu entreißen. Wieder hob Lawyer den Gewehrkolben, um ihn auf Sam Horn zu schmettern. Mit einem gewaltigen Sprung, die Streitaxt in der Hand, warf ihn Eisernes Messer zu Boden. Vom Hügel aus hatte er das feige Vorhaben der drei Weißen bemerkt und war augenblicklich herbei gerannt, um seinem Freund Büffel das Leben zu retten.

Dem jungen Krieger erwuchsen ungeahnte Kräfte. Seine Augen blitzen vor maßlosem Zorn. Er hob den Arm und holte zum tödlichen Schlag gegen Lawyer aus. Doch er kam nicht dazu. Eiskalt stach ihn Miller von hinten nieder. Einen stummen Schrei ausstoßend, bäumte sich Eisernes Messer ein letztes Mal auf. Kraftlos glitt ihm die Axt aus der Hand. Dann sank er leblos zu Boden.

Narbengesicht war zu sehr in den Kampf auf dem Hügel verwickelt. Als er auf das Geschehen am Fluss aufmerksam wurde, war es beinahe zu spät. Zwei von Lawyers Männern stellten sich ihm entgegen. Vom Pferd aus schoss er kurz hintereinander zwei Pfeil auf den einen, sie durchbohrten dessen Brust und Hals. Den zweiten rammte der kräftige Leib seiner Stute nieder. Im Galopp jagte er zum Fluss. Doch noch bevor er eingreifen konnte, schlug Lawyers Gewehrkolben krachend gegen Horns Schädel.

Jesse Summer schaffte es nicht, Sieht-den-Wind den Jungen zu entreißen. Zornig befahl Lawyer, sie zu erschießen. Miller hob Horns Gewehr auf und legte an. Im selben Moment schoss Narbengesicht. Die Gewalt des Pfeiles durchschlug Millers Herz. Er war auf der Stelle tot. In der nächsten Sekunde lag schon ein zweiter Pfeil auf dem schweren Hornbogen. Wieder schoss Narbengesicht. Surrend drang der Pfeil in Lawyers Oberschenkel.

In Todesangst versetzt, ließ Summer von Sieht-den-Wind ab und wollte fliehen. Dumpf krachte die Streitaxt gegen seine Brust. Die Wucht warf ihn nieder. Ein weiterer Schlag spaltet ihm den Schädel.

Lawyer nutzte die Gelegenheit, sprang auf ein Pferd und flüchtete. Narbengesicht schoss einen Pfeil, der Lawyer an der Schulter streifte. Er verfogte ihn nicht, zuerst wollte sich Narbengesicht um seine Familie kümmern.

Sieht-den-Wind und Kleiner Falke waren unverletzt geblieben. Gefleckte Taube war ohnmächtig, auch sie war unverletzt. Um Sam Horn stand es schlimm. Wie leblos lag er am Boden. Aber er atmete.

Narbengesicht wies Sieht-den-Wind an, sich um Gefleckte Taube, um den Jungen und um Horn zu kümmern. Am Ufer lag Eisernes Messer im Schlamm. Er hatte sein Leben für seine Freunde gegeben. Er war als tapferer Krieger gefallen. Der Häuptling dankte ihm im Stillen.

Dann rannte er zurück auf den Hügel. Aber auch hier war der Kampf vorbei. Keiner der Weißen lebte mehr.

Elchzahn war tot. Der scharlachrote Haarkamm, auf den er immer stolz gewesen war, lag neben ihm im Gras. Erst vor wenigen Jahren hatte er ihn selbst gefertigt und bei jeder Gelegenheit getragen. Jetzt lag er zertrampelt im Staub.

Erschöpft sank Narbengesicht nieder. Ein schreckliches Bild bot sich seinen betrübten Augen. Der Tod lag schwer über ihnen, Grausamkeit und Unfrieden. Er sah die Leichen und er sah das Gras, das rot vom Blut war. Er versuchte zu begreifen. Warum hatte all das geschehen müssen? Er fand keine Antwort.

Als Gefleckte Taube aus ihrer Ohnmacht erwachte, weinte sie. Sie nahm ihren Sohn in die Arme, setzte sich neben ihren schwerverletzten Vater und weinte.

Narbengesicht, Gebogene Weide und Der-vom-Hügel-kommt trugen die toten Shoshonen auf einen Platz, der mit Decken ausgelegt war. Dort sollten sie ruhen, bevor sie zurück in die Heimat gebracht wurden.

Sieht-den-Wind entfachte ein rauchendes Feuer. Sie setzte sich daneben und stimmten das Totenlied an. Ihre Stimme klang hell über dem Land und über dem Wasser. Ihre Stimme beklagte und pries die Toten.

Und über ihnen schwebte lautlos ein Habicht.

Kapitel Vierunddreißig

Zwei Tage und zwei Nächte wachte Gefleckte Taube bei ihrem Vater. Weinend hielt sie ihm die Hand, während sie den Großen Geist um Hilfe anflehte.

Die Blutungen waren bald zum Stillstand gebracht worden, aber niemand wusste die inneren Verletzungen zu heilen. Nur einmal erwachte Samuel Horn aus seinem todähnlichen Schlaf. Zum Sprechen fehlte ihm die Kraft. Sein matter Blick suchte seine Tochter. Ein flüchtiges Lächeln huschte über seine erblassten Lippen.

Es schien, als wäre er zufrieden. So viele Jahre hatte er verbracht, um seine Tochter zu suchen. Jetzt, auf der Schwelle des Todes, war sie bei ihm. Das war ihm genug.

Wieder überkam ihn die Müdigkeit. Sanft schloss er die Augen. Schwach hob und senkte sich die Brust.

Am Ende der zweiten Nacht bat Gefleckte Taube ihren Mann, dem Großen Geist ein Opfer zu bringen.

Leise sagte sie zu ihm: „Erinnerst du dich, als du deine Stute in unser Dorf brachtest? Du und ich wussten sofort, dass es eine besondere Stute ist. Der Große Geist zeigte dir in einer Vision, dass der Geist der Stute mit meinem Geist verwandt ist. Auch der Geist meines Vaters ist mit meinem Geist verwandt. Ich bitte dich deshalb, die Stute zu opfern, um meinem Vater das Leben zu erhalten."

Narbengesicht starrte seine Frau an.

„Ich weiß, was dir die Stute bedeutet", flüsterte Gefleckte Taube erschöpft. „Ich bitte dich dennoch um meines Vaters Willen."

„Dein Vater bedeutet mir so viel wie dir", erwiderte Narbengesicht. „Wenn ich ihm das Leben erhalten kann, dann ist mir kein Opfer zu groß."

Gefleckte Taube faltete die Hände, wie sie es als Kind gelernt hatte, und betete zu ihrem Himmlischen Vater. Leise bewegten sich ihre Lippen. Dann erhob sie singend die Stimme, um den Großen Geist anzurufen, wie sie es von Die-ihr-Haar-bedeckt gelernt hatte. Sie hob die Arme und schloss die Augen. Sieht-den-Wind setzte sich neben sie und beide Frauen sangen monoton das Klagelied, während Samuel Horn kaum hörbar atmete.

Schweren Herzens band Narbengesicht die Stute los und führte sie hinaus in die Prärie. Weit abseits von ihrem Lagerplatz entfachte er ein kleines Feuer. Lange Zeit saß er daneben, den Kopf gesenkt. Er dachte daran, als er die Apalloosastute das erste Mal im Dorf der Cheyenne sah und wie er sie unter Lebensgefahr zu sich holte. Er dachte an das Wettreiten und daran, als er seine schwangere Frau auf ihr reiten ließ. Er wusste, es war ein besonderes Pferd, das ihn nie im Stich gelassen hatte. Und auch er fing an zu beten.

„Großer Geist, ich bringe dir ein großes Opfer. Nimm mein Pferd und schenke meinem Freund das Leben und meiner Frau das Lachen wieder."

Er stand vom Feuer auf, nahm einen Pfeil und spannte ihn auf den Bogen. Die Stute stand wenige Schritte vor ihm, den Hals gesenkt ins Gras, an dem sie knabberte. Narbengesicht zögerte. Er legte den Bogen weg. Nein, seine Stute sollte nicht durch einen Pfeil sterben. Er trat nah zu ihr. Er streichelte ihr sanft über das gesprenkelte Fell.

„Meine Schwester, ich danke dir", flüsterte er leise.

Er zog das Messer aus seinem Gürtel.

Unbemerkt war Gebogene Weide zu ihm geritten und unterbrach ihn.

„Es ist zu spät. Unser Bruder ist tot."

Noch einen Tag blieben sie am Fuße des blutigen Hügels. Sie bargen die Toten in Decken und brachten sie auf Travois heim in die Heimat. Auf heiligem Grund wurden sie nach shoshonischer Sitte sitzend bestattet.

Samuel Emil Horn brachten sie auf den Berg, den er so geliebt hatte. Sie setzten ihn aufrecht in den Schatten der verkrüppelten Kiefer, damit er in das weite, unberührte Land blicken konnte. So, wie er es gewollt hatte. Sie gaben ihm sein Gewehr, Pulver und Blei, sein Messer, das bemalte Büffelhorn und Proviant mit. Er trug noch die Mokassins, die ihm Sieht-den-Wind geschenkt hatte. Schließlich schlichteten sie schwere Steine behutsam über seinen Leichnam. Das Gebilde sah aus wie eine kleine Hütte.

Samuel Emil Horn blieb jetzt für immer hier. Er blieb bei seiner Tochter, bei den Shoshonen, und er blieb in dem Land, das ihm soviel bedeutet hatte.

Die Trauer war groß. Täglich ging Gefleckte Taube auf den Hügel, um nah bei ihrem Vater zu sein. Sie spürte, wie der Wind ihr Haar streichelte, und sah, wie er in den Ästen der alten Kiefer spielte. Und jetzt wusste sie, weshalb ihr Vater gerade diesen Platz so geliebt hatte. Samuel Horn hatte sich in dieser Kiefer wiedererkannt. Der Baum war wie er: verstümmelt und von Sorge gebeugt, und doch hatte ihn der Wind nicht brechen können. Stolz trotzte er den Gewalten.

Oft wurde Gefleckte Taube von Narbengesicht begleitet. Gemeinsam ruhten sie in der Sonne auf dem Berg. Wortlos sahen sie in das raue, unberührte Land. Stille und Friede erfüllte das Land. Sanfter Wind hauchte Gräsern, Bäumen, Tieren und Menschen Leben ein. Alles war eins. Alles war Harmonie. Frieden.

Bald darauf brachen die Shoshonen ihr Lager ab. Der herannahende Winter veranlasste sie in ein südlich gelegenes Tal zu ziehen. Jedes Jahr machten sie sich auf diesen Weg, um Schutz vor Kälte und Sturm in jenem Tal zu finden. Dieses Jahr fiel es Gefleckte Taube schwerer als sonst, den Berg mit der einsamen Kiefer zu verlassen. Als sie ihrer Familie folgte, blieb ein Teil von ihr zurück.

Aber sie wusste auch, sie würde bald wieder hierher zurückkehren. Dann würde sie auf den Berg gehen, sich in den Schatten der Kiefer setzen und hinaus schauen in die weite Prärie. So wie es ihr Vater gern getan hatte.

Ende

Außerdem von Günter Rüffer beim Rediroma-Verlag erschienen

Sein Name war Aslak
ISBN 978-3-98527-898-5
316 Seiten, 15,95 Euro (D)

Als das Land noch frei und von unberührter Schönheit war, wächst in einem cheruskischen Dorf ein außergewöhnlicher Mann heran, der schon bald die Zukunft seines Volkes bestimmen wird. Sein Name ist Aslak.
Doch vorläufig verlangt ihm das Schicksal eine harte Prüfung ab. Unschuldig wird er des Mordes angeklagt und zur Friedlosigkeit verdammt.
Schweren Herzens trennt sich Aslak von seiner Familie und von Svena, seiner großen Liebe, und flüchtet in die Wälder. Nach altem Recht ist jeder Krieger verpflichtet, den Friedlosen zu töten. So kommen viele, um das Urteil zu vollstrecken, doch aus jedem siegreichen Kampf geht Aslak ruhmreicher hervor. Der Geächtete wird zum glorifizierten Helden, dessen Taten über die Grenzen seines Stammes hinweg gewürdigt werden. In dieser Zeit fallen die Kelten über das Land her, verwüsten auch Aslaks Heimatdorf und nehmen Svena gefangen. Die Germanen, in viele Stämme zersplittert, sind ihren Feinden hilflos ausgeliefert. Nur ein vereintes Heer kann sie jetzt noch vor dem sicheren Untergang bewahren. Die Fürsten bitten deshalb Aslak, sie in den Kampf zu führen. Gerade er, den sie verdammten und ächteten, er soll nun zum Retter seines Volkes werden.